Finanzmathematik

Finanzmathematische Methoden
der Investitionsrechnung

von

Dr. Otto Hass
Universität Erlangen-Nürnberg

Prof. Dr. Norman Fickel
Universität Erlangen-Nürnberg

9., korrigierte Auflage

Oldenbourg Verlag München

Bibliografische Information der Deutschen Nationalbibliothek

Die Deutsche Nationalbibliothek verzeichnet diese Publikation in der Deutschen
Nationalbibliografie; detaillierte bibliografische Daten sind im Internet über
http://dnb.d-nb.de abrufbar.

© 2012 Oldenbourg Wissenschaftsverlag GmbH
Rosenheimer Straße 145, D-81671 München
Telefon: (089) 45051-0
www.oldenbourg-verlag.de

Lektorat: Dr. Stefan Giesen
Herstellung: Constanze Müller
Titelbild: thinkstockphotos.de
Einbandgestaltung: hauser lacour
Gesamtherstellung: Grafik & Druck GmbH, München

Dieses Papier ist alterungsbeständig nach DIN/ISO 9706.

ISBN   978-3-486-59663-2
eISBN 978-3-486-71509-5

VORWORT

Die folgende Darstellung der Finanzmathematik betont besonders die Frage nach der Verzinsung, also die Auflösung der finanzmathematischen Formeln nach dem Zinsfuß. Dazu wird nur auf solche mathematischen Voraussetzungen zurückgegriffen, welche üblicherweise an allen wirtschaftswissenschaftlichen Fakultäten im Rahmen der Propädeutik bzw. der Assessmentphase unterrichtet werden. Darüber hinaus liegt es den Verfassern besonders daran aufzuzeigen, dass die finanzmathematischen Methoden – unter Umgehung der bekannten Schwierigkeiten – problemlos als Teilgebiet der allgemeinen Investitionsrechnung gesehen werden können.

Die vorliegende 8. Auflage wurde gegenüber der 7. Auflage etwas verändert: Neu hinzugekommen sind eine Zusammenstellung der wichtigsten Formeln und Begriffe, zehn Übungsklausuren und ein Sachwortverzeichnis. Um den Seitenumfang nicht zu erhöhen, wurde an verschiedenen Stellen leicht gekürzt. Insbesondere enthält nun Kapitel III nur noch die beiden Beispiele zur Berechnung des effektiven Zinsfußes, welche uns für ein Verständnis des gesamten Stoffs wesentlich erscheinen.

Die 1. bis 7. Auflage dieses Buchs hat der erste Verfasser geschrieben und viele Jahre in der Lehre eingesetzt. Die Studierenden haben durch kritische Anmerkungen zur ständigen Verbesserung beigetragen. Auch über Ihren Kommentar würden wir uns freuen. Haben Sie vielleicht sogar einen Fehler entdeckt? Bitte schreiben Sie dann eine E-Mail an den zweiten Verfasser: *Norman.Fickel@wiso.uni-erlangen.de*

Die Verfasser

INHALTSVERZEICHNIS

I. VERZINSUNG VON EINZELBETRÄGEN

1. GRUNDLEGENDE VORAUSSETZUNGEN UND BEGRIFFE

Diese Zusammenstellung von Voraussetzungen und Begriffen dient dazu, die spätere Formulierung von Fragestellungen zu entlasten.

Die Zeit wird in Intervalle gleicher Länge, in **ZEITEINHEITEN** (ZEen), eingeteilt. Häufig verwenden wir eine Nummerierung der ZEen: 1., 2., 3., …, n-te ZE. Manchmal beginnt die Zählung auch mit der Zahl Null. Darüber hinaus kann jede ZE nochmals in m (natürliche Zahl) kleinerer Intervalle gleicher Länge, in **UNTER-ZEITEINHEITEN** (U-ZEen), zerlegt sein. Das wichtigste, aber keineswegs einzige Beispiel ist das in Monate bzw. Tage eingeteilte Jahr. Wenn von einem **ZEITPUNKT** gesprochen wird, ist stets der Anfang bzw. das Ende einer ZE (U-ZE) gemeint. Das Ende einer ZE (U-ZE) und der Anfang der darauf folgenden ZE (U-ZE) stellen denselben Zeitpunkt dar.

Die grundlegenden finanzmathematischen Fragestellungen werden durch den folgenden Modell-Vorgang formuliert: Jemand (der Gläubiger) leiht einem anderen (dem Schuldner) zu einem bestimmten Zeitpunkt einen Geldbetrag, einen **EINZELBETRAG**, und erhält diesen zu einem späteren Zeitpunkt zurück. Da Gläubiger und Schuldner auch juristische Personen sein können, ist mit diesem Modell-Vorgang insbesondere der Fall erfasst, dass eine Kunde bei einer Bank zu einem Zeitpunkt einen Geldbetrag auf sein Konto einzahlt und zu einem späteren Zeitpunkt wieder abhebt. Entsprechend der Festlegung des Begriffes ‚Zeitpunkt' können Einzahlungen bei einer Bank nur am Ende bzw. am Anfang einer ZE (U-ZE) erfolgen.

Einzahlungs- und Abhebungszeitpunkt bestimmen Anfang und Ende der Leihfrist, der **LAUFZEIT**. Die Redeweise ‚Man zahlt einen Betrag am Anfang einer ZE (U-ZE) ein und hebt ihn am Ende derselben ZE (U-ZE) wieder ab' bedeutet, dass die Laufzeit eine volle ZE (U-ZE) beträgt.

Der Gläubiger hat Anspruch auf eine vom Schuldner zu entrichtende Leihge-bühr, auf **ZINSEN**. Die Zinsen sind direkt proportional

    (a) zur Höhe des geliehenen Betrages,

    (b) zur Laufzeit, angegeben in ZEen (U-ZEen) und

    (c) zum **ZINSFUß** pro ZE (U-ZE), der angibt, wie hoch die Zinsen für einen Betrag von 100 € mit einer Laufzeit von einer ZE (U-ZE) sind.

Bezeichnet man den Zinsfuß pro ZE (U-ZE) mit p (p_m), so kann von einer p-(p_m -) prozentigen **VERZINSUNG** pro ZE (U-ZE) gesprochen werden.

Die Zinszahlungen erfolgen im Allgemeinen nicht einmalig am Ende der Lauf-zeit, sondern zu vereinbarten **ZINSTERMINEN**. Das Intervall zwischen zwei benachbarten Zinsterminen ist eine **ZINSPERIODE**. Wir betrachten meistens die Enden der ZEen, gelegentlich die Enden der U-ZEen als Zinstermine. An einem Zinstermin werden die Zinsen für die davor liegende Zinsperiode fällig.

Befindet sich ein Geldbetrag über Zinstermine hinweg auf dem Konto, werden die Zinsen zu den Zinsterminen von der Bank dem Konto gutgeschrieben, falls keine andere Vereinbarung vorliegt. Nach der ersten Zinsgutschrift stehen dem Kunden dann auch Zinsen für Zinsen, **ZINSESZINSEN**, zu. Zu Zinseszinsen kommt es nicht, wenn die Laufzeit keinen Zinstermin enthält oder wenn der Kunde sich die Zinsen stets auszahlen lässt. Die Bank entrichtet dann lediglich **EINFACHE (LINEARE) ZINSEN**.

Zum späteren Verweis legen wir zwei Zusammenstellungen von Voraussetzun-gen fest:

VOR.1:

Es liegt eine Einteilung der Zeit in ZEen vor, die von einer ZE an numme-riert sind. Die Enden der ZEen sind die Zinstermine und p ist der Zinsfuß pro ZE.

VOR.2:

> **Zusätzlich zur Vor.1 ist jede ZE in m (natürliche Zahl) U-ZEen zerlegt.**

Zunächst ist die Verzinsung von Einzelbeträgen, die in unregelmäßigen Abständen bei einer Bank auf ein Konto eingezahlt werden, Gegenstand unserer Überlegungen. Wir trennen hiervon die Besprechung der Renten, welche aus mehreren, in gleich großen Abständen erfolgenden Einzahlungen bestehen.

---

2. LINEARE ZINSEN. AUF- UND ABZINSEN

Fragestellung I.2.1:

> **Vor.2 (Vgl. I.1). Jemand zahlt innerhalb einer ZE, d.h. am Anfang einer U-ZE, einen Betrag r (r > 0) auf sein Konto bei einer Bank ein und hebt den gesamten Betrag nach Ablauf von t (natürliche Zahl) U-ZEen, d.h. am Ende einer späteren U-ZE, wieder ab. Die Laufzeit von L = t U-ZEen überschreitet den Zinstermin am Ende der ZE nicht. Wie hoch sind die Zinsen Z, welche die Bank dem Kunden am Ende der Laufzeit schuldet?**

Nach I.1 ist Z direkt proportional zu r, p und L, also $Z = f \cdot r \cdot p \cdot L$ mit einem Proportionalitätsfaktor f. Da p angibt, wie viele Zinsen für r = 100 € und L = 1 ZE anfallen, gilt $p = f \cdot 100 \cdot p$ oder $f = \dfrac{1}{100}$. Die gesuchte Gleichung lautet somit $Z = \dfrac{r \cdot p \cdot t}{100 \cdot m}$, da $L = \dfrac{t}{m}$ ZE. Setzt man $q = 1 + \dfrac{p}{100}$, d.h. $\dfrac{p}{100} = q - 1$, folgt $Z = \dfrac{r \cdot t}{m}(q - 1)$. Der Term $(q - 1)$ wird als **ZINSSATZ** pro ZE bezeichnet.

Wir gehen jetzt noch auf den wichtigen Sonderfall ein, dass eine ZE einem Jahr und eine U-ZE einem Tag entspricht. Legt man zudem Einzahlungs- und Abhebungszeitpunkte durch Kalenderdaten fest, so muss zur Bestimmung der Laufzeit zunächst die Anzahl t der Tage zwischen den Kalenderdaten berechnet werden. Wir übernehmen zu diesem Zweck die in Deutschland unter Kaufleuten übliche Vereinbarung, ein Jahr mit 360 Tagen bzw. mit 12 Monaten zu je 30 Tagen zu identifizieren. Dies bedeutet, dass auch der Februar mit 30 Tagen angesetzt, andererseits der 31. Tag eines Kalendermonats wie der 30. Tag behandelt wird. Die gesuchte Zahl t lässt sich nach dieser Vereinbarung leicht berechnen: Man multipliziere die Differenz der Monatsangaben mit 30 und addiere dazu die Differenz der Tagesangaben. Für diesen Sonderfall gilt m = 360.
Beispiel: Gesucht ist die Anzahl t der Tage zwischen dem 17.3. und dem 8.7. desselben Jahres. Also $t = (7 - 3) \cdot 30 + (8 - 17) = 111$

Bei dieser Berechnung wird der letzte Tag voll mitgezählt, der erste dagegen nicht. Wir befinden uns somit auch in Übereinstimmung mit der Festlegung des Begriffes ‚Zeitpunkt', wonach Einzahlungen und Abhebungen nur am Anfang bzw. am Ende eines Tages möglich sind (vgl. I.1). Zahlt jemand am 17.3. eines Jahres r € auf ein Konto ein und hebt diesen Betrag am 8.7. desselben Jahres wieder ab, so deuten wir entsprechend der Berechnung von t : Der Betrag r wurde am Anfang des 18.3. eingezahlt und am Ende des 8.7. wieder abgehoben.

Ergebnis I.2.2: Einfache Zinsformel

$$Z = \frac{r \cdot t}{m} \cdot (q - 1) \quad \text{oder} \quad Z = \frac{r \cdot t}{360} \cdot (q - 1) \text{ mit } m = 360$$

In der Praxis schreibt man die Zinsformel für m = 360 auch in der Form $Z = \frac{r \cdot t}{100} : \frac{360}{p}$ und bezeichnet den ersten Bruch als **ZINSZAHL**, und den zweiten als **ZINSDIVISOR**. In kaufmännischer Sprache also $Z = \frac{\text{Zinszahl}}{\text{Zinsdivisor}}$.

Fragestellung I.2.3:

> **Erweiterung der Fragestellung I.2.1: Welchen Betrag E erhält der Kunde, wenn das Ende der Laufzeit mit dem Zinstermin am Ende der ZE zusammenfällt und er die dem Konto gutgeschriebenen Zinsen ebenfalls abhebt?**

Zu den nach I.2.2 feststellbaren Zinsen ist lediglich der eingezahlte Betrag r zu addieren.

Ergebnis I.2.4:

$$\text{Aufzinsung} \quad E = r \cdot \left(1 + \frac{t}{m} \cdot (q - 1) \right)$$

Berechnet man nach I.2.4 E aus r, so hat man dem Betrag r die Zinsen hinzuge-fügt. Man sagt, dass r zum Ende der Laufzeit **AUFGEZINST** worden ist. Nimmt man dagegen E als gegeben und berechnet r nach der Formel I.2.4, so hat man aus E den Zinsanteil herausgerechnet. Man sagt, man habe E zum Be-ginn der Laufzeit **ABGEZINST**.

Betrachtet man die Gleichung I.2.4 als Funktionsgleichung, indem man alterna-tiv r, t und q als unabhängige Variablen nimmt, so entstehen drei lineare Funkti-onen: $E\{r\}$; $E\{t\}$; $E\{q\}$. Die in Klammern stehende Variable bezeichnet die je-weilige unabhängige Variable. Nach geringfügigen Umformungen ergibt sich:

Ergebnis I.2.5:

$$E\{r\} = r \cdot \left(1 + \frac{t}{m} \cdot (q-1)\right); \quad E\{t\} = \frac{r}{m} \cdot (q-1) \cdot t + r; \quad E\{q\} = \frac{r \cdot t}{m} \cdot q + r \cdot \left(1 - \frac{t}{m}\right)$$

Für $q > 1$ sind alle drei Funktionen streng monoton steigend.

I.2 AUFGABEN

Hintergrund aller Aufgaben sind die Fragestellungen I.2.1 und I.2.3. Wir unterstellen die Jahreseinteilung der Zeit und innerhalb dieser die Tages-einteilung (m = 360).

1. r = 4120 €, p = 7,5. r steht t = 83 Tage innerhalb eines Jahres auf einem Kon-to. Wie viele Zinsen Z hat die Bank zu zahlen?

2. r = 7113 €; p = 8. Einzahlungsdatum ist der 4.2. (3.5.; 15.1; 29.3.), Abhe-bungsdatum ist der 19.7. (12.12.; 13.10.; 9.5.) desselben Jahres. Wie viele Zin-sen hat die Bank zu zahlen?

3. $p = 4$. Jemand zahlt innerhalb eines Jahres die folgenden Beträge auf ein Konto ein: am 9.1. $r_1 = 2400$ €; am 14.3 $r_2 = 813$ €; am 19.5. $r_3 = 568$ €; am 27.9. $r_4 = 1118$ € und am 23.11. $r_5 = 3715$ €. Mit welcher Zinsgutschrift kann der Kontoinhaber am Jahresende rechnen? Man verwende zur Lösung Zinszahlen und Zinsdivisor.

4. $p = 5$. Welcher Betrag r wurde am 25.4. eines Jahres auf ein Konto eingezahlt, wenn bei der Abhebung am 10.10. desselben Jahres $Z = 25,30$ € an Zinsen zu zahlen waren?

5. Der Betrag von $r = 3000$ € wurde auf ein Konto eingezahlt und nach $t = 72$ Tagen innerhalb desselben Jahres wieder abgehoben. Mit welchem Jahreszinsfuß p hat die Bank gerechnet, wenn sie dem Kontoinhaber $Z = 36$ € an Zinsen ausbezahlte?

6. $p = 7,5$. Jemand zahlt $r = 5000$ € auf ein Konto ein und hebt den gesamten Betrag innerhalb desselben Jahres wieder ab. Wie viele Tage t stand r auf dem Konto, wenn die Bank $Z = 150$ € an Zinsen zahlte?

7. Es ist jeweils ein Betrag r samt seines Einzahlungsdatums sowie der Jahreszinsfuß gegeben. Man zinse r zum Zinstermin am Jahresende auf:
(a) $r = 2500$ €; 7.8.; $p = 7,3$ (b) $r = 12300$ €; 14.2.; $p = 8,2$
(c) $r = 7910$ €; 27.5.; $p = 4,4$

8. p ist der Jahreszinsfuß und E der Kontostand am Ende eines Jahres. Man zinse E zum gegebenen Datum dieses Jahres ab: (a) $p = 7$; $E = 8300$ €; 9.5.
(b) $p = 7,2$; $E = 5100$ €; 10.7.   (c) $p = 9,5$; $E = 8900$ €; 19.10.

9. Jemand legt Anfang Juni eines Jahres $r = 25000$ € bei einer Bank mit einer Laufzeit von 4 Monaten an. Der Jahreszinsfuß beträgt $p = 7,5$. Am Ende dieser Laufzeit zahlt die Bank r zusammen mit den fälligen Zinsen aus. Der Kunde legt den Gesamtbetrag Anfang Oktober bis zum Jahresende erneut an. Welchen Betrag E erhält der Kunde dann samt Zinsen von der Bank zurück?

10. Zu I.2.5: Man stelle zu den folgenden Zahlenwerten die Geradengleichungen auf und bestimme jeweils die Steigung und den Abschnitt auf der Ordinatenachse.

(a) $E\{r\}$; $t = 105$; $p = 5,5$ (b) $E\{t\}$; $r = 1000$ €; $p = 5,5$ (c) $E\{q\}$; $t = 105$; $r = 1000$ €. Man überzeuge sich, dass die Geraden streng monoton steigend verlaufen!

I.2 LÖSUNGEN

L1. I.2.2: $Z = 71,24$ €

L2. I.2.2:   (a) $t_1 = 165$ $Z_1 = 260,81$ €
(b) $t_2 = 219$ $Z_2 = 346,17$ €
(c) $t_3 = 268$ $Z_3 = 423,62$ €
(d) $t_4 = 40$ $Z_4 = 63,23$ €

L3.

$$Z_k = \left(\frac{r_k}{100} \cdot t_k\right) : \frac{360}{p}$$ für $k = 1, 2, 3, 4, 5$; $q = 1,04$; t_k ist jeweils die Anzahl der

Tage vom Einzahlungsdatum bis zum Jahresende. Gesucht ist

$$Z = Z_1 + Z_2 + Z_3 + Z_4 + Z_5 = \left(\frac{r_1}{100} \cdot t_1 + \frac{r_2}{100} \cdot t_2 + \frac{r_3}{100} \cdot t_3 + \frac{r_4}{100} \cdot t_4 + \frac{r_5}{100} \cdot t_5\right) : \frac{360}{p}$$

Man hat also lediglich die Zinszahlen zu addieren und diese Summe durch den Zinsdivisor zu teilen. $t_1 = 351$; $t_2 = 286$; $t_3 = 221$; $t_4 = 93$; $t_5 = 37$. Die Summe der Zinszahlen beträgt 14418,75; der Zinsdivisor ist 90 und somit $Z = 160,21$ €.

L4. Auflösung von I.2.2 nach r. $t = 165$ $r = 1104$ €

L5. Auflösung von I.2.2 nach q. $p = 6$

L6. Auflösung von I.2.2 nach t. $t = 144$

L7. I.2.4:   (a) t = 143; E = 2572,49 €   (b) t = 316; E = 13185,33 €
(c) t = 213; E = 8115,92 €

L8. Auflösung von I.2.4. nach r: (a) t = 231; r = 7943,22 €
(b) t = 170; r = 4932,30 €   (c) t = 71; r = 8736,32 €

L9. $E_1 = r \cdot \left(1 + \dfrac{1}{3} \cdot (q-1)\right)$; $E = E_1 \cdot \left(1 + \dfrac{1}{4} \cdot (q-1)\right) = 26105,47$ €

L10.   (a) $E\{r\} = 1,016 \cdot r$; Steigung 1,016; Abschnitt 0
(b) $E\{t\} = 0,153 \cdot t + 1000$; Steigung 0,153; Abschnitt 1000
(c) $E\{q\} = 291,667 \cdot q + 708,833$; Steigung 291,667; Abschnitt 708,333
Alle Geraden steigen streng monoton, da ihre Steigungen positiv sind.

3. ZINSESZINSEN. AUF- UND ABZINSEN

Fragestellung I.3.1:

Vor.1 (Vgl. I.1).   **Jemand zahlt am Anfang der ersten ZE einen Betrag r (r > 0) auf ein Konto bei einer Bank ein. Welcher Kontostand E ergibt sich am Ende der n-ten ZE, wenn die Bank alle Zinsen und Zinseszinsen diesem Konto gutschreibt?**

Behauptung: $E = r \cdot q^n$. Wir betrachten E als Funktion von n und schreiben daher $E\{n\}$. Den Beweis der Behauptung führen wir durch vollständige Induktion über n (Vgl. Anhang III). Induktionsanfang: Der Kontostand am Ende der ersten ZE ergibt sich, wenn man in I.2.4 den Parameter t gleich m setzt, also $E\{1\} = r \cdot q$. Dieselbe Argumentation liefert $E\{n\} = E\{n - 1\} \cdot q$. Gilt daher $E\{n - 1\} = r \cdot q^{n-1}$, so auch $E\{n\} = r \cdot q^n$. Obwohl die vollständige Induktion erst mit n = 1 beginnt, lässt sich nachträglich feststellen, dass die Behauptung auch noch für n = 0 richtig ist, da das Ende der 0-ten und der Anfang der 1. ZE denselben Zeitpunkt bezeichnen.

Ergebnis I.3.2   Zinseszinsformel:

Aufzinsung $E = r \cdot q^n$

Wir betrachten die eben hergeleitete Gleichung wiederum als Funktionsgleichung, indem wir alternativ r, n und q als unabhängige Variable ansehen: $E\{r\}$; $E\{n\}$; $E\{q\}$. $E\{r\}$ ist eine Gerade, $E\{n\}$ eine Exponentialfunktion, deren unabhängige Variable nur ganzzahlige Werte annehmen darf, und $E\{q\}$ ein einfaches Polynom n-ten Grades. Diese Funktionen sind für r > 0, n ≥ 1 und q > 1 streng monoton steigend und damit umkehrbar. Die Einschränkung q > 1 ist meistens gerechtfertigt, da q = 1, also p = 0, kein sonderlich interessantes finanzmathematisches Problem darstellt. Aus q > 1 folgt in allen Fällen E > r. Die Umkehrungen sind leicht zu finden und werden ohne nähere Begründung angegeben:

Ergebnis I.3.3:

$$\text{Abzinsung} \quad r = \frac{E}{q^n}$$

Ergebnis I.3.4:

$$n = \frac{\ln(E) - \ln(r)}{\ln(q)} \quad \text{mit } E > r$$

Ergebnis I.3.5:

$$q = \sqrt[n]{\frac{E}{r}} \quad \text{mit } p = (q - 1) \cdot 100; \; E > r$$

Fragestellung I.3.6:

Vor.2 (Vgl. I.1): Jemand zahlt innerhalb der 1. ZE einen Betrag r (r > 0) auf ein Konto bei einer Bank ein und hebt den Betrag r samt aller gutgeschriebenen Zinsen und Zinseszinsen am Ende der (n+1)-ten ZE wieder ab (n ≥ 1). Welchen Betrag E händigt die Bank dem Kunden aus?

Ist t die Anzahl der U-ZEen in der ersten ZE, die noch zur Laufzeit gehören, so ergibt sich $\quad L = \dfrac{t}{m} + n \quad$ (ZEen). Nach I.2.4 ist der Kontostand am Ende der

1. ZE $r \cdot \left(1 + \dfrac{t}{m}(q-1)\right)$. Dieser Betrag steht die nächsten n ZEen auf dem

Konto; die Zinsen und Zinseszinsen werden diesem Konto gutgeschrieben. Aus I.3.2 ergibt sich somit

Ergebnis I.3.7:

$$E = r \cdot \left(1 + \frac{t}{m}(q-1)\right) \cdot q^n \quad \text{mit } r > 0;\ n \geq 1;\ m > 1;\ 0 < t < m;\ q > 1$$

Der Fall n = 0 wird durch die Formel I.2.4 abgedeckt. Es ist E > r .

Die im Anschluss an I.2.4 eingeführte Redeweise kann auch auf I.3.7 übertragen werden: r wurde zum Ende der Laufzeit (zum Ende der (n+1)-ten ZE) **AUFGEZINST** bzw. – wenn man E als gegeben annimmt und nach r auflöst (vgl. I.3.8) – E wurde zum Beginn der Laufzeit (dem Einzahlungstermin von r) **ABGEZINST**.

Wie schon im Zusammenhang mit I.2.4 betrachten wir auch die Gleichung I.3.7 als Funktionsgleichung. E als Funktion von r: $E\{r\}$; E als Funktion von L: $E\{L\}$; E als Funktion von q: $E\{q\}$. Es wird jetzt gezeigt, dass alle drei Funktionen in der jeweils angegebenen Definitionsmenge streng monoton steigend und daher umkehrbar sind.

E als Funktion von r:

$E\{r\}$ mit n ≥ 1; m > 1; q > 1; 0 < t < m. Unter den gegebenen Einschränkungen für die Parameter ist $E\{r\}$ für r > 0 eine lineare, streng monoton steigende Funktion. Die eindeutige Auflösung nach r ist also möglich:

Ergebnis I.3.8:

$$r = \frac{E}{\left[1 + \dfrac{t}{m} \cdot (q-1)\right] \cdot q^n}$$

E als Funktion von L:

$E\{L\}$ mit r > 0; q > 1; n ≥ 1; 0 < t < m. Geht man von einem L_1 zu einem größe-
ren L_2 über, so bedeutet dies eine Erhöhung von t oder von n oder eine Erhöhung beider Größen. Es vergrößert sich in I.3.7 der erste oder der zweite Faktor
bzw. beide zugleich. D.h. $E\{L_2\} > E\{L_1\}$. $E\{L\}$ ist streng monoton steigend und
daher umkehrbar.

Seien $f\{x\} = q^x$ und $g\{x\} = 1 + x \cdot (q - 1)$ mit $0 \le x \le 1$. Es gilt $f\{0\} = g\{0\} =$
1 und $f\{1\} = g\{1\} = q$. Die Exponentialfunktion $f\{x\}$ ist für $x \ge 0$ streng monoton steigend und $g\{x\}$ stellt eine steigende Gerade dar, welche die Exponential-
funktion in (0 | 1) und (1 | q) schneidet. Es folgt: $f\{x\} \le g\{x\}$ für $0 \le x \le 1$. Da

nach Voraussetzung über t und m $x = \dfrac{t}{m}$ gesetzt werden darf, folgt

$q^{\frac{t}{m}} < 1 + \dfrac{t}{m} \cdot (q - 1)$. Mit $r \cdot q^n$ multipliziert: $r \cdot q^{\frac{t}{m}+n} < r \cdot \left(1 + \dfrac{t}{m}(q-1)\right) \cdot q^n$

oder $r \cdot q^L < E\{L\}$. Löst man $r \cdot q^L = E$ anstatt von $E\{L\} = E$ auf, so erhält man
ein L_1, das etwas größer ist als die gesuchte Lösung von $E\{L\} = E$. Es kann aber
n als größte Zahl unterhalb oder gleich L_1 bestimmt werden. t und damit L be-
kommt man, wenn man das eben gefundene n in I.3.7 einsetzt und dann t aus
dieser Gleichung bestimmt.

Ergebnis I.3.9:

Gegeben: r (> 0); q (> 1); m (> 1), E (> r)   Gesucht: L
$L_1 = \dfrac{\ln(E) - \ln(r)}{\ln(q)}$; n ist die größte ganze Zahl kleiner oder gleich L_1. $t = \left(\dfrac{E}{r \cdot q^n} - 1\right) \cdot \dfrac{m}{q-1}$; $L = n + \dfrac{t}{m}$

Beispiel: r = 1000 €; q = 1,05; m = 12; E = 1436,41 €. Gesucht: L
Nach I.3.9: $L_1 = 7,422540$; n = 7; t = 5. L = 7,416667, also < L_1.

E als Funktion von q:

$E\{q\}$ mit r > 0; n ≥ 1; m > 1; 0 < t < m. $E\{q\} = r \cdot \dfrac{t}{m} \cdot q^{n+1} + r \cdot \dfrac{m-t}{m} \cdot q^{n}$ ist für

q > 1 streng monoton steigend, da beide Koeffizienten des Polynoms positiv sind. Die Funktion ist somit umkehrbar. Mit anderen Worten: Bei vorgegebenem $E\{q\}$ = E hat die Gleichung (*) $r \cdot \dfrac{t}{m} \cdot q^{n+1} + r \cdot \dfrac{m-t}{m} \cdot q^{n} = E$ genau eine Lösung.

(a) Für n = 1 ist (*) eine quadratische Gleichung, die nach der bekannten Formel aufgelöst werden kann.

(b) Die Lösung kann aber für n ≥ 2 im Allgemeinen nicht mehr durch eine Formel berechnet werden, sondern nur noch mit Hilfe eines Näherungsverfahrens. Wir wählen hier das Newton'sche Verfahren (Vgl. Anhang II), obwohl wir auch andere Möglichkeiten – beispielsweise die Regula falsi - hätten in Erwägung ziehen können. Die Formulierung des Newton'schen Verfahrens in Anhang II setzt die Vorgabe einer streng monotonen und strikt konvexen Funktion voraus, deren Nullstelle zu berechnen ist – zudem die Vorgabe eines Startwertes:

(c) Die Lösung der Gleichung (*) ist gleichbedeutend mit der Lösung der Gleichung $r \cdot \dfrac{t}{m} \cdot q^{n+1} + r \cdot \dfrac{m-t}{m} \cdot q^{n} - E = 0$ und diese wiederum ist gleichbedeutend mit der Berechnung der Nullstelle der Funktion

$$F\{q\} = r \cdot \frac{t}{m} \cdot q^{n+1} + r \cdot \frac{m-t}{m} \cdot q^{n} - E$$

Diese Funktion ist streng monoton steigend, da die erste Ableitung

$F'\{q\} = r \cdot \dfrac{t \cdot (n+1)}{m} \cdot q^{n} + r \cdot \dfrac{(m-t) \cdot n}{m} \cdot q^{n-1}$ unter den gegebenen Voraussetzungen stets positiv ist. Für n ≥ 2 ist aber auch die zweite Ableitung

$F''\{q\} = r \cdot \dfrac{t \cdot (n+1) \cdot n}{m} \cdot q^{n-1} + r \cdot \dfrac{(m-t) \cdot n \cdot (n-1)}{m} \cdot q^{n-2}$ positiv, die gegebene Funktion somit strikt konvex.

(d) Einen Startwert für das Newton'sche Verfahren erhalten wir ebenfalls aus der Gleichung (*) unter Einsatz des Abschätzungsverfahrens (Teil A von Anhang V).

$$r \cdot \frac{t}{m} \cdot q^n + r \cdot \frac{m-t}{m} \cdot q^n < E \; ; \; r \cdot q^n < E \; ; \; q < \sqrt[n]{\frac{E}{r}}$$

Ergebnis I.3.10:

Gegeben: $r\,(>0)$, $n\,(\geq 1)$, $m\,(>1)$, $t\,(0<t<m)$, $E\,(>r)$ Gesucht: q

$$F\{q\} = r \cdot \frac{t}{m} \cdot q^{n+1} + r \cdot \frac{m-t}{m} \cdot q^n - E \text{ streng monoton steigend für } q > 1$$

$$F'\{q\} = r \cdot \frac{t \cdot (n+1)}{m} \cdot q^n + r \cdot \frac{(m-t) \cdot n}{m} \cdot q^{n-1} \text{ Startwert: } q_1 = \sqrt[n]{\frac{E}{r}}$$

Schließlich: Newton'sches Näherungsverfahren (Anhang II)

Beispiel: r = 1000 €; n = 6; m = 360; t = 193; E = 1716,15 €:
q_1 = 1,094189; nach zwei Iterationen ergibt sich die Lösung q = 1,086.

Fragestellung I.3.11:

Vor.2 (vgl. I.1). Jemand zahlt innerhalb der 1. ZE einen Betrag r auf ein Konto ein. Alle Zinsen und Zinseszinsen werden dem Konto gutgeschrieben. Die Laufzeit beträgt $L = \frac{t}{m} + n + \frac{s}{m}$ **, d.h. zur Laufzeit gehören t U-ZEen der 1. ZE, dann n volle ZEen und schließlich noch s U-ZEen der (n+2)-ten ZE. Wie hoch ist der Kontostand am Ende der Laufzeit?**

I.3.7 gibt den Kontostand am Ende der (n+1)-ten ZE an. Dies ist aber auch gleichzeitig der Kontostand am Ende von L, da der nächste Zinstermin erst am Ende der (n+2)-ten ZE liegt.

Bemerkung: Fragt ein Kunde - wie in I.3.11 - nicht nur nach dem Kontostand, sondern beantragt beispielsweise die Kontoauflösung, so wird die Bank sicherlich auch die ihm noch für die letzten s U-ZEen zustehenden, aber noch nicht gutgeschriebenen Zinsen gleich mit auszahlen. Welchen Betrag E* kann er dann erwarten?

Nach I.3.7: $E = r \cdot \left(1 + \dfrac{t}{m}(q-1)\right) \cdot q^n$; nach I.2.4: $E^* = E \cdot \left(1 + \dfrac{s}{m} \cdot (q-1)\right)$

Beispiel zu I.3.11 und zur anschließenden Bemerkung: Wir unterstellen die Jahres- und Tageseinteilung der Zeit. Ein Kunde zahlt am 4.7. des 1. Jahres r = 5500 € auf ein Konto ein. Der Jahreszinsfuß beträgt p = 4,5.
(a) Wie hoch ist der Kontostand am 12.10. des 6. Jahres?
(b) Welchen Betrag E^* erhält der Kunde, wenn die Bank ihm am 12.10. des 6. Jahres die noch nicht gutgeschriebenen Zinsen mit auszahlt?
Lösung: t = 176; n = 4; s =282.   (a) E = 6703,15 €   (b) E^* = 6939,43 €

Fragestellung I.3.12:

Ergänzung zur Vor.2 (vgl. I.1): Die Enden der U-ZEen sind die Zinstermine. Man spricht von ‚unter-zeiteinheitlicher Verzinsung'. Wären die Enden der ZEen Zinstermine, würde die einfache Zinseszinsformel (I.3.2) die Kontostände jeweils zu den Enden der ZEen angeben. Mit welchem Zinsfuß p_m pro U-ZE muss man rechnen, damit die durch unter-zeiteinheitliche Verzinsung festgelegten Kontostände jeweils am Ende der ZEen denen durch I.3.2 berechneten gleichen?

Da n ZEen (n·m) U-ZEen entsprechen und p_m der Zinsfuß pro U-ZE ist, gilt nach der Formel I.3.2 $r \cdot (q_m)^{n \cdot m} = r \cdot q^n$ mit $q_m = 1 + \dfrac{p_m}{100}$. Die Auflösung nach q_m ergibt:

Ergebnis I.3.13:

$$q_m = \sqrt[m]{q} \quad \text{mit} \quad p_m = (\sqrt[m]{q} - 1) \cdot 100$$
Die Auflösung nach q_m ist von r und n unabhängig.
Man bezeichnet p_m als den zu p **KONFORMEN ZINSFUß**.

Beispiel: Sei m = 3; p = 6,5. Also p_m = 2,12

```
                    I.3  AUFGABEN
```

Die Aufgaben 1 bis 11 beziehen sich auf Fragestellung I.3.1.

1. Gegeben: r = 3500 €; p = 7; n = 7. Gesucht sind die Kontostände am Ende einer jeden ZE, die zur Laufzeit gehört.

2. Gegeben: E; n; q.   Gesucht: r

(a)	E = 4375 €	n = 9	p = 6,5
(b)	E = 15000 €	n = 10	p = 7,5
(c)	E = 3563 €	n = 3	p = 4,5
(d)	E = 18750 €	n = 9	p = 7
(e)	E = 6733 €	n = 7	p = 6,7
(f)	E = 12350 €	n = 10	p = 8

3. Gegeben: r; n; E.   Gesucht: p

(a)	r = 3517 €	n = 4	E = 4350 €
(b)	r = 15000 €	n = 8	E = 20000 €
(c)	r = 1790 €	n = 3	E = 1813 €
(d)	r = 4440 €	n = 9	E = 7500 €
(e)	r = 3980 €	n = 10	E = 8350 €
(f)	r = 580 €	n = 4	E = 850 €

4. Gegeben: p; r; E.   Gesucht: n

(a)	p = 5	r = 1850 €	E = 3322,33 €
(b)	p = 8,5	r = 5515 €	E = 18749,58 €
(c)	p = 2,5	r = 3000 €	E = 8055,19 €
(d)	p = 7,2	r = 3700 €	E = 7949,58 €
(e)	p = 5,5	r = 1000 €	E = 1619,09 €
(f)	p = 8,5	r = 7390 €	E = 11112,02 €

5. Zu welchem Zinsfuß p pro ZE muss r am Anfang einer ZE angelegt werden, damit der Kontostand nach n = 12 Jahren E = 3 · r beträgt?

6. Das Intervall von n ZEen ist in k (natürliche Zahl) Teile zerlegt: $n = n_1 + n_2 + \ldots + n_k$. n_j (j = 1, 2, ..., k) gibt an, wie viele ZEen das j-te Teilintervall enthält. Im j-ten Teilintervall ist p_j der Zinsfuß pro ZE. Am Anfang der 1. ZE wird der Betrag r auf ein Konto eingezahlt, Zinsen und Zinseszinsen werden dem Konto gutgeschrieben. Wie hoch ist der Kontostand E am Ende der n-ten ZE ?

7. Man unterstelle der 6. Aufgabe die folgenden Zahlenwerte: $r = 5000 €$; $n_1 = 2$; $n_2 = n_3 = 3$; also $n = 8$; $p_1 = 7$; $p_2 = 6{,}5$; $p_3 = 7{,}5$. Man gebe in Form einer Tabelle die Kontostände am Ende einer jeden ZE innerhalb der Laufzeit an.

8. Man führe die Auflösung von I.3.4 ausführlich durch.

9. Man löse I.3.2 mit Hilfe des Logarithmus' nach q auf. Vgl. auch I.3.5.

10. Für die einfache Zinseszinsformel $E = q^7$ ($r = 1 €$; $n = 7$) sind 6 Funktionswerte zu berechnen. Man überzeuge sich, dass eine streng monoton steigende Funktion vorliegt.

11. Jemand zahlt am Anfang des 1. Jahres r € auf ein Konto ein. Es gelten die folgenden Zinsfüße: Im ersten Jahr $p_1 = 4{,}25$; im zweiten Jahr $p_2 = 4{,}5$; im dritten Jahr $p_3 = 5{,}5$; im vierten Jahr $p_4 = 7$ und im fünften Jahr $p_5 = 8{,}25$. Welchem gleich bleibenden Jahreszinsfuß p entspricht diese Verzinsung?

Die Aufgaben 12 bis 21 beziehen sich auf die Fragestellung I.3.6.
Wir setzen zusätzlich die Jahres- und Tageseinteilung der Zeit voraus,
d.h. m = 360.

12. Wie hoch ist der Kontostand E am Ende des (n+1)-ten Jahres?

(a)	$r = 1000 €$	$p = 8$	$t = 231$	$n = 7$
(b)	$r = 1927 €$	$p = 5{,}5$	$t = 288$	$n = 7$
(c)	$r = 7553 €$	$p = 3{,}5$	$t = 300$	$n = 5$
(d)	$r = 2000 €$	$p = 9$	$t = 111$	$n = 7$
(e)	$r = 1590 €$	$p = 8{,}5$	$t = 34$	$n = 6$
(f)	$r = 12335 €$	$p = 4{,}4$	$t = 144$	$n = 5$

13. Welcher Betrag r wurde innerhalb des 1. Jahres eingezahlt?

(a)	$E = 18000 €$	$p = 6{,}5$	$t = 130$	$n = 6$
(b)	$E = 2500 €$	$p = 4{,}5$	$t = 251$	$n = 6$
(c)	$E = 50000 €$	$p = 5{,}5$	$t = 133$	$n = 6$
(d)	$E = 3500 €$	$p = 7{,}7$	$t = 244$	$n = 8$
(e)	$E = 4800 €$	$p = 9$	$t = 112$	$n = 4$
(f)	$E = 14500 €$	$p = 8$	$t = 200$	$n = 6$

14. Welcher Betrag r müsste am 13.8.2006 auf ein Konto eingezahlt werden, damit der Kontoinhaber Ende 2011 über den Betrag E = 10000 € verfügen kann? p = 6.

15. Am Ende welchen Jahres ist der Kontostand E ?

(a)	r = 4500 €	p = 7	t = 310	E = 8197,90 €
(b)	r = 8317 €	p = 4,5	t = 151	E = 14370,87 €

16. Gesucht sind n und t:

(a)	r = 17500 €	p = 5,5	E = 20000 €
(b)	r = 8500 €	p = 9	E = 14000 €
(c)	r = 12000 €	p = 7,5	E = 15500 €
(d)	r = 9875 €	p = 4,5	E = 12500 €
(e)	r = 5720 €	p = 3,5	E = 7500 €
(f)	r = 19750 €	p = 9	E = 26000 €

17. Gegeben: r (dahinter in Klammern das Einzahlungsdatum innerhalb des ersten Jahres), n, E
Gesucht: p

(a)	r = 2500 € (18.10.)	n = 4	E = 3388,75 €
(b)	r = 3750 € (14.5.)	n = 7	E = 6797,54 €
(c)	r = 12450 € (19.3.)	n = 3	E = 14000 €
(d)	r = 8400 € (2.7.)	n = 5	E = 9500 €
(e)	r = 15000 € (4.12.)	n = 6	E = 18400 €
(f)	r = 7370 € (5.6.)	n = 3	E = 10000 €

18. Jemand zahlt den Betrag r = 5000 € am Anfang des 1. Jahres auf ein Konto ein. Welcher Betrag E befindet sich am Ende des 8. Jahres auf dem Konto, wenn der Jahreszinsfuß zunächst p_1 = 6; ab 19.9. des 4. Jahres p_2 = 6,5 (bis zum 19.9. einschließlich gilt noch p_1) und ab 3.4. des 7. Jahres p_3 = 7,5 beträgt?

19. Jemand zahlt am 3.2. des 1. Jahres r_1 = 2500 €; am 7.10. des 1. Jahres r_2 = 1913 €; am 8.5. des 2. Jahres r_3 = 750 €; am 3.1. und am 7.8. des 3. Jahres je r_4 = 3515 € ein. Der Jahreszinsfuß beträgt p = 6,5. Man gebe in Form einer Tabelle die Kontostände Ende April, Ende August und Ende Dezember eines jeden der drei Jahre an.

20. Die Einzahlungsdaten stehen in Klammern:
(a) r = 3700 € (7.1. des 2. Jahres); q = 1,06. r ist zum Ende des 8. Jahres aufzuzinsen.
(b) r = 12500 € (3.9. des 1. Jahres); q = 1,042. r ist zum Ende des 5. Jahres aufzuzinsen.

21. (a) E = 18000 € ist der Kontostand am Ende des 7. Jahres. p = 6,5. Dieser Betrag ist zum 20.8. des 1. Jahres abzuzinsen.
(b) E = 10000 € ist der Kontostand am Ende des 7. Jahres. p = 6. Dieser Betrag ist zum 13.8. des 2. Jahres abzuzinsen.

Die Aufgaben 22 bis 24 setzen die Fragestellung I.3.11 voraus. Wir unterstellen die Jahres- und Tageseinteilung der Zeit, also m = 360.

22. Gegeben: r mit Einzahlungsdatum; p und ein späteres Datum. Gesucht:
(i) Kontostand E zum zweiten gegebenen Datum und (ii) Betrag E*, der dem Kontoinhaber zum späteren Datum ausgehändigt würde, falls dieser sein gesamtes Guthaben abheben wollte und die Bank bereit wäre, die noch nicht gutgeschriebenen Zinsen sofort mit auszuzahlen.

(a)	r = 3000 € (12.5. des 1. Jahres)	p = 5,5	13.12. des 6. Jahres
(b)	r = 4210 € (24.3. des 1. Jahres)	p = 6,7	18.9. des 7. Jahres
(c)	r = 23410 € (22.2. des 1. Jahres)	p = 3,5	12.10. des 8. Jahres
(d)	r = 4566 € (1.3. des 1. Jahres)	p = 7,5	20.12. des 4. Jahres
(e)	r = 9350 € (23.1. des 1. Jahres)	p = 8	19.3. des 9. Jahres
(f)	r = 6400 € (5.7. des 1. Jahres)	p = 4,4	6.11. des 6. Jahres

23. Gegeben: r mit Einzahlungsdatum und E*, Guthaben zu einem weiteren, späteren Datum einschließlich der zu diesem Zeitpunkt noch nicht gutgeschriebenen Zinsen. Gesucht: p. Man gebe analog zur Herleitung von I.3.10 eine Funktion $F\{q\}$, deren erste Ableitung und einen Startwert an, um das Newton'sche Näherungsverfahren zur Berechnung von q (p) anwenden zu können. (Siehe Teil A von Anhang V !)

24. Man berechne p nach dem Verfahren, das als Lösung von Aufgabe 23 gefunden worden ist, für die folgenden Zahlenbeispiele: (J. = Jahr)
(a) r = 7300 € (7.3. des 1. J.)   E* = 9900 € (18.9. des 6. J.)
(b) r = 2300 € (3.4. des 1. J.)   E* = 4350 € (7.2. des 9. J.)
(c) r = 12000 € (8.12. des 1. J.)   E* = 16550 € (4.7. des 7. J.)
(d) r = 5900 € (23.10. des 1. J.)   E* = 9500 € (9.6. des 6. J.)

Die Aufgaben 25 und 26 nehmen die Fragestellung I.3.12 auf.

25. Man berechne p_m bei gegebenem m = 2; 3; 4; 6; 12 und

    (a) p = 9   (b) p = 4,5   (c) p = 7,6

26. In der Mitte der ersten ZE wird der Betrag r = 1000 € auf ein Konto eingezahlt. q = 1,08 . Man berechne den Kontostand E am Ende der 4. ZE bei

(a) m = 1 (b) m = 2 (c) m = 3 (d) m = 4 (e) m = 6 (f) m = 12

Weshalb ergeben (b), (d), (e) und (f) denselben Wert E ?

I.3 LÖSUNGEN

L1. I.3.2: E wird als Funktion von n aufgefasst.

E{1} = 3745   E{2} = 4007,15   E{3} = 4287,65   E{4} = 4587,79

E{5} = 4908,93   E{6} = 5252,56   E{7} = 5620,24

L2. I.3.3: In €:

(a) r = 2482,17   (b) r = 7277,91   (c) r = 3122,25

(d) r = 10198,75   (e) r = 4276,20   (f) r = 5720,44

L3. I.3.5:

(a) p = 5,46   (b) p = 3,66   (c) p = 0,43   (d) p = 6

(e) p = 7,7   (f) p = 10,03

L4. I.3.4:

(a) n = 12   (b) n = 15   (c) n = 40   (d) n = 11

(e) n = 9   (f) n = 5

L5. I.3.2 mit n = 12 und E = 3r $\rightarrow$ $q^{12} = 3$ $\rightarrow$ q = 1,0959 $\rightarrow$ p = 9,59

L6. Sei $q_j = 1 + \dfrac{p_j}{100}$ für j = 1, 2, …, k . I.3.2 wird k-mal hintereinander angewendet:

Ende der n_1-ten ZE : $E\{n_1\} = r \cdot q_1^{n_1}$

Ende der (n_1+n_2)-ten ZE: $E\{n_1+n_2\} = r \cdot (q_1)^{n_1} \cdot (q_2)^{n_2}$

usw.

Schließlich Ende der n-ten ZE: $E\{n\} = r \cdot (q_1)^{n_1} \cdot (q_2)^{n_2} \cdot \ldots\ldots \cdot (q_k)^{n_k}$

L7:

n =	1	2	3	4
E =	5350,00	5724,50	6096,59	6492,87
n =	5	6	7	8
E =	6914,91	7433,53	7991,04	8590,37

L8: $E = r \cdot q^n$ $\rightarrow$ $\ln(E) = \ln(r \cdot q^n)$ $\rightarrow$ $\ln(E) = \ln(r) + n \cdot \ln(q)$ (*)

$$\rightarrow \quad n = \frac{\ln(E) - \ln(r)}{\ln(q)}$$

L9: Vgl. L8 : Aus (*) folgt $\ln(q) = \dfrac{\ln(E) - \ln(r)}{n}$ $\rightarrow$ $q = e^{\frac{\ln(E) - \ln(r)}{n}}$

L10: E ist als Funktion von q aufzufassen:

$E\{1\} = 1$ $E\{1,05\} = 1,41$ $E\{1,1\} = 1,95$

$E\{1,15\} = 2,66$ $E\{1,2\} = 3,58$ $E\{1,25\} = 4,77$

L11: Der Kontostand am Ende des 5. Jahres ist $E = r \cdot q_1 \cdot q_2 \cdot q_3 \cdot q_4 \cdot q_5$, wobei sich q_j auf p_j (j = 1, 2, 3, 4, 5) bezieht. Bei gleich bleibendem Jahreszinsfuß ergibt sich E nach I.3.2 . Also $r \cdot q^5 = r \cdot q_1 \cdot q_2 \cdot q_3 \cdot q_4 \cdot q_5$. Teilt man diese Gleichung durch r, kommt r in der weiteren Rechnung nicht mehr vor. Das Ergebnis ist somit unabhängig von r. $\rightarrow$

$$q = \sqrt[5]{q_1 \cdot q_2 \cdot q_3 \cdot q_4 \cdot q_5} \quad \rightarrow \quad q = 1,05889 \quad \rightarrow \quad p = 5,889$$

L12: I.3.7 :

(a) E = 1801,80 €   (b) E = 2926,50 €   (c) E = 9232,24 €

(d) E = 3757,54 €   (e) E = 2614,86 €   (f) E = 15567,50 €

L13: I.3.8 :

(a) r = 12053,10 €   (b) r = 1861,34 €   (c) r = 35540,15 €

(d) r = 1837,59 €   (e) r = 3307,82 €   (f) r = 8748,63 €

L14: I.3.8 : E = 10000 €; p = 6; t = 137; n = 5 $\rightarrow$ r = 7305,77 €

L15: I.3.7 ist nach n aufzulösen. Also n = $\dfrac{\ln(E) - \ln(r) - \ln\left(1 + \dfrac{t}{m}(q-1)\right)}{\ln(q)}$

(a) n = 8 ; Ende des 9. Jahres   (b) n = 12 ; Ende des 13. Jahres

L16: I.3.9 :

(a) n = 2 ; t = 175   (b) n = 5 ; t = 282   (c) n = 3 ; t = 191

(d) n = 5 ; t = 126   (e) n = 7 ; t = 315   (f) n = 3 ; t = 66

L17: I.3.10: Genauigkeitsmaß: Es sind so viele Iterationen durchgeführt, bis die Differenz von zwei benachbarten Näherungswerten für q kleiner als 0,000001 ist. Die Lösung für p ist - nach Ab- bzw. Aufrunden - mit zwei Stellen hinter dem Komma angegeben. Zuletzt wird jeweils die Anzahl der Iterationen in eckigen Klammern genannt.

(a) q_1 = 1,079009 ; p = 7,50 ; [2] (b) q_1 = 1,088687 ; p = 8,10 ; [3]

(c) q_1 = 1,039887 ; p = 3,15 ; [2] (d) q_1 = 1,024917 ; p = 2,26 ; [2]

(e) q_1 = 1,034636 ; p = 3,42 ; [1] (f) q_1 = 1,107076 ; p = 8,90 ; [2]

L18: Kontostände:

Ende des 3. Jahres: $5000 \cdot 1{,}06^3$ € = 5955,08 €

Ende des 4. Jahres: $5955{,}08 \cdot \left[1 + \dfrac{259}{360} \cdot 0{,}06 + \dfrac{101}{360} \cdot 0{,}065\right]$ € = 6320,74 €

Ende des 6. Jahres: $6320{,}74 \cdot 1{,}065^2$ € = 7169,14 €

Ende des 7. Jahres: $7169{,}14 \cdot \left[1 + \dfrac{93}{360} \cdot 0{,}065 + \dfrac{267}{360} \cdot 0{,}075\right]$ € = 7688,30 €

Ende des 8. Jahres: $7688{,}30 \cdot 1{,}075$ € = 8264,92 €

L19:
Jahr	Ende April	Ende August	Ende Dezember	(in €)
1	2500,00	2500,00	4589,27	
2	4589,27	5339,27	5668,99	
3	9183,99	12698,99	13384,80	

L20: I.3.7 :   (a) E = 5557,31 €   (b) E = 14937,19 €

L21: I.3.8 : (a) n = 6 ; t = 130 ; r = 12053,10 €

(b) n = 5 ; t = 137 ; r = 7305,77 €

L22: I.3.11 :

(a) t = 228 ; n = 4 ; s = 343 ; E = 3845,93 € ; E* = 4047,47 €

(b) t = 276 ; n = 5 ; s = 258 ; E = 6121,51 € ; E* = 6415,44 €

(c) t = 308 ; n = 6 ; s = 282 ; E = 29638,57 € ; E* = 30451,16 €

(d) t = 299 ; n = 2 ; s = 350 ; E = 5605,27 € ; E* = 6013,99 €

(e) t = 337 ; n = 7 ; s = 79 ; E = 17224,30 € ; E* = 17526,68 €

(f) t = 175 ; n = 4 ; s = 306 ; E = 7765,57 € ; E* = 8056,00 €

L23: Nach der Bemerkung zu I.3.11 : $r \cdot \left(1 + \dfrac{t}{m}(q-1)\right) \cdot q^n \cdot \left(1 + \dfrac{s}{m}(q-1)\right) = E*$

Nach einigen Umformungen:

$$\frac{r \cdot t \cdot s}{m^2} \cdot q^{n+2} + \frac{r \cdot [s \cdot (m-t) + t \cdot (m-s)]}{m^2} \cdot q^{n+1} + \frac{r \cdot (m-s) \cdot (m-t)}{m^2} \cdot q^n = E*$$

Wir setzen den ersten Koeffizienten der linken Gleichungsseite gleich A, den zweiten gleich B und den dritten gleich C.   →   A + B + C = r

Die nach q aufzulösende Gleichung erhält somit die Form

$$A \cdot q^{n+2} + B \cdot q^{n+1} + C \cdot q^n = E*$$

Gemäß Teil A von Anhang V gilt

$A \cdot q^n + B \cdot q^n + C \cdot q^n < E*$ → $(A + B + C) \cdot q^n < E*$ → $r \cdot q^n < E*$ →

q < $\sqrt[n]{\dfrac{E*}{r}}$. $q_1 = \sqrt[n]{\dfrac{E*}{r}}$ kann daher als Startwert für das Newtonsche Näherungsverfahren verwendet werden. Weiter wird festgelegt:

$$F\{q\} = A \cdot q^{n+2} + B \cdot q^{n+1} + C \cdot q^n - E* \quad \text{und}$$

$$F'\{q\} = (n+2) \cdot A \cdot q^{n+1} + (n+1) \cdot B \cdot q^n + n \cdot C \cdot q^{n-1}$$

L24: Genauigkeitsmaß: Es sind so viele Iterationen durchgeführt, bis die Differenz von zwei benachbarten Näherungswerten für q kleiner als 0,000001 ist. Die Lösung für p ist - nach Ab- bzw. Aufrunden - mit zwei Stellen hinter dem Komma angegeben. Zuletzt wird jeweils die Anzahl der Iterationen in eckigen Klammern genannt.

(a) t = 293 ; n = 4 ; s = 258 ; q_1 = 1,079141 ; p = 5,65 ; [3]

(b) t = 267 ; n = 7 ; s = 37 ; q_1 = 1,095311 ; p = 8,45 ; [3]

(c) t = 22 ; n = 5 ; s = 184 ; q_1 = 1,066408 ; p = 5,93 ; [3]

(d) t = 67 ; n = 4 ; s = 159 ; q_1 = 1,126466 ; p = 10,76 ; [3]

L25: I.3.13 :

m =	2	3	4	6	12
p = 9:	4,40	2,91	2,18	1,45	0,72
p = 4,5:	2,23	1,48	1,11	0,74	0,37
p = 7,6:	3,73	2,47	1,85	1,23	0,61

L26: I.3.7 und I.3.13 :

(a) $E = r \cdot \left[1 + \dfrac{1}{2} \cdot (q-1)\right] \cdot q^3 = 1310,10 \ €$

(b) Die Laufzeit besteht aus 7 U-ZEen: $E = r \cdot (q_2)^7 = 1309,13 \ €$

(c) Die Laufzeit hat 10,5 U-ZEen: $E = r \cdot \left[1 + \dfrac{1}{2} \cdot (q_3-1)\right] \cdot (q_3)^{10} = 1309,24 \ €$

(d) Die Laufzeit besteht aus 14 U-ZEen: $E = r \cdot (q_4)^{14} = 1309,13 \ €$

(e) Die Laufzeit enthält 21 U-ZEen: $E = r \cdot (q_6)^{21} = 1309,13 \ €$

(f) Die Laufzeit hat die Länge von 42 U-ZEen: $E = r \cdot (q_{12})^{42} = 1309,13 \ €$

Die Gleichheit der vier genannten Ergebnisse ist durch die folgenden Gleichungen begründet:

$$(q_2)^7 = \left(q^{0,5}\right)^7 = q^{3,5} \ ; \ (q_4)^{14} = \left(q^{0,25}\right)^{14} = q^{3,5} \ ; \ (q_6)^{21} = \left(q^{\frac{1}{6}}\right)^{21} = q^{3,5} \ ;$$

$$(q_{12})^{42} = \left(q^{\frac{1}{12}}\right)^{42} = q^{3,5}$$

4. ÄQUIVALENTE BETRÄGE
ÄQUIVALENTE ZAHLUNGSFOLGEN

Fragestellung I.4.1:

Vor. 2 (vgl. I.1). Bringt man zwei Beträge r und r* zu unterschiedlichen Zeitpunkten auf eine Bank, so kann man den ersten Zinstermin bestimmen, der hinter dem späteren der beiden Einzahlungstermine liegt. Dies könnte der spätere Einzahlungstermin selbst sein. Sodann zinse man beide Beträge zum eben ermittelten Zinstermin auf. Erweisen sich beide Aufzinsungen E und E* (vgl. I.3.7) als gleich hoch, nennt man r und r* ÄQUIVALENT.

Die Äquivalenz zweier Beträge hängt von den Einzahlungszeitpunkten und vom Zinsfuß p ab.

Beispiel: Wir unterstellen die Jahres- und Tageseinteilung der Zeit, also m = 360. Die Einzahlungstermine werden hinter den Beträgen in Klammern angegeben: Sind r = 2500 € (14.4. des 1. Jahres) und r* = 2872,83 € (3.9. des 3. Jahres) äquivalent, wenn p = 6 ?

Aufzinsung von r und r* zum Ende des 3. Jahres ergibt:

$$E = 2500 \cdot \left(1 + \frac{256}{360} \cdot (q-1)\right) \cdot q^2 = 2928,85$$

$$E^* = 2872,83 \cdot \left(1 + \frac{117}{360} \cdot (q-1)\right) = 2928,85$$

r und r* sind äquivalent.

Fragestellung I.4.2:

Der Äquivalenzbegriff von zwei Beträgen kann in einfacher Weise auf mehr als zwei Beträge ausgedehnt werden: Sind $r_1, r_2, \ldots\ldots, r_i$ und $r_1^*, r_2^*, \ldots, r_j^*$ zwei Zahlungsfolgen (aufgelistet in der Reihenfolge der Einzahlungszeitpunkte), so lässt sich der erste Zinstermin bestimmen, der hinter allen (i + j) Einzahlungszeitpunkten liegt. Dies könnte der späteste Einzahlungstermin selbst sein. E (E*) sei dann die Summe aller Aufzinsungen von $r_1, r_2, \ldots\ldots, r_i$ ($r_1^*, r_2^*, \ldots, r_j^*$) zum gerade eben bestimmten Zinstermin.

Fortsetzung:

Man bezeichnet beide Zahlungsfolgen als ÄQUIVALENT, wenn E = E*.
Ist j = 1, besteht die zweite Zahlungsfolge nur aus einer einzigen Zahlung
r*, so nennt man r* den Wert der Zahlungsfolge r_1, r_2, ..., r_i zum Einzah-
lungstermin von r*.

Wir unterstellen für die beiden folgenden Beispiele die Jahres- und Tageseinteilung der Zeit, also m = 360. Die Einzahlungszeitpunkte stehen in Klammern.

1. Beispiel: r_1 = 918 € (11.1. des 1. Jahres); r_2 = 2430 € (8.4. des 2. Jahres); r_3 = 1918,74 € (8.7. des 2. Jahres); r_4 = 1200 € (10.12. des 3. Jahres); r_5 = 335,82 € (9.5. des 4. Jahres). Ist diese Zahlungsfolge bei p = 4,5 äquivalent zu einer der folgenden?

(a) r_1* = 720 € (25.1. des 1. Jahres); r_2* = 3000 € (19.2. des 2. Jahres); r_3* = 1713,12 € (28.12. des 3. Jahres); r_4* = 664,40 € (1.2. des 4. Jahres); r_5* = 825,79 € (1.10. des 4. Jahres)

(b) r_1* = 3839,14 € (25.1. des 2. Jahres); r_2* = 4921,23 € (12.12. des 3. Jahres)

Lösung: Wir zinsen beide Zahlungsfolgen zum Ende des 4. Jahres auf:

(a) E = 7576, 83 € = E*, also äquivalent

(b) E = 7576,83 € ; E* = 9522,25 € , also nicht äquivalent.

2. Beispiel: r_1 = 1730 € (13.2. des 1. Jahres); r_2 = 4110 € (11.10. des 1. Jahres); r_3 = 2900 € (14.7. des 2. Jahres); r_4 = 5215 € (3.5. des 2. Jahres); r_5 = 3780 € (9.6. des 4. Jahres). Man überzeuge sich, dass diese Zahlungsfolge bei p = 5 äquivalent ist zu

(a) r* = 17 923,06 € (4.10. des 2. Jahres)

(b) r* = 16 545,02 € (13.2. des 1. Jahres)

(c) r* = 19 453,12 € (9.6. des 4. Jahres)

Lösung: Die Aufzinsung erfolgt zum Ende des 4. Jahres. In allen Fällen ist E = E* = 19 996,19 €. r* ist der Wert der Zahlungsfolge r_1, r_2, r_3, r_4, r_5 zum jeweiligen Einzahlungsdatum von r* .

Bemerkung: In diesem Zusammenhang gehört auch der Begriff des MITTLEREN ZAHLUNGSTERMINS: Ist eine Zahlungsfolge r_1, r_2, ..., r_n gegeben, deren Einzahlungstermine alle in einer ZE liegen, so kann man nach dem Zeitpunkt innerhalb dieser ZE fragen, zu welchem diese Zahlungsfolge bei gegebenem p zur Summe r* = r_1 + r_2 + ... + r_n äquivalent ist. Das Ende der

ZE, in der alle Einzahlungstermine liegen, ist der geeignete Zinstermin zur Überprüfung der Äquivalenz. t_i sei die Anzahl der U-ZEen vom Einzahlungstermin von r_i bis zum Ende der ZE. i = 1, 2, ..., n . Es sei

$$E = r_1 \cdot \left(1 + \frac{t_1}{m} \cdot (q-1)\right) + r_2 \cdot \left(1 + \frac{t_2}{m} \cdot (q-1)\right) + \ldots\ldots + r_n \cdot \left(1 + \frac{t_n}{m} \cdot (q-1)\right)$$

Gesucht ist dann das t, für welches gilt: $E = r* \cdot \left(1 + \frac{t}{m} \cdot (q-1)\right)$. Die Auflösung

dieser Gleichung ergibt:

Ergebnis I.4.3:

$$t = \frac{r_1 \cdot t_1 + r_2 \cdot t_2 + \ldots\ldots + r_n \cdot t_n}{r_1 + r_2 + \ldots\ldots + r_n}$$

Es ist bemerkenswert, dass diese Lösung nicht mehr von p bzw. q abhängt. Nummeriert man die U-ZEen von 1 bis m, so ist das Ende der (m - t)-ten U-ZE der gesuchte mittlere Zahlungstermin.
Beispiel: r_1 = 1300 € (15.1.); r_2 = 1390 € (5.6.); r_3 = 1450 € (9.9.); r_4 = 750 € (3.10.); r_5 = 900 € (2.12.). Daraus folgt t_1 = 345 ; t_2 = 205 ; t_3 = 111 ; t_4 = 87 ; t_5 = 28 . Nach I.4.3 ergibt sich (zur ganzen Zahl gerundet): t = 170 . Das bedeutet, der mittlere Zahlungstermin ist der 10.7. , wenn man beim Rückschluss von t auf das Tagesdatum die unter I.2 getroffene Vereinbarung unterstellt.

I.4 AUFGABEN

Die Jahres- und Tageseinteilung der Zeit ist vorausgesetzt, also m = 360.
Das Einzahlungsdatum steht jeweils in Klammern hinter dem Betrag.

1. Man überzeuge sich, dass r und r* äquivalent sind.
(a)   r = 3733,40 € (23.5. des 2. Jahres)
        r* = 4576,55 € (17.8. des 5. Jahres) ; p = 6,5
(b)   r = 8732,10 € (12.12. des 8. Jahres)
        r* = 6253,90 € (21.3. des 3. Jahres) ; p = 6

(c)   r = 8732,10 € (12.12. des 8. Jahres)

      r* = 6224,17 € (21.2. des 3. Jahres) ; p = 6

(d)   r = 3911,25 € (9.4. des 6. Jahres)

      r* = 3121,91 € (22.1. des 2. Jahres) ; p = 5,5

(e)   r = 11 120,70 € (4.4. des 8. Jahres)

      r* = 9860,19 € (5.10. des 4. Jahres) ; p = 3,5

(f)   r = 257 € (14.10. des 5. Jahres)

      r* = 181,75 € (7.10. des 1. Jahres) ; p = 9

2. Welcher Betrag r* ist zu r äquivalent? Die Einzahlungsdaten stehen in Klammern:

(a)   r = 20 000 € (7.12. des 1. Jahres) ; p = 7 ; r* (17.1. des 7. Jahres)

(b)   r = 1950 € (9.4. des 1. Jahres) ; p = 9,5 ; r* (17.3. des 2. Jahres)

(c)   r = 6798 € (23.11. des 5. Jahres) ; p = 8,5 ; r* (20.2. des 5. Jahres)

(d)   r = 3922,60 € (14.12. des 1. Jahres) ; p = 8,5 ; r* (11.11. des 7. Jahres)

(e)   r = 5325,45 € (29.10. des 3. Jahres) ; p = 4,5 ; r* (13.9. des 4. Jahres)

(f)   r = 988,75 € (1.1. des 2. Jahres) ; p = 7 ; r* (12.12. des 6. Jahres)

3. E sei der Kontostand am Ende eines Jahres nach der Zinsgutschrift. Zu welchem Datum dieses Jahres ist E bei gegebenem p zu r äquivalent? (Die Frage nach dem Datum ist nur im Rahmen der in I.2 besprochenen Vereinbarung zu beantworten.)

(a)   E = 4000 €   r = 3850 €   p = 5

(b)   E = 7453 €   r = 7400 €   p = 3,5

(c)   E = 6321 €   r = 6150 €   p = 8,5

(d)   E = 4233 €   r = 4030 €   p = 7,5

4. r wird im 1. Jahr (t_1 gegeben) und r* im 2. Jahr (t_2 gegeben) eingezahlt. Also $L = 1 + \dfrac{t_1}{360}$ und $L^* = \dfrac{t_2}{360}$. Für welchen Zinsfuß p sind r und r* äquivalent?

5. Zahlenbeispiele zur 4. Aufgabe:

(a)   r = 3250,75 € ($t_1 = 249$)   r* = 3457,39 € ($t_2 = 105$)

(b)   r = 7355,00 € ($t_1 = 91$)   r* = 7900,00 € ($t_2 = 188$)

(c)   r = 5322,75 € ($t_1 = 74$)   r* = 5500,00 € ($t_2 = 186$)

(d)   r = 3381,28 € ($t_1 = 213$)   r* = 3652,15 € ($t_2 = 44$)

6. Verallgemeinerung der Fragestellung der 4. Aufgabe: r wird im 1. Jahr (t_1 gegeben) und r* im (n+1)-ten Jahr (t_2 gegeben) eingezahlt. n > 1 . Für welchen Zinsfuß p sind beide Beträge äquivalent?

7. Zahlenbeispiele zur 6. Aufgabe:

(a) $r = 7355 \,€ \,(t_1 = 91)$ $r^* = 8100 \,€ \,(t_2 = 188)$ $n = 3$

(b) $r = 12\,000 \,€ \,(t_1 = 32)$ $r^* = 14\,900 \,€ \,(t_2 = 179)$ $n = 3$

(c) $r = 4200 \,€ \,(t_1 = 74)$ $r^* = 5810 \,€ \,(t_2 = 211)$ $n = 4$

8. Eine Zahlungsfolge ist gegeben:

(a) $r_1 = 1730 \,€$ (13.2. des 1. Jahres) ; $r_2 = 4110 \,€$ (11.10. des 1. Jahres) ;
$r_3 = 2900 \,€$ (14.7. des 2. Jahres) ; $r_4 = 5215 \,€$ (3.5. des 3. Jahres);
$r_5 = 3780 \,€$ (9.6. des 4. Jahres) ; $p = 5$. Man überzeuge sich, dass

$\qquad$ (i) $r^* = 17\,669,57 \,€$ (4.10. des 2. Jahres)

$\qquad$ (ii) $r^* = 16\,311,03 \,€$ (13.2. des 1. Jahres)

$\qquad$ (iii) $r^* = 19\,178,00 \,€$ (9.6. des 4. Jahres)

der Wert der gegebenen Zahlungsfolge ist.

(b) $r_1 = 3920 \,€$ (24.10. des 1. Jahres) ; $r_2 = 8240 \,€$ (5.12. des 2. Jahres) ;
$r_3 = 1930 \,€$ (17.5. des 2. Jahres) ; $r_4 = 7280 \,€$ (12.12. des 3. Jahres) ;
$r_5 = 3305 \,€$ (8.9. des 3. Jahres) ; $r_6 = 6203 \,€$ (25.11. des 4. Jahres) ;
$r_7 = 850 \,€$ (13.6. des 4. Jahres) ; $r_8 = 2430 \,€$ (18.7. des 5. Jahres) ; $p = 5,5$

Man überzeuge sich, dass

$\qquad$ (i) $r^* = 31\,024,14 \,€$ (24.10. des 1. Jahres)

$\qquad$ (ii) $r^* = 37\,883,38 \,€$ (18.7. des 5. Jahres)

$\qquad$ (iii) $r^* = 32\,934,70 \,€$ (5.12. des 2. Jahres)

$\qquad$ (iv) $r^* = 34\,138,21 \,€$ (8.8. des 3. Jahres)

$\qquad$ (v) $r^* = 36\,612,56 \,€$ (27.11. des 4. Jahres)

der Wert der gegebenen Zahlungsfolge ist.

9. Ein Schuldner hat am Ende des 5. Jahres $r_1 = 3000 \,€$ und am Ende des 7. Jahres $r_2 = 7000 \,€$ zu zahlen. Der Gläubiger willigt ein, dass der Schuldner seine Zahlungsverpflichtungen auch in der folgenden Weise begleichen kann: $r_1^* = 3500 \,€$ sofort (d.h. am Anfang des 1. Jahres), den Rest r_2^* am Ende des 3. Jahres. Wie hoch ist r_2^*, wenn mit dem Jahreszinsfuß $p = 7$ gerechnet wird?

10. Die Einzahlungsdaten beziehen sich alle auf dasselbe Jahr. Gesucht ist jeweils der mittlere Zahlungstermin:

(a) $r_1 = 1300 \,€$ (15.1.) $r_2 = 1390 \,€$ (5.6.)

$\qquad$ $r_3 = 1450 \,€$ (9.9.) $r_4 = 750 \,€$ (3.10.)

$\qquad$ $r_5 = 900 \,€$ (2.12.)

(b) $r_1 = 23\,500 \,€$ (7.2.) $r_2 = 18\,300 \,€$ (4.3.)

$\qquad$ $r_3 = 20\,000 \,€$ (4.6.) $r_4 = 18\,300 \,€$ (9.8.)

$r_5 = 7300 \; € \; (10.10.)$ $r_6 = 1455 \; € \; (12.10.)$

$r_7 = 2388 \; € \; (12.11.)$

(c) $r_1 = 2500 \; € \; (2.3.)$ $r_2 = 1245 \; € \; (4.4.)$

$r_3 = 3200 \; € \; (24.5.)$ $r_4 = 1859 \; € \; (6.6.)$

$r_5 = 1433 \; € \; (8.9.)$ $r_6 = 2344 \; € \; (10.12.)$

I.4 LÖSUNGEN

L1: I.3.7 : Aufzinsung zum

(a)	Ende des 5. Jahres:	$E = E^* = 4686{,}46 \; €$
(b)	Ende des 8. Jahres:	$E = E^* = 8758{,}30 \; €$
(c)	Ende des 8. Jahres:	$E = E^* = 8758{,}30 \; €$
(d)	Ende des 6. Jahres:	$E = E^* = 4067{,}21 \; €$
(e)	Ende des 8. Jahres:	$E = E^* = 11\,408{,}29 \; €$
(f)	Ende des 5. Jahres:	$E = E^* = 261{,}88 \; €$

L2: I.3.7 : Aufzinsung zum

(a)	Ende des 7. Jahres:	$r^* = 28\,263{,}80 \; €$
(b)	Ende des 2. Jahres:	$r^* = 2123{,}72 \; €$
(c)	Ende des 5. Jahres:	$r^* = 6389{,}70 \; €$
(d)	Ende des 7. Jahres:	$r^* = 6350{,}30 \; €$
(e)	Ende des 4. Jahres:	$r^* = 5533{,}52 \; €$
(f)	Ende des 6. Jahres:	$r^* = 1381{,}69 \; €$

L3: I.3.7 mit $n = 0$:

(a) $t = 281 \; (19.3.)$ (b) $t = 74 \; (16.10.)$ (c) $t = 118 \; (2.9.)$ (d) $t = 242 \; (28.4.)$

L4: Der Aufgabenstellung nach muss $r < r^*$ sein; für den Vergleich ist der Zins-termin am Ende des 2. Jahres geeignet:

$$r \cdot \left(1 + \frac{t_1}{m} \cdot (q-1)\right) \cdot q = r^* \cdot \left(1 + \frac{t_2}{m} \cdot (q-1)\right) \quad (*)$$

Die linke Seite dieser Gleichung ist ein quadratischer Ausdruck in q ; für q = 1 hat sie den Wert r. Die rechte Seite ist linear in q und nimmt für q = 1 den Wert r* an. Da r < r* und beide Seiten mit q streng monoton steigen (die linke schließlich stärker als die rechte), gibt es genau einen Schnittpunkt. Die quadratische Gleichung (*) hat somit für q > 1 genau eine Lösung. Wir formen (*) um und erhalten

$$r \cdot \frac{t_1}{m} \cdot q^2 + \left[r \cdot \left(1 - \frac{t_1}{m}\right) - r* \cdot \frac{t_2}{m} \right] \cdot q - r* \cdot \left(1 - \frac{t_2}{m}\right) = 0$$

L5: Nach L4 geht es um die Lösung der folgenden quadratischen Gleichung:

$$r \cdot \frac{t_1}{m} \cdot q^2 + \left[r \cdot \left(1 - \frac{t_1}{m}\right) - r* \cdot \frac{t_2}{m} \right] \cdot q - r* \cdot \left(1 - \frac{t_2}{m}\right) = 0$$

(a) $2248{,}435 \cdot q^2 - 6{,}091 \cdot q - 2448{,}99 = 0 \rightarrow q = 1{,}045 \rightarrow p = 4{,}5$

(b) $1859{,}181 \cdot q^2 + 1370{,}264 \cdot q - 3774{,}444 = 0 \rightarrow q = 1{,}1032 \rightarrow p = 10{,}32$

(c) $1094{,}121 \cdot q^2 + 1386{,}962 \cdot q - 2658{,}334 = 0 \rightarrow q = 1{,}0488 \rightarrow p = 4{,}88$

(d) $2000{,}591 \cdot q^2 + 934{,}316 \cdot q - 3205{,}776 = 0 \rightarrow q = 1{,}0537 \rightarrow p = 5{,}37$

L6: Beide Beträge werden zum Ende des (n+1)-ten Jahres aufgezinst:

$$r \cdot \left(1 + \frac{t_1}{m} \cdot (q-1)\right) \cdot q^n = r* \cdot \left(1 + \frac{t_2}{m} \cdot (q-1)\right) \quad (*)$$

Für q > 1 und n > 1 ist $q^n > q$. Ersetzt man auf der linken Seite dieser Gleichung q^n durch q, gilt

$$r \cdot \left(1 + \frac{t_1}{m} \cdot (q-1)\right) \cdot q < r* \cdot \left(1 + \frac{t_2}{m} \cdot (q-1)\right) \quad (**)$$

Dies ist eine quadratische Ungleichung in q. Löst man die zugehörige Gleichung, d.h. man ersetze in (**) das Zeichen < durch = , und wählt die Lösung q > 1 , so erhält man einen Wert q_1, der größer ist als die Lösung von (*). Dieser kann als Startwert für das Newtonsche Näherungsverfahren verwendet werden.

$$F\{q\} = r \cdot \frac{t_1}{m} \cdot q^{n+1} + r \cdot \left(1 - \frac{t_1}{m}\right) \cdot q^n - r* \cdot \frac{t_2}{m} \cdot q - r* \cdot \left(1 - \frac{t_2}{m}\right) \quad \text{mit } m = 360$$

$$F'\{q\} = r \cdot (n+1) \cdot \frac{t_1}{m} \cdot q^n + r \cdot n \cdot \left(1 - \frac{t_1}{m}\right) \cdot q^{n-1} - r* \cdot \frac{t_2}{m} \quad \text{mit } m = 360$$

L7: Die Anzahl der Iterationen steht in eckigen Klammern:

(a) $q_1 = 1{,}141955$ Lösung: q = 1,036   p = 3,6   [3]

(b) $q_1 = 1{,}470764$ Lösung: q = 1,0874   p = 8,74   [4]

(c) $q_1 = 1{,}709165$ Lösung: q = 1,0939   p = 9,39   [5]

L8:   (a) Aufzinsung zum Ende des 4. Jahres: E = E* = 19 713,39 €

(b) Aufzinsung zum Ende des 5. Jahres: E = E* = 38 820,99 €

L9: Aufzinsung zum Ende des 7. Jahres: E = $3000 \cdot q^2 + 7000$ und

E* = $3500 \cdot q^7 + r_2{}^* \cdot q^4$ mit q = 1,07 . Aus der Bedingung E = E* folgt

$r_2{}^*$ = 3672,93 €

L10:

(a) $t_1 = 345$; $t_2 = 205$; $t_3 = 111$; $t_4 = 87$; $t_5 = 28$

$r_1 + r_2 + r_3 + r_4 + r_5 = 5790$ → Lösung: t = 170 (10.7.)

(b) $t_1 = 323$; $t_2 = 296$; $t_3 = 206$; $t_4 = 141$; $t_5 = 80$; $t_6 = 78$;

$t_7 = 48$; $r_1 + r_2 + ... + r_7 = 91\,243$ → Lösung: t = 225 (15.5.)

(c) $t_1 = 298$; $t_2 = 266$; $t_3 = 216$; $t_4 = 204$; $t_5 = 112$; $t_6 = 20$

$r_1 + r_2 + ... + r_6 = 12\,581$ → Lösung: t = 187 (23.6.)

II. VERZINSUNG VON RENTEN

1. BEGRIFFE UND VORAUSSETZUNGEN

Eine Zahlungsfolge $r_1, r_2, ..., r_n$ (im zeitlichen Nacheinander der Einzahlungsdaten aufgeschrieben) bezeichnet man als eine **RENTE**, wenn die Abstände zwischen zwei benachbarten Zahlungen gleich groß sind. Ist Vor.1 (vgl. I.1) vorgegeben, so kommen nur die Anfänge bzw. die Enden der ZEen als Einzahlungs-Zeitpunkte in Frage. Ist der gleich bleibende Abstand benachbarter Zahlungen eine ZE, so sprechen wir kurz von einer **ZE-RENTE**. Gilt dagegen Vor.2 (vgl. I.1), so sind nur Zahlungen zu den Anfängen bzw. Enden der U-ZEen denkbar. Ist zudem der gleich bleibende Abstand benachbarter Zahlungen eine U-ZE, so soll diese Rente kurz eine **U-ZE-RENTE** genannt werden. Eine ZE-Rente (U-ZE-Rente) heißt **VORSCHÜSSIG**, wenn die Zahlungen stets am Anfang, **NACHSCHÜSSIG**, wenn die Zahlungen stets am Ende der ZEen (U-ZEen) erfolgen. Der Beginn der ZE (U-ZE), in der r_1 und das Ende der ZE (U-ZE), in der r_n gezahlt wird, begrenzen die **LAUFZEIT** L der Rente. Sodann unterscheiden wir verschiedene Arten von Renten:

GLEICHBLEIBENDE RENTE: $r_1 = r_2 = ... = r_n = r$; $r > 0$

ARITHMETISCHE RENTE: $r_k = r + (k-1) \cdot a$ mit $r > 0$; $r > a$ für $k = 1, 2, ..., n$. Für $a > 0$ ist die Rente **ARITHMETISCH STEIGEND**, für $a < 0$ **ARITHMETISCH FALLEND**.

GEOMETRISCHE RENTE: $r_k = r \cdot Q^{k-1}$ mit $r > 0$; $Q > 0$; $Q \neq 1$ für $k = 1, 2, ..., n$. Ist $Q > 1$, so liegt eine **GEOMETRISCH STEIGENDE**, für $Q < 1$ eine **GEOMETRISCH FALLENDE** Rente vor.

Im Falle einer gleichbleibenden bzw. geometrischen Rente sind die Rentenzahlungen stets positiv. Dies ist bei arithmetisch fallenden Renten nicht so, da bei geeignetem $a < 0$ der Ausdruck $r_k = r + (k-1) \cdot a$ negativ sein kann. "Negative Einzahlungen" sind als **ABHEBUNGEN** zu deuten.

Eine Rente ist eine Zahlungsfolge im Sinne von I.4. Der Wert dieser Zahlungsfolge bezüglich p am Ende von L wird **ENDWERT** der Rente, der Wert der Rente am Anfang von L **BARWERT** der Rente genannt.

Da auch Renten aus Einzelbeträgen bestehen, geht es hier gegenüber Kapitel I nicht um etwas grundsätzlich Neues. Die Regelmäßigkeit der Zahlungen gestattet aber bei der Berechnung von Bar- und Endwerten eine handliche Zusammenfassung der Ergebnisse.

---

2. LINEARE ZINSEN
RENTEN-ENDWERT UND RENTEN-BARWERT

Wir befassen uns in diesem Abschnitt nur mit gleichbleibenden Renten.

Fragestellung II.2.1:

Vor.2 (vgl. I.1). Jemand zahlt t U-ZEen lang $(1 \leq t \leq m)$ **(einen Zinstermin nicht überschreitend)**

> **(a) vorschüssig   (b) nachschüssig**

eine gleichbleibende U-ZE-Rente r auf ein Konto bei einer Bank ein. Wie hoch sind die (normalerweise noch nicht gutgeschriebenen) Zinsen

> **(a) ^{v}Z (b) ^{n}Z ,**

welche die Bank dem Kontoinhaber am Ende der Laufzeit von t U-ZEen schuldet?

(a) Für jede einzelne Rentenzahlung werden die linearen Zinsen gemäß I.2.2 berechnet und addiert:

$$^{v}Z = \frac{r \cdot t}{m} \cdot (q-1) + \frac{r \cdot (t-1)}{m} \cdot (q-1) + \ldots\ldots + \frac{r}{m} \cdot (q-1)$$

$$= \frac{r}{m} \cdot (q-1) \cdot [t + (t-1) + \ldots\ldots + 1]$$

Nach Teil A von Anhang III ist noch eine Zusammenfassung der eckigen Klammer möglich. Es ergibt sich

Ergebnis II.2.2:

$$^{v}Z = r \cdot \frac{t \cdot (t+1)}{2 \cdot m} \cdot (q-1)$$

(b) Auch im Fall einer nachschüssigen Rente werden die Zinsen für jede Rentenzahlung einzeln nach I.2.2 bestimmt und dann addiert.

$$^{n}Z = \frac{r \cdot (t-1)}{m} \cdot (q-1) + \frac{r \cdot (t-2)}{m} \cdot (q-1) + \ldots + \frac{r}{m} \cdot (q-1)$$

Die Zusammenfassung des Ausdrucks auf der rechten Seite erfolgt wie im Fall der vorschüssigen Rente.

Ergebnis II.2.3:

$$^{n}Z = r \cdot \frac{t \cdot (t-1)}{2 \cdot m} \cdot (q-1)$$

Fragestellung II.2.4:

Die Fragestellung II.2.1 wird folgendermaßen abgewandelt: Das Ende der U-ZE, in der die letzte Rentenzahlung erfolgt, ist ein Zinstermin. Welchen Betrag

        (a) ^{v}E   **(b) ^{n}E**

händigt die Bank dem Kontoinhaber aus, wenn dieser am Ende der Laufzeit von t U-ZEen nicht nur die eingezahlten Beträge, sondern auch die ihm zustehenden und gutgeschriebenen Zinsen abhebt?

Den in II.2.2 und II.2.3 berechneten Zinsen ist lediglich die Summe aller Einzahlungen in Höhe von $t \cdot r$ hinzuzufügen.

Ergebnis II.2.5:

$$^{v}E = r \cdot \left(t + \frac{t \cdot (t+1)}{2 \cdot m} \cdot (q-1) \right)$$

Ergebnis II.2.6:

$$^{n}E = r \cdot \left(t + \frac{t \cdot (t-1)}{2 \cdot m} \cdot (q-1) \right)$$

Wichtige Spezialfälle sind m = t = 12, vorschüssige bzw. nachschüssige Monatsrenten, die ein ganzes Jahr über gezahlt werden:

Ergebnis II.2.7:

$$^{v}E = r \cdot \left(12 + \frac{13}{2} \cdot (q-1) \right) ; \quad ^{n}E = r \cdot \left(12 + \frac{11}{2} \cdot (q-1) \right)$$

Fragestellung II.2.8:

Wir nehmen die Fragestellung II.2.1 nochmals auf. Gesucht sind
    (a) der Endwert ^{v}E und der Barwert ^{v}B der vorschüssigen
    (b) der Endwert ^{n}E und der Barwert ^{n}B der nachschüssigen
gleichbleibenden Rente r.

Die gegebene Rente r ist eine Zahlungsfolge im Sinne von I.4. Der Endwert (Barwert) ist dann derjenige Betrag, der am Ende (Anfang) von L bzgl. p zur Rente äquivalent ist. Mit t' bezeichnen wir die Anzahl der U-ZEen vom Anfang der Laufzeit bis zum Ende der ZE. Der Zinstermin am Ende der ZE ist zur Berechnung der Äquivalenz geeignet. Alle Rentenzahlungen werden zu diesem Zinstermin aufgezinst. Die Summe aller Aufzinsungen bezeichnen wir mit E'.

(a) $\quad {}^v E' = r \cdot \left(1 + \dfrac{t'}{m} \cdot (q-1)\right) + r \cdot \left(1 + \dfrac{t'-1}{m} \cdot (q-1)\right) + \ldots + r \cdot \left(1 + \dfrac{t'-t+1}{m} \cdot (q-1)\right)$

$\qquad {}^v E \cdot \left(1 + \dfrac{t'-t}{m} \cdot (q-1)\right) = {}^v E' \; ; \quad {}^v B \cdot \left(1 + \dfrac{t'}{m} \cdot (q-1)\right) = {}^v E'$

(b) $\quad {}^n E' = r \cdot \left(1 + \dfrac{t'-1}{m} \cdot (q-1)\right) + r \cdot \left(1 + \dfrac{t'-2}{m} \cdot (q-1)\right) + \ldots + r \cdot \left(1 + \dfrac{t'-t}{m} \cdot (q-1)\right)$

$\qquad {}^n E \cdot \left(1 + \dfrac{t'-t}{m} \cdot (q-1)\right) = {}^n E' \; ; \quad {}^n B \cdot \left(1 + \dfrac{t'}{m} \cdot (q-1)\right) = {}^n E'$

Fasst man die Summen E' noch zusammen und löst dann die entsprechenden Gleichungen nach ${}^v E$, ${}^v B$, ${}^n E$ und ${}^n B$ auf, so ergibt sich:

Ergebnis II.2.9:

$$
{}^v E' = r \cdot \left(t + \frac{t \cdot (2 \cdot t' - t + 1)}{2 \cdot m} \cdot (q-1)\right); \; {}^v E = \frac{{}^v E'}{1 + \dfrac{t'-t}{m} \cdot (q-1)}; \; {}^v B = \frac{{}^v E'}{1 + \dfrac{t'}{m} \cdot (q-1)}
$$

Ergebnis II.2.10:

$$
{}^n E' = r \cdot \left(t + \frac{t \cdot (2 \cdot t' - t - 1)}{2 \cdot m} \cdot (q-1)\right); \; {}^n E = \frac{{}^n E'}{1 + \dfrac{t'-t}{m} \cdot (q-1)}; \; {}^n B = \frac{{}^n E'}{1 + \dfrac{t'}{m} \cdot (q-1)}
$$

Die Formeln II.2.5, II.2.6, II.2.7 stellen ebenfalls Endwert-Formeln dar!
Beispiel: Wir unterstellen die Jahres- und Monatseinteilung der Zeit (m = 12).
Jemand erhält von März bis (einschließlich) September eines Jahres (t = 7) eine
$\qquad$ (a) vorschüssige $\qquad$ (b) nachschüssige
gleichbleibende Monatsrente r = 1500 € auf ein Konto. Der Jahreszinsfuß beträgt p = 4,5. Welche (im Allgemeinen noch nicht gutgeschriebene) Zinsen

schuldet die Bank dem Kontoinhaber und wie hoch ist der Barwert bzw. der Endwert dieser Rente?

Die Laufzeit der Rente beträgt t = 7 Monate; die Anzahl der Monate vom Anfang der Laufzeit bis zum Jahresende ist t' = 10.

(a) $^vZ = 157,50 \, €$; $^vE = 10655,75 \, €$; $^vB = 10386,15 \, €$
(b) $^nZ = 118,12 \, €$; $^nE = 10616,81 \, €$; $^nB = 10348,19 \, €$

II.2 AUFGABEN

Die Aufgaben 1 bis 11 setzen die Jahres- und Monatseinteilung der Zeit voraus.

1. r sei eine vorschüssige Rente; außerdem sind t, t' und p gegeben.
Gesucht sind ^vZ , ^vE und ^vB :

(a)	t = 5	t' = 9	p = 6,5	r =	3728 €
(b)	t = 9	t' = 11	p = 7,5	r =	2500 €
(c)	t = 3	t' = 8	p = 6	r =	32500 €
(d)	t = 2	t' = 7	p = 7	r =	5400 €
(e)	t = 10	t' = 11	p = 5,5	r =	9830 €
(f)	t = 4	t' = 12	p = 9	r =	25000 €
(g)	t = 12	t' = 12	p = 3,5	r =	3300 €
(h)	t = 12	t' = 12	p = 6,5	r =	2800 €
(i)	t = 12	t' = 12	p = 8,8	r =	17400 €

2. Wie Aufgabe 1, nur: r sei eine nachschüssige Rente.

3. Wir nehmen das Beispiel nach II.2.10 nochmals auf. Wie verändern sich die Zinsen, Endwerte und Barwerte, wenn alternativ t' = 12, 11, 10, 9, 8, 7 gesetzt wird?

4. Zur Fragestellung II.2.8: Wie hoch ist die vorschüssige Rente r? Gegeben:

(a)	t = 5	t' = 11	p = 5,5	$^vE =$	7500 €
(b)	t = 5	t' = 11	p = 5,5	$^vB =$	10550 €
(c)	t = 9	t' = 10	p = 8,5	$^vE =$	7300 €

(d)	t = 9	t' = 10	p = 8,5	^{v}B = 9850 €
(e)	t = 12	t' = 12	p = 7	^{v}E = 2000 €
(f)	t = 12	t' = 12	p = 7	^{v}B = 6200 €

5. Zur Fragestellung II.2.8: Wie hoch ist die nachschüssige Rente r?
Gegeben:

(a)	t = 12	t' = 12	p = 8	^{n}E = 3200 €
(b)	t = 12	t' = 12	p = 8	^{n}B = 5666 €
(c)	t = 6	t' = 10	p = 9	^{n}E = 6600 €
(d)	t = 6	t' = 10	p = 9	^{n}B = 6150 €
(e)	t = 12	t' = 12	p = 6,5	^{n}E = 65000 €
(f)	t = 12	t' = 12	p = 6,5	^{n}B = 17460 €

6. Die Formeln (i) II.2.9 und (ii) II.2.10 sind nach p aufzulösen.

7. Zahlenbeispiele zur 6. Aufgabe. Gesucht ist jeweils der Jahreszinsfuß p.

(A) Gegeben:

	t	t'	r (€)	^{v}E (€)
(a)	7	10	1500	10650
(b)	8	12	900	7400
(c)	10	12	1200	12300

(B) Gegeben dieselben Werte für t, t', r. Dazu
    ^{v}B : (a) 10380 €   (b) 7050 €   (c) 11750 €

(C) Gegeben dieselben Werte für t, t', r. Dazu
    ^{n}E : (a) 10620 €   (b) 7300 €   (c) 12250 €

(D) Gegeben dieselben Werte für t, t', r. Dazu
    ^{n}B : (a) 10350 €   (b) 7000 €   (c) 11790 €

8. Jemand erhält von Ende Januar bis (einschließlich) Ende Dezember eines Jahres eine nachschüssige Rente auf ein Konto. Von Januar bis (einschließlich) Juni beträgt die monatliche Zahlung r, ab Juli (r + c). Man berechne den Kontostand E am Jahresende nach der Zinsgutschrift.

9. (a) Man wiederhole die 8. Aufgabe mit folgenden Zahlen: p = 5; r = 1500 €; c = 300 €.
(b) Man gebe in Form einer Tabelle die Kontostände zu jedem Monatsende an.

10. Jemand erhält von Anfang Januar bis (einschließlich) Anfang Dezember eines Jahres eine vorschüssige Monatsrente auf ein Konto. Ende März, erneut Ende Juni und nochmals Ende September wird ihm eine Rentenerhöhung von 8,5%

im Vergleich zum Vormonat zugestanden. Die Rentenzahlung Anfang Januar beträgt r. Der Kontostand E am Jahresende nach der Zinsgutschrift ist gesucht.

11. Man wiederhole die 10. Aufgabe mit den Zahlen p = 5 und r = 5000 €.

Die Aufgaben 12 und 13 unterstellen Quartalsrenten (m = 4).

12. Zur Fragestellung II.2.8:   Gesucht sind ^vE und ^vB

Gegeben :	t	t'	p	r (vorschüssig) €
(a)	3	4	5,5	2550
(b)	4	4	6	300
(c)	2	4	8	4300
(d)	2	4	6,5	5000

13. Zur Fragestellung II.2.8:   Gesucht sind ^nE und ^nB

Gegeben:	t	t'	p	r (nachschüssig) €
(a)	2	4	6,5	5000
(b)	2	3	8	4300
(c)	1	3	7	4200
(d)	4	4	6	300

Die Aufgaben 14 und 15 setzen m = 3 voraus.

14. Zur Fragestellung II.2.8: Gesucht sind ^vE und ^vB

Gegeben:	t	t'	p	r (vorschüssig) €
(a)	2	2	4,5	3000
(b)	2	3	5	2800
(c)	3	3	7,5	5400

15. Zur Fragestellung II.2.8: Gesucht sind ^nE und ^nB

Gegeben:	t	t'	p	r (nachschüssig) €
(a)	3	3	9	4325
(b)	3	3	3,5	8350
(c)	3	3	8,5	4450

II.2 LÖSUNGEN

L1.

	^vZ (in €)	^vE (in €)	^vB (in €)
(a)	302,90	18936,48	18447,45
(b)	703,13	23194,44	21973,68
(c)	975,00	98451,22	97031,25
(d)	94,50	10891,82	10769,74
(e)	2477,98	100766,70	96369,88
(f)	1875,00	101768,90	98967,89
(g)	750,75	40350,75	38986,24
(h)	1183,00	34783,00	32660,09
(i)	9952,81	218752,80	201059,60

L2.

	^nZ (in €)	^nE (in €)	^nB (in €)
(a)	201,93	18837,65	18351,18
(b)	562,50	23055,56	21842,11
(c)	487,50	97975,61	96562,50
(d)	31,50	10830,61	10709,21
(e)	2027,44	100318,20	95940,96
(f)	1125,00	101061,30	98279,82
(g)	635,25	40235,25	38874,64
(h)	1001,00	34601,00	32489,20
(i)	8421,61	217221,60	199652,20

L3. (a) r vorschüssig:

	^vZ (in €)	^vE (in €)	^vB (in €)
t' = 12:	157,50	10654,60	10386,96
t' = 11:	157,50	10655,17	10386,56
t' = 10:	157,50	10655,75	10386,15
t' = 9:	157,50	10656,33	10385,73
t' = 8:	157,50	10656,91	10385,32
t' = 7:	157,50	10657,50	10384,90

(b) r nachschüssig:

	^nZ (in €)	^nE (in €)	^nB (in €)
t' = 12:	118,12	10615,95	10349,28
t' = 11:	118,12	10616,38	10348,74
t' = 10:	118,12	10616,81	10348,19
t' = 9:	118,12	10617,25	10347,64

t' = 8:   118,12   10617,68   10347,09

t' = 7:   118,12   10618,13   10346,53

Die Zinsen ändern sich nicht, weil sie nur von der Laufzeit abhängen!

L4. Auflösung von II.2.9 nach r: Sei $A = \left(t + \dfrac{t \cdot (2t'-t+1)}{2m} \cdot (q-1) \right)$;

$D = 1 + \dfrac{t'-t}{m} \cdot (q-1)$; $C = 1 + \dfrac{t'}{m} \cdot (q-1)$. Die Formeln II.2.9 erhalten dann die

Form $^vE = \dfrac{r \cdot A}{D}$; $^vB = \dfrac{r \cdot A}{C}$; also $r = \dfrac{^vE \cdot D}{A}$ und $r = \dfrac{^vB \cdot C}{A}$

(a) r = 1480,19 €   (b) r = 2128,58 €   (c) r = 783,56 €

(d) r = 1124,19 €   (e) r = 160,58 €   (f) r = 532,64 €

L5. Auflösung von II.2.10 nach r: $A = \left(t + \dfrac{t \cdot (2t'-t-1)}{2m} \cdot (q-1) \right)$

C und D sind genau so zu wählen wie in der Lösung zur Aufgabe 4. Es folgt:

$$r = \frac{^nE \cdot D}{A} \quad \text{und} \quad r = \frac{^nB \cdot C}{A}$$

(a) r =   257,23 €   (b)   r =   491,90 €   (c)   r = 1080,33 €

(d) r = 1050,66 €   (e)   r = 5259,96 €   (f)   r = 1504,75 €

L6. (A) Auflösung der Endwertformel aus II.2.9 nach p:

$r \cdot \left(t + \dfrac{t \cdot (2t'-t+1)}{2m} \cdot (q-1) \right) = {^vE} \cdot \left(1 + \dfrac{t'-t}{m} \cdot (q-1) \right)$ oder

$\left[r \cdot \dfrac{t \cdot (2t'-t+1)}{2m} - {^vE} \cdot \dfrac{t'-t}{m} \right] \cdot (q-1) = {^vE} - r \cdot t$. Bezeichnet man die eckige Klam-

mer der linken Seite mit A_1, so folgt

$$q - 1 = \frac{^vE - r \cdot t}{A_1} \quad \text{oder} \quad p = \frac{^vE - r \cdot t}{A_1} \cdot 100$$

(B) Auflösung der Barwertformel aus II.2.9 nach p: Analog zum Verfahren un-

ter (i): $p = \dfrac{r \cdot t - {^vB}}{A_2} \cdot 100$ mit $A_2 = {^vB} \cdot \dfrac{t'}{m} - r \cdot \dfrac{t \cdot (2t'-t+1)}{2m}$

(C) Auflösung der Endwertformel aus II.2.10 nach p:

$p = \dfrac{^nE - r \cdot t}{A_3} \cdot 100$ mit $A_3 = r \cdot \dfrac{t \cdot (2t'-t-1)}{2m} - {^nE} \cdot \dfrac{t'-t}{m}$

(D) Auflösung der Barwertformel aus II.2.10 nach p:

$$p = \frac{r \cdot t - {}^n B}{A_4} \cdot 100 \quad \text{mit} \quad A_4 = {}^n B \cdot \frac{t'}{m} - r \cdot \frac{t \cdot (2t' - t - 1)}{2m}$$

L7. Vgl. die Ergebnisse der 6. Aufgabe:

(A)   (a) p = 4,33   (b) p = 7,59   (c) p = 5,5
(B)   (a) p = 4,75   (b) p = 7,69   (c) p = 5,88
(C)   (a) p = 4,62   (b) p = 4,84   (c) p = 5,61
(D)   (a) p = 4,44   (b) p = 8   (c) p = 3,97

L8. Aufzinsung der ersten 6 Rentenzahlungen einzeln zum Jahresende (vgl. I.2.4):

$$E_1 = r \cdot \left(1 + \frac{11}{12} \cdot (q - 1)\right) + \dots + r \cdot \left(1 + \frac{6}{12} \cdot (q - 1)\right) = r \cdot \left(6 + \frac{17}{4} \cdot (q - 1)\right)$$

Nach II.2.6 ist die Aufzinsung der letzten 6 Rentenzahlungen

$$E_2 = (r + c) \cdot \left(6 + \frac{5}{4} \cdot (q - 1)\right).$$ Lösung: $E = E_1 + E_2$

L9. (a) E = 20231,26 €

(b) Ende Monat:

	1.	2.	3.	4.	5.	6. (in €)
	1500	3000	4500	6000	7500	9000

Ende Monat:	7.	8.	9.	10.	11.	12. (in €)
	10800	12600	14400	16200	18000	20231,26

L10. In jedem Quartal handelt es sich um eine gleichbleibende vorschüssige Rente.

1. Quartal: r
2. Quartal: $1,085 \cdot r$
3. Quartal: $1,085^2 \cdot r$
4. Quartal: $1,085^3 \cdot r$

$$E = r \cdot \left(3 + \frac{11}{4} \cdot (q - 1)\right) + 1,085 \cdot r \cdot (3 + 2 \cdot (q - 1)) + 1,085^2 \cdot r \cdot \left(3 + \frac{5}{4} \cdot (q - 1)\right)$$
$$+ 1,085^3 \cdot r \cdot \left(3 + \frac{1}{2} \cdot (q - 1)\right)$$

L11. E = 69850,25 €

L12. Nach II.2.9: (a)   (b)   (c)   (d) (in €)

	(a)	(b)	(c)	(d) (in €)
${}^{v}E$:	7857,52	1245,00	8852,94	10236,08
${}^{v}B$:	7550,30	1174,53	8518,87	9923,73

L13. Nach II.2.10: (a)   (b)   (c)   (d) (in €)

	(a)	(b)	(c)	(d) (in €)
${}^{n}E$:	10078,69	8684,31	4200,00	1227,00
${}^{n}B$:	9771,13	8356,60	4130,17	1157,55

L14. Nach II.2.9: (a)   (b)   (c) (in €)

	(a)	(b)	(c) (in €)
${}^{v}E$:	6135,00	5737,71	17010,00
${}^{v}B$:	5956,31	5555,56	15823,26

L15. Nach II.2.10: (a)   (b)   (c) (in €)

	(a)	(b)	(c) (in €)
${}^{n}E$:	13364,25	25342,25	13728,25
${}^{n}B$:	12260,78	24485,26	12652,77

---

3. ZINSESZINSEN
RENTEN-ENDWERT UND RENTEN-BARWERT

3.1 GLEICHBLEIBENDE RENTEN

Fragestellung II.3.1.1:

Vor.1 (vgl. I.1). Jemand zahlt von der ersten bis zur n-ten ZE (n > 1)

       (a) am Anfang jeder ZE (vorschüssig)

       (b) am Ende jeder ZE (nachschüssig)

eine ZE-Rente r bei einer Bank auf ein Konto ein. Wie hoch ist der Endwert

      (a) ^{v}E **(b)** ^{n}E

dieser Rente ? Man hätte auch fragen können: Wie hoch ist der Kontostand am Ende der n-ten ZE, wenn alle Zinsen und Zinseszinsen dem Konto gutgeschrieben wurden?

(a) Mit Hilfe von I.3.2 zinsen wir jeden Rentenbetrag einzeln zum Ende der n-ten ZE auf: $^{v}E = r \cdot q^{n} + r \cdot q^{n-1} + \ldots\ldots + r \cdot q$; $^{v}E = r \cdot q \cdot \left(q^{n-1} + q^{n-2} + \ldots\ldots + 1 \right)$. Die runde Klammer kann nach Teil B von Anhang III noch weiter zusammengefasst werden:

Ergebnis II.3.1.2:   **Endwert**-Formel einer **vorschüssigen** Rente

---

$$^{v}E = r \cdot q \cdot \frac{q^{n}-1}{q-1} \text{ mit } r > 0; q > 1; n > 1 \text{ . Es ist dann } {}^{v}E > n \cdot r$$

Beispiel: Gegeben: r = 6000 €; p = 7,9; n = 9 . Gesucht: Endwert dieser Rente. Es folgt: ^{v}E = 80507,70 €

(b) Entsprechend den Überlegungen unter (a) ergibt sich:

Ergebnis II.3.1.3: **Endwert**-Formel einer **nachschüssigen** Rente

$$^{n}E = r \cdot \frac{q^{n}-1}{q-1} \text{ mit } r > 0; q > 1; n > 1 . \text{ Es ist dann } {}^{n}E > n \cdot r$$

Beispiel: Gegeben: r = 6000 €; p = 7,9; n = 9 . Gesucht: Endwert dieser Rente. Es ergibt sich: ^{n}E = 74613,25 €

Ein Vergleich von II.3.1.1 und II.3.1.2 zeigt unmittelbar:

Ergebnis II.3.1.4:

$$^{v}E = q \cdot {}^{n}E$$

Wir wenden uns jetzt der Aufgabe zu, die Endwert-Formeln in Abhängigkeit von ihren Parametern zu untersuchen. Die Größen, welche in der Schreibweise nicht ausdrücklich als Variable genannt sind, sollen als Parameter für Konstante betrachtet werden.

Der Endwert als Funktion von r:

(a) ^{v}E **als Funktion von r:** $^{v}E\{r\}$ für $r > 0; q > 1; n > 1$. Diese Funktion ist eine steigende Gerade, also streng monoton steigend. Sind n, q und ^{v}E vorgegeben, so kann r sehr leicht aus II.3.1.2 ermittelt werden:

Ergebnis II.3.1.5:

$$r = \frac{{}^{v}E \cdot (q-1)}{q \cdot (q^{n}-1)}$$

(b) ${}^{n}E$ **als Funktion von r:** ${}^{n}E\{r\}$ für $r > 0$; $q > 1$; $n > 1$.
Auch diese Funktion ist streng monoton steigend. Sind n, q und ${}^{n}E$ gegeben, so folgt:

Ergebnis II.3.1.6:

$$r = \frac{{}^{n}E \cdot (q-1)}{(q^{n}-1)}$$

Beispiel: Gegeben: n = 15; p = 7,2; (a) ${}^{v}E$ = 19325 €; (b) ${}^{n}E$ = 14500 €
Gesucht: r   Lösung: (a) r = 706,40 €   (b) r = 568,19 €

Der Endwert als Funktion von n:

(a) ${}^{V}E$ **als Funktion von n:** ${}^{v}E\{n\}$ mit r > 0; q > 1; n > 1 .   Aus
${}^{v}E\{n+1\} = r \cdot q^{n+1} + r \cdot q^{n} + \ldots\ldots + r \cdot q$ folgt ${}^{v}E\{n+1\} = {}^{v}E\{n\} + r \cdot q^{n+1}$.
Da der zweite Summand der rechten Seite stets positiv ist, ist ${}^{v}E\{n\}$ streng monoton steigend.
Sind nun r, q und ${}^{v}E$ gegeben, so kann man II.3.1.2 nach n auflösen:

Ergebnis II.3.1.7:

$$n = \frac{\ln\left[{}^{v}E \cdot (q-1) + r \cdot q\right] - \ln(r \cdot q)}{\ln(q)} \quad \text{mit } r > 0; q > 1; {}^{v}E > r \cdot q$$

(b) ^nE **als Funktion von n:** $^nE\{n\}$ für r > 0; q > 1; n > 1 .

Wie unter (a) kann auch hier die strenge Monotonie dieser Funktion nachgewiesen werden. Sind r, q und ^nE gegeben, so folgt:

Ergebnis II.3.1.8:

$$n = \frac{\ln\left[^nE \cdot (q-1) + r\right] - \ln(r)}{\ln(q)} \quad \text{mit } r > 0; q > 1; {}^nE > r$$

Beispiel: Gegeben: r = 2789 €; p = 7. (a) ^vE = 83224,37 €
(b) ^nE = 56172,25 €. Gesucht: n   Lösung: (a) n = 16 (b) n = 13

Der Endwert als Funktion von q:

(a) ^vE **als Funktion von q:** $^vE\{q\}$ für r > 0; n > 1; q > 1 .
$^vE'\{q\} = n \cdot r \cdot q^{n-1} + (n-1) \cdot r \cdot q^{n-2} + \ldots + 2rq + r > 0$ für q > 1 ;
$^vE''\{q\} = n \cdot (n-1) \cdot r \cdot q^{n-2} + (n-1) \cdot (n-2) \cdot r \cdot q^{n-3} + \ldots + 2r > 0$ für q > 1 .
$^vE\{q\}$ ist somit streng monoton steigend und strikt konvex.

r, n und ^vE (> $n \cdot r$) werden jetzt als gegeben betrachtet. Da das Polynom nicht durch eine Formel nach q aufgelöst werden kann, müssen wir q näherungsweise durch das Newtonsche Verfahren ermitteln:

$$F\{q\} = r \cdot q^n + r \cdot q^{n-1} + \ldots + r \cdot q - {}^vE \quad \text{oder} \quad F\{q\} = r \cdot q \cdot \frac{q^n - 1}{q - 1} - {}^vE$$

$$F'\{q\} = n \cdot r \cdot q^{n-1} + (n-1) \cdot r \cdot q^{n-2} + \ldots + 2 \cdot r \cdot q + r \quad \text{oder}$$

$$F'\{q\} = r \cdot \frac{n \cdot q^{n+1} - (n+1) \cdot q^n + 1}{(q-1)^2}$$

Herleitung des Startwertes:
Wir gehen von der Gleichung $^vE = r \cdot q^n + r \cdot q^{n-1} + \ldots + r \cdot q$ aus und verwenden das Abschätzungsverfahren im Teil B von Anhang V (Vergleich von arithmetischem und geometrischem Mittel):

$$\frac{q^n + q^{n-1} + \ldots + q}{n} = \frac{{}^vE}{n \cdot r} \quad ; \quad \sqrt[n]{q^n \cdot q^{n-1} \cdot q^{n-2} \cdots q^1} < \frac{{}^vE}{n \cdot r}$$

$$\sqrt[n]{q^{n+(n-1)+(n-2)+....+1}} < \frac{^vE}{n \cdot r} \quad ; \quad \sqrt[n]{q^{\frac{n \cdot (n+1)}{2}}} < \frac{^vE}{n \cdot r} \quad ; \quad q < \sqrt[n+1]{\frac{^vE}{n \cdot r}}^2$$

Ergebnis II.3.1.9:   Zusammenfassung

Gegeben: $r > 0$; $n > 1$; $^vE > n \cdot r$ Gesucht: q

$F\{q\} = r \cdot q \cdot \dfrac{q^n - 1}{q - 1} - {}^vE$ streng monoton steigend und strikt konvex

$F'\{q\} = r \cdot \dfrac{n \cdot q^{n+1} - (n+1) \cdot q^n + 1}{(q-1)^2}$; Startwert: $q_1 = \sqrt[n+1]{\dfrac{^vE}{n \cdot r}}^2$

Beispiel: r = 2345 €; n = 8; ^vE = 25166,20 €. Gesucht: q . Lösung:
q_1 = 1,067461 ; nach zwei Iterationen ergibt sich q = 1,065; p = 6,5 .

(b) ^nE **als Funktion von q:** $^nE\{q\}$ für $r > 0$; $n > 1$.
$^nE\{q\} = r q^{n-1} + r q^{n-2} + \ldots + rq + r$. Für $n = 2$ ergibt sich $^nE\{q\} = r q$, eine
Gleichung, die sich mühelos nach q auflösen lässt. Wir setzen daher jetzt $n > 2$
voraus.
$^nE'\{q\} = r \cdot (n-1) \cdot q^{n-2} + r \cdot (n-2) \cdot q^{n-3} + \ldots + 2rq + r$ ist positiv für $n > 2$ und
$q > 1$. Daraus folgt: $^nE\{q\}$ ist streng monoton steigend.
$^nE''\{q\} = r \cdot (n-1) \cdot (n-2) \cdot q^{n-3} + r \cdot (n-2) \cdot (n-3) \cdot q^{n-4} + \ldots + 2r$ ist positiv für
$n > 2$ und $q > 1$. Daraus folgt: $^nE\{q\}$ ist strikt konvex.

Jetzt werden r, n und ^nE ($> n \cdot r$) als gegeben betrachtet:

$F\{q\} = r \cdot q^{n-1} + r \cdot q^{n-2} + \ldots\ldots + r \cdot q + r - {}^nE$ oder $F\{q\} = r \cdot \dfrac{q^n - 1}{q - 1} - {}^nE$

$F'\{q\} = (n-1) \cdot r \cdot q^{n-2} + \ldots\ldots + 2 \cdot q \cdot r + r$ oder $F'\{q\} = \dfrac{(n-1) \cdot q^n - n \cdot q^{n-1} + 1}{(q-1)^2}$

Herleitung eines Startwertes für das Newtonsche Verfahren: Wir beginnen mit
der Gleichung

$$r \cdot q^{n-1} + r \cdot q^{n-2} + \ldots\ldots + r \cdot q + r = {}^nE$$

$$\frac{q^{n-1} + q^{n-2} + \ldots\ldots + q^1}{n-1} < \frac{^nE - r}{(n-1) \cdot r}$$

Vergleich von arithmetischem und geometrischem Mittel (siehe Teil B von Anhang V):

$$\sqrt[n-1]{q^{n-1} \cdot q^{n-2} \cdot .... \cdot q^1} < \frac{{}^nE - r}{(n-1) \cdot r}$$

$$\sqrt[n-1]{q^{(n-1)+(n-2)+.....+1}} < \frac{{}^nE - r}{(n-1) \cdot r}$$

$$\sqrt[n-1]{q^{\frac{n \cdot (n-1)}{2}}} < \frac{{}^nE - r}{(n-1) \cdot r} \; ; \; q < \sqrt[n]{\frac{{}^nE - r}{(n-1) \cdot r}}^2$$

Ergebnis II.3.1.10:   Zusammenfassung

Gegeben: $r > 0$; $n > 2$; ${}^nE > n \cdot r$ Gesucht: q

$$F\{q\} = r \cdot \frac{q^n - 1}{q - 1} - {}^nE \quad \text{streng monoton steigend}$$

und strikt konvex für $q > 1$

$$F'\{q\} = r \cdot \frac{(n-1) \cdot q^n - n \cdot q^{n-1} + 1}{(q-1)^2} \; ; \; \text{Startwert: } q_1 = \sqrt[n]{\frac{{}^nE - r}{(n-1) \cdot r}}^2 \quad \text{(Anhang II)}$$

Beispiel: r = 1000 €; n = 7; ${}^nE$ = 8977,61 €. Gesucht ist q. Lösung :
q_1 = 1,084798; nach zwei Iterationen ergibt sich q = 1,082 oder p = 8,2 .

Fragestellung II.3.1.11:

Vor.1 (vgl. I.1). Jemand zahlt von der ersten bis zur n-ten ZE (n > 1)
        (a) am Anfang jeder ZE (vorschüssig)
        (b) am Ende jeder ZE (nachschüssig)
eine ZE-Rente r bei einer Bank auf ein Konto ein. Wie hoch ist der Barwert
    (a) ${}^vB$ (b) ${}^nB$ dieser Rente ?

Der Barwert der gegebenen Rente ist der Betrag, der am Anfang der ersten ZE
zum Endwert bzgl. p äquivalent ist.

(a) Also ${}^vB \cdot q^n = {}^vE$; ${}^vB = r + \dfrac{r}{q} + \dfrac{r}{q^2} + ... + \dfrac{r}{q^{n-1}}$. Nach II.3.1.2 :

Ergebnis II.3.1.12:   **Barwert**-Formel einer **vorschüssigen** Rente

$$^{v}B = \frac{r}{q^{n-1}} \cdot \frac{q^{n}-1}{q-1} \quad \text{mit } r > 0;\ q > 1;\ n > 1$$

Beispiel: r = 3620 €; n = 3; q = 1,065. Lösung: ^{v}B = 10210,67 €

(b) Also $^{n}B \cdot q^{n} = {}^{n}E$; $^{n}B = \dfrac{r}{q} + \dfrac{r}{q^{2}} + ... + \dfrac{r}{q^{n}}$. Nach II.3.1.3 :

Ergebnis II.3.1.13:   **Barwert**-Formel einer **nachschüssigen** Rente

$$^{n}B = \frac{r}{q^{n}} \cdot \frac{q^{n}-1}{q-1} \quad \text{mit } r > 0;\ q > 1;\ n > 1$$

Beispiel: r = 7630 €; n = 7; q = 1,085. Lösung: ^{n}B = 39054,26 €
Der Vergleich von II.3.1.12 und II.3.1.13 zeigt:

Ergebnis II.3.1.14:

$$^{v}B = {}^{n}B \cdot q$$

Wir untersuchen jetzt die Barwert-Formeln in Abhängigkeit der Parameter r, n und q.

Der Barwert als Funktion von r

(a) ^{v}B **als Funktion von r :** $^{v}B\{r\}$ für r > 0; q > 1; n > 1 . Diese Funktion ist eine steigende Gerade, also streng monoton steigend.
Für gegebene n, q und ^{v}B (> 0) gilt

Ergebnis II.3.1.15:

$$r = \frac{{}^{v}B \cdot q^{n-1} \cdot (q-1)}{q^{n} - 1}$$

(b) ${}^{n}B$ **als Funktion von r :** ${}^{n}B\{r\}$ für r > 0; q > 1; n > 1 . Auch diese Funktion ist eine steigende Gerade. Sind n, q und ${}^{n}B$ (> 0) gegeben, so folgt für r :

Ergebnis II.3.1.16:

$$r = \frac{{}^{n}B \cdot q^{n} \cdot (q-1)}{q^{n} - 1}$$

Beispiel: Gegeben n = 7; q = 1,055; (a) ${}^{v}B$ = 13450 € (b) ${}^{n}B$ = 14200 €.
Gesucht: r.   Lösung: (a) r = 2243,34 €   (b) r = 2498,70 €

Der Barwert als Funktion von n

(a) ${}^{v}B$ **als Funktion von n :** ${}^{v}B\{n\}$ für r > 0; q > 1; n > 1 .

${}^{v}B\{n+1\} = r + \dfrac{r}{q} + \dots + \dfrac{r}{q^{n-1}} + \dfrac{r}{q^{n}} = {}^{v}B\{n\} + \dfrac{r}{q^{n}}$. Es folgt ${}^{v}B\{n+1\} > {}^{v}B\{n\}$. Also ist

diese Funktion streng monoton steigend. Sind r, q und ${}^{v}B$ > r gegeben, so gilt:

Ergebnis II.3.1.17:

$$n = \frac{\ln(r \cdot q) - \ln\left[r \cdot q - {}^{v}B \cdot (q-1)\right]}{\ln(q)}$$

Beispiel: Gegeben: r = 1000 €; q = 1,075; ${}^{v}B$ = 8735,28 €. Gesucht: n
Lösung: n = 13

(b) ^nB **als Funktion von n :** $^nB\{n\}$ für r > 0; q > 1; n > 1 . Nach demselben Gesichtspunkt wie unter (a) lässt sich nachweisen, dass diese Funktion streng monoton steigend ist. Sind r, q und $^nB > 0$ gegeben, folgt

Ergebnis II.3.1.18:

$$n = \frac{\ln(r) - \ln\left[r - {}^nB \cdot (q-1)\right]}{\ln(q)}$$

Beispiel: Gegeben: r = 1000 €; q = 1,065; ^nB = 9767,76 €. Gesucht: n
Lösung: n = 16

Der Barwert als Funktion von q

(a) ^vB **als Funktion von q :** $^vB\{q\}$ für $r > 0$; $q > 1$; $n > 1$.

$^vB\{q\} = r + \dfrac{r}{q} + \dfrac{r}{q^2} + ... + \dfrac{r}{q^{n-1}}$. Für $n = 2$ lautet diese Gleichung $^vB\{q\} = r + \dfrac{r}{q}$,

die leicht nach q aufgelöst werden kann. Wir setzen daher nun $n > 2$ voraus.

$^vB'\{q\} = -\left[\dfrac{r}{q^2} + \dfrac{2r}{q^3} + ... + \dfrac{(n-1)r}{q^n}\right]$ ist negativ für n > 2 und q > 1. Daraus folgt:

$^vB\{q\}$ ist streng monoton fallend.

$^vB''\{q\} = \dfrac{2 \cdot r}{q^3} + \dfrac{2 \cdot 3 \cdot r}{q^4} + ... + \dfrac{(n-1) \cdot n \cdot r}{q^{n+1}}$ ist positiv für n > 2 und $q > 1$. Daraus folgt: $^vB\{q\}$ ist strikt konvex.

Da $^vB\{1\} = n \cdot r$ und $\lim\limits_{q \to \infty} {}^vB\{q\} = r$, gilt $r < {}^vB\{q\} < n \cdot r$

Sind r, n und ^vB (mit der eben angegebenen Einschränkung) vorgegeben, so benötigt man zur Berechnung von q erneut das Newtonsche Näherungsverfahren (Anhang II):

$$F\{q\} = \frac{r}{q^{n-1}} \cdot \frac{q^n - 1}{q - 1} - {}^vB ; \qquad F'\{q\} = -\left[\frac{r}{q^2} + \frac{2 \cdot r}{q^3} + ... + \frac{(n-1) \cdot r}{q^n}\right] \quad \text{oder}$$

$$F'\{q\} = \frac{-r}{q^n} \cdot \frac{q^n - n \cdot q + n - 1}{(q-1)^2}$$

Zur Bestimmung eines Startwertes für das Newtonsche Verfahren beginnen wir mit der Gleichung $\dfrac{r}{q}+\dfrac{r}{q^2}+.....+\dfrac{r}{q^{n-1}}={}^vB-r$.

Multipliziert man mit q^{n-1} und dividiert anschließend durch r, so ergibt sich:

$$q^{n-2}+q^{n-3}+.....+1=\frac{{}^vB-r}{r}\cdot q^{n-1}$$

Wir dividieren nun durch (n - 1) und wenden dann den Lehrsatz über das Verhältnis von arithmetischem und geometrischem Mittel an:

$$\frac{{}^vB-r}{(n-1)\cdot r}\cdot q^{n-1}=\frac{q^{n-2}+q^{n-3}+....+1}{n-1}$$

$$\frac{{}^vB-r}{(n-1)\cdot r}\cdot q^{n-1}>\sqrt[n-1]{q^{(n-2)+(n-3)+....+1}}=\sqrt[n-1]{q^{\frac{(n-2)\cdot(n-1)}{2}}}=q^{\frac{n-2}{2}}$$

$$q^{\frac{n}{2}}>\frac{(n-1)\cdot r}{{}^vB-r}\quad;\quad q>\sqrt[n]{\left(\frac{(n-1)\cdot r}{{}^vB-r}\right)^2}$$

Ergebnis II.3.1.19:

Gegeben: $r>0$; $n>1$; $r<{}^vB<n\cdot r$.   Gesucht: q

$F\{q\}=\dfrac{r}{q^{n-1}}\cdot\dfrac{q^n-1}{q-1}-{}^vB$ streng monoton fallend und strikt konvex für q > 1 .

$F'\{q\}=\dfrac{-r}{q^n}\cdot\dfrac{q^n-n\cdot q+n-1}{(q-1)^2}$; Startwert: $q_1=\sqrt[n]{\left(\dfrac{(n-1)\cdot r}{{}^vB-r}\right)^2}$ (Anhang II)

Beispiel: Gegeben: r = 1000 €; n = 6; ${}^vB$ = 4909,92 €. Gesucht: q
Lösung: q_1 = 1,085427; nach zwei Iterationen ergibt sich q = 1,088; p = 8,8

(b) ${}^nB$ **als Funktion von q:** ${}^nB\{q\}$ für r > 0; q > 1; n > 1 .

$${}^nB\{q\}=\frac{r}{q}+\frac{r}{q^2}+....+\frac{r}{q^n}\ ;\ \text{damit }{}^nB'\{q\}=-\left[\frac{r}{q^2}+\frac{2r}{q^3}+...+\frac{n\cdot r}{q^{n+1}}\right]$$

${}^nB'\{q\}<0$, also ist ${}^nB\{q\}$ streng monoton fallend.

$${}^nB''\{q\}=\frac{2\cdot r}{q^3}+\frac{2\cdot3\cdot r}{q^4}+...+\frac{n\cdot(n+1)\cdot r}{q^{n+2}}\ ;\ \text{damit }{}^nB''\{q\}>0\ ;\ \text{woraus folgt:}$$

${}^nB\{q\}$ ist strikt konvex.

Da ${}^nB\{1\}=n\cdot r$ und $\lim\limits_{q\to\infty}{}^nB\{q\}=0$, gilt $0<{}^nB\{q\}<n\cdot r$

Sind r, n und ^nB (mit den gerade hergeleiteten Einschränkungen) gegeben, so ist auch hier die Anwendung eines Näherungsverfahrens (Anhang II) erforderlich, um q zu bestimmen: $F\{q\} = \dfrac{r}{q^n} \cdot \dfrac{q^n - 1}{q - 1} - {}^nB$

$$F'\{q\} = -\left[\frac{r}{q^2} + \frac{2 \cdot r}{q^3} + \ldots\ldots + \frac{n \cdot r}{q^{n+1}}\right] \quad \text{oder} \quad F'\{q\} = \frac{-r}{q^{n+1}} \cdot \frac{q^{n+1} - (n+1) \cdot q + n}{(q-1)^2}$$

Berechnung eines Startwertes: $\dfrac{r}{q} + \dfrac{r}{q^2} + \ldots\ldots + \dfrac{r}{q^n} = {}^nB$. Wir multiplizieren mit

q^n und dividieren anschließend durch r: $q^{n-1} + q^{n-2} + \ldots + 1 = \dfrac{^nB}{r} \cdot q^n$. Jetzt Division durch n: $\dfrac{q^{n-1} + q^{n-2} + \ldots + 1}{n} = \dfrac{^nB}{n \cdot r} q^n$.

Anwendung des Abschätzungsverfahrens aus Teil B von Anhang V:

$$\sqrt[n]{q^{(n-1)+(n-2)+\ldots+1}} < \frac{^nB}{n \cdot r} q^n \; ; \quad \sqrt[n]{q^{\frac{(n-1)\cdot n}{2}}} < \frac{^nB}{n \cdot r} q^n \; ; \quad q^{\frac{n-1}{2}} < \frac{^nB}{n \cdot r} q^n$$

$$q^{\frac{n+1}{2}} > \frac{n \cdot r}{^nB} \; ; \quad q > \sqrt[n+1]{\frac{n \cdot r}{^nB}^2}$$

Ergebnis II.3.1.20:   Zusammenfassung

Gegeben: $r > 0$; $n > 1$; $0 < {}^nB < n \cdot r$ Gesucht: q

$\qquad F\{q\} = \dfrac{r}{q^n} \cdot \dfrac{q^n - 1}{q - 1} - {}^nB \qquad$ ist für $q > 1$ streng monoton fallend

$\qquad\qquad\qquad\qquad\qquad\qquad\qquad$ und strikt konvex.

$\qquad F'\{q\} = \dfrac{-r}{q^{n+1}} \cdot \dfrac{q^{n+1} - (n+1) \cdot q + n}{(q-1)^2} \; ;$ Startwert: $q_1 = \sqrt[n+1]{\dfrac{n \cdot r}{^nB}^2}$

Beispiel: Gegeben: r = 1000 €; n = 9; ^nB = 6460,16 €. Gesucht: q
Lösung: $q_1 = 1,068562$; nach zwei Iterationen: q = 1,072 oder p = 7,2 .

Fragestellung II.3.1.21:

Vor.2 (vgl. I.1). Jemand zahlt vom Anfang der ersten ZE bis zum Ende der n-ten ZE

        (a) vorschüssig (am Anfang jeder U-ZE)

        (b) nachschüssig (am Ende jeder U-ZE)

eine gleichbleibende U-ZE-Rente r auf ein Konto bei einer Bank ein. Man berechne den Endwert und den Barwert

   (a) ^{v}E **und** ^{v}B **(b)** ^{n}E **und** ^{n}B **dieser Rente.**

(a) Der zur Rentenzahlung innerhalb einer ZE am Ende der ZE äquivalente Betrag ist $r \cdot \left(m + \dfrac{m+1}{2} \cdot (q-1) \right)$. (Vgl. II.2.5 mit t = m). Also:

Ergebnis II.3.1.22:

$$^{v}E = r \cdot \left(m + \frac{m+1}{2} \cdot (q-1) \right) \cdot \frac{q^{n}-1}{q-1} \quad ; \quad ^{v}B = \frac{r}{q^{n}} \cdot \left(m + \frac{m+1}{2} \cdot (q-1) \right) \cdot \frac{q^{n}-1}{q-1}$$

Beispiel: Gegeben: m = 12; n = 5; r = 1250 €; p = 4,5 . Gesucht: Endwert und Barwert dieser Rente. Lösung: ^{v}E = 84060,87 € und ^{v}B = 67454,74 €

(b) Der zur Rentenzahlung innerhalb einer ZE am Ende der ZE äquivalente Betrag ist $r \cdot \left(m + \dfrac{m-1}{2} \cdot (q-1) \right)$. (Vgl. II.2.6 mit t = m). Also:

Ergebnis II.3.1.23:

$$^{n}E = r \cdot \left(m + \frac{m-1}{2} \cdot (q-1) \right) \cdot \frac{q^{n}-1}{q-1} \quad ; \quad ^{n}B = \frac{r}{q^{n}} \cdot \left(m + \frac{m-1}{2} \cdot (q-1) \right) \cdot \frac{q^{n}-1}{q-1}$$

Beispiel: Gegeben: m = 12; n = 3; r = 830 €; p = 6,5 . Gesucht: Endwert und Barwert dieser Rente. Lösung: $^nE = 32813,58 €$ und $^nB = 27164,69 €$

Wir betrachten hier lediglich die Barwerte und Endwerte als Funktionen von q ausführlicher; die Fragen nach den übrigen Parametern werden im Aufgabenteil abgehandelt.

Der Endwert als Funktion von q

(a) ^vE **als Funktion von q:** $^vE\{q\}$ für $r > 0$; $q > 1$; $m > 1$; $n > 1$.

Da $^vE\{1\} = n \cdot m \cdot r$, ist die Funktion $^vE\{q\} > n \cdot m \cdot r$ für $q > 1$.

$$r \cdot \left[m + \frac{m+1}{2} \cdot (q-1)\right] \cdot \left(q^{n-1} + q^{n-2} + \ldots + 1\right) = {}^vE\{q\}$$

$$r \cdot \left[\frac{m+1}{2} \cdot q + \frac{m-1}{2}\right] \cdot \left(q^{n-1} + q^{n-2} + \ldots + 1\right) = {}^vE\{q\}$$

$$r \cdot \left[\frac{m+1}{2} \cdot q^n + m \cdot \left(q^{n-1} + \ldots + q\right) + \frac{m-1}{2}\right] = {}^vE\{q\}$$

$$^vE'\{q\} = r \cdot \left[\frac{(m+1) \cdot n}{2} \cdot q^{n-1} + m \cdot \left((n-1) \cdot q^{n-2} + \ldots + 2q + 1\right)\right] \text{ ; also } {}^vE'\{q\} > 0 \text{ für}$$

$n > 1$ und $q > 1$; daraus folgt: $^vE\{q\}$ ist streng monoton steigend.

$$^vE''\{q\} = r \cdot \left[\frac{(m+1) \cdot n \cdot (n-1)}{2} \cdot q^{n-2} + m \cdot \left((n-1) \cdot (n-2) \cdot q^{n-3} + \ldots + 2\right)\right] \text{ ; also}$$

$^vE''\{q\} > 0$; daraus folgt: $^vE\{q\}$ ist strikt konvex.

Gegeben: r, m, n und ^vE mit $^vE > n \cdot m \cdot r$ Gesucht: q

$$r \cdot \left[\frac{m+1}{2} \cdot q^n + m \cdot \left(q^{n-1} + \ldots + q\right) + \frac{m-1}{2}\right] = {}^vE$$

Links stehen $(n+1)$ Summanden. Wir dividieren zuerst durch r und danach durch $(n+1)$. Anschließend wird das Abschätzungsverfahren aus Teil B in Anhang V angewendet:

$$\sqrt[n+1]{\frac{m^2-1}{4} \cdot m^{n-1} \cdot q^{n+(n-1)+\ldots+1}} < \frac{^vE}{(n+1) \cdot r}$$

$$\sqrt[n+1]{\frac{m^2-1}{4} \cdot m^{n-1} \cdot q^{\frac{n}{2}}} < \frac{^vE}{(n+1) \cdot r}$$

$$q < \sqrt[n]{\frac{^vE}{(n+1) \cdot r \cdot A}}^2 \quad \text{ mit } \quad A = \sqrt[n+1]{\frac{m^2-1}{4} \cdot m^{n-1}}$$

Ergebnis II.3.1.24:   Zusammenfassung

Gegeben: $r > 0$; $q > 1$; $m > 1$; $n > 1$; ^vE mit $^vE > n \cdot m \cdot r$ Gesucht: q

$$F\{q\} = r \cdot \left[\frac{m+1}{2} \cdot q^n + m \cdot q \cdot \frac{q^{n-1} - 1}{q-1} + \frac{m-1}{2} \right] - {}^vE \quad \text{streng monoton steigend}$$

und strikt konvex.

$$F'\{q\} = r \cdot \left[\frac{n \cdot (m+1)}{2} \cdot q^{n-1} + m \cdot \frac{(n-1) \cdot q^n - n \cdot q^{n-1} + 1}{(q-1)^2} \right]$$

Startwert: $q_1 = \sqrt[n]{\dfrac{^vE}{(n+1) \cdot r \cdot A}}^{\,2}$ mit $A = \sqrt[n+1]{\dfrac{m^2 - 1}{4} \cdot m^{n-1}}$

Beispiel: Gegeben: r = 1550 €; n = 7; m = 12; ^vE = 155600 €. Gesucht: q
Lösung: q_1 = 1,064523; nach zwei Iterationen ergibt sich q = 1,0501; p = 5,01

(b) ^nE **als Funktion von q**: $^nE\{q\}$ für $r > 0$; $q > 1$; $m > 1$; $n > 1$.
$^nE\{q\} > n \cdot m \cdot r$.

$$r \cdot \left[m + \frac{m-1}{2} \cdot (q-1) \right] \cdot \left(q^{n-1} + q^{n-2} + \dots + 1 \right) = {}^nE\{q\}$$

$$r \cdot \left[\frac{m-1}{2} \cdot q + \frac{m+1}{2} \right] \cdot \left(q^{n-1} + q^{n-2} + \dots + 1 \right) = {}^nE\{q\}$$

$$r \cdot \left[\frac{m-1}{2} \cdot q^n + m \cdot \left(q^{n-1} + \dots + q \right) + \frac{m+1}{2} \right] = {}^nE\{q\}$$

Analog zu den Überlegungen zu $^vE\{q\}$ ergibt sich auch hier, dass $^nE\{q\}$ streng monoton und strikt konvex ist.

Gegeben: $r > 0$, $m > 1$, $n > 1$ und ^nE mit $^nE > n \cdot m \cdot r$.   Gesucht: q

$$r \cdot \left[\frac{m-1}{2} \cdot q^n + m \cdot \left(q^{n-1} + \dots + q \right) + \frac{m+1}{2} \right] = {}^nE$$

Analog zur Herleitung unter (a) ergibt sich die Ungleichung:

$$q < \sqrt[n]{\dfrac{^nE}{(n+1) \cdot r \cdot A}}^{\,2} \quad \text{mit} \quad A = \sqrt[n+1]{\dfrac{m^2 - 1}{4} \cdot m^{n-1}}$$

Ergebnis II.3.1.25:   **Zusammenfassung**

Gegeben: $r > 0$; $q > 1$; $m > 1$; $n > 1$; ^nE mit $^nE > n \cdot m \cdot r$ Gesucht: q

$$F\{q\} = r \cdot \left[\frac{m-1}{2} \cdot q^n + m \cdot q \cdot \frac{q^{n-1} - 1}{q-1} + \frac{m+1}{2} \right] - {}^nE \quad \text{streng monoton steigend}$$

und strikt konvex.

$$F'\{q\} = r \cdot \left[\frac{n \cdot (m-1)}{2} \cdot q^{n-1} + m \cdot \frac{(n-1) \cdot q^n - n \cdot q^{n-1} + 1}{(q-1)^2} \right]$$

Startwert: $q_1 = \sqrt[n]{\dfrac{{}^nE}{(n+1) \cdot r \cdot A}}^{\,2}$ mit $A = \sqrt[n+1]{\dfrac{m^2-1}{4} \cdot m^{n-1}}$

Beispiel: Gegeben: $r = 1605$ €; $n = 7$; $m = 12$; $^nE = 153200$ €. Gesucht: q
Lösung: $q_1 = 1{,}0493$; nach zwei Iterationen ergibt sich die Lösung $q = 1{,}0368$
oder $p = 3{,}68$.

Der Barwert als Funktion von q

(a) ^vB **als Funktion von q**: $^vB\{q\}$ für $r > 0$; $q > 1$; $m > 1$; $n > 1$.

Da $\quad ^vE\{q\} = r \cdot \left[\dfrac{m+1}{2} \cdot q^n + m \cdot \left(q^{n-1} + \ldots\ldots + q \right) + \dfrac{m-1}{2} \right]$, folgt nach Division

durch q^n :

(*) $^vB\{q\} = r \cdot \left[\dfrac{m+1}{2} + m \cdot \left(\dfrac{1}{q} + \dfrac{1}{q^2} + \ldots\ldots + \dfrac{1}{q^{n-1}} \right) + \dfrac{m-1}{2 \cdot q^n} \right]$

$^vB\{q\} = -r \cdot \left[m \cdot \left(\dfrac{1}{q^2} + \dfrac{2}{q^3} + \ldots\ldots + \dfrac{n-1}{q^n} \right) + \dfrac{(m-1) \cdot n}{2 \cdot q^{n+1}} \right]$

$^vB\{q\} = r \cdot \left[m \cdot \left(\dfrac{2}{q^3} + \dfrac{2 \cdot 3}{q^4} + \ldots\ldots + \dfrac{(n-1) \cdot n}{q^{n+1}} \right) + \dfrac{(m-1) \cdot n \cdot (n+1)}{2 \cdot q^{n+2}} \right]$

Wie unmittelbar zu erkennen ist, gilt $^vB'\{q\} < 0$ und $^vB''\{q\} > 0$ für $q > 1$. Die
Barwertfunktion ist streng monoton fallend und strikt konvex mit

$$r \cdot \frac{m+1}{2} < {}^vB\{q\} < n \cdot m \cdot r \, ,$$

da $^vB\{1\} = n \cdot m \cdot r$ und $\lim\limits_{q \to \infty} {}^vB\{q\} = r \cdot \dfrac{m+1}{2}$. Die Auflösung von $^vB\{q\}$ nach q
ist also in eindeutiger Weise möglich.

Gegeben: r > 0; m > 1; n > 1 und ${}^vB$ mit $r \cdot \dfrac{m+1}{2} < {}^vB < n \cdot m \cdot r$. Gesucht: q

Aus der obigen Gleichung (*) folgt:

$$\left[{}^vB - \frac{r \cdot (m+1)}{2}\right] \cdot q^n = r \cdot m \cdot \left(q^{n-1} + \ldots + q\right) + \frac{r \cdot (m-1)}{2}$$

Wir dividieren zunächst durch r und danach durch n, da auf der rechten Seite der Gleichung n Summanden stehen. Anschließend verwenden wir das Abschätzungsverfahren aus Teil B von Anhang V:

$$\frac{2 \cdot {}^vB - r \cdot (m+1)}{2 \cdot r \cdot n} \cdot q^n > \sqrt[n]{m^{n-1} \cdot \frac{m-1}{2} \cdot q^{(n-1)+\ldots+1}} = \sqrt[n]{m^{n-1} \cdot \frac{m-1}{2}} \cdot q^{\frac{n-1}{2}}$$

$$q^{\frac{n+1}{2}} > \frac{2 \cdot r \cdot n \cdot A}{2 \cdot {}^vB - r \cdot (m+1)} \quad \text{mit} \quad A = \sqrt[n]{m^{n-1} \cdot \frac{m-1}{2}} \quad \text{und schließlich}$$

$$q > \sqrt[n+1]{\left(\frac{2 \cdot r \cdot n \cdot A}{2 \cdot {}^vB - r \cdot (m+1)}\right)^2}$$

Ergebnis II.3.1.26:   Zusammenfassung

Gegeben: $r > 0$; $m > 1$; $n > 1$ und ${}^vB$ mit $r \cdot \dfrac{m+1}{2} < {}^vB < n \cdot m \cdot r$. Gesucht: q

$$F\{q\} = \frac{r}{q^n} \cdot \left[\frac{m+1}{2} \cdot q^n + m \cdot q \cdot \frac{q^{n-1} - 1}{q-1} + \frac{m-1}{2}\right] - {}^vB \quad \text{streng monoton fallend}$$

und strikt konvex.

$$F'\{q\} = \frac{-r}{q^{n+1}} \cdot \left[m \cdot q \cdot \frac{q^n - n \cdot q + n - 1}{(q-1)^2} + \frac{n \cdot (m-1)}{2}\right]$$

Startwert: $q_1 = \sqrt[n+1]{\left(\dfrac{2 \cdot r \cdot n \cdot A}{2 \cdot {}^vB - r \cdot (m+1)}\right)^2}$ mit $A = \sqrt[n]{m^{n-1} \cdot \dfrac{m-1}{2}}$

Beispiel: Gegeben: r = 1005 €; n = 6; m = 12 und ${}^vB$ = 65248 €.
Gesucht: q
Lösung: q_1 = 1,022806; nach zwei Iterationen ergibt sich q = 1,0363 ; p = 3,63 .

(b) ${}^nB$ **als Funktion von q:** ${}^nB\{q\}$ für r > 0; q > 1; m > 1; n > 1 .

Da $^nE\{q\}=r\cdot\left[\dfrac{m-1}{2}\cdot q^n+m\cdot\left(q^{n-1}+......+q\right)+\dfrac{m+1}{2}\right]$, folgt nach Division

durch q^n:

(**) $^nB\{q\}=r\cdot\left[\dfrac{m-1}{2}+m\cdot\left(\dfrac{1}{q}+\dfrac{1}{q^2}+......+\dfrac{1}{q^{n-1}}\right)+\dfrac{m+1}{2\cdot q^n}\right]$

$^nB'\{q\}=-r\cdot\left[m\cdot\left(\dfrac{1}{q^2}+\dfrac{2}{q^3}+......+\dfrac{n-1}{q^n}\right)+\dfrac{(m+1)\cdot n}{2\cdot q^{n+1}}\right]$

$^nB''\{q\}=r\cdot\left[m\cdot\left(\dfrac{2}{q^3}+\dfrac{2\cdot3}{q^4}+......+\dfrac{(n-1)\cdot n}{q^{n+1}}\right)+\dfrac{(m+1)\cdot n\cdot(n+1)}{2\cdot q^{n+2}}\right]$

Wie man unmittelbar sieht, ist $^nB'\{q\}<0$ und $^nB''\{q\}>0$. Diese Barwert-Funktion fällt für $q>1$ streng monoton und ist strikt konvex mit

$$r\cdot\dfrac{m-1}{2}<{}^nB\{q\}<n\cdot m\cdot r$$

Die Auflösung von $^nB\{q\}$ nach q ist also in eindeutiger Weise möglich:

Gegeben: r > 0; m > 1; n > 1 und ^nB mit $r\cdot\dfrac{m-1}{2}<{}^nB<n\cdot m\cdot r$. Gesucht: q

Aus der obigen Gleichung (**) folgt:

$$\dfrac{2\cdot{}^nB-r\cdot(m-1)}{2\cdot r}\cdot q^n=m\cdot\left(q^{n-1}+.....+q\right)+\dfrac{(m+1)}{2}$$

Wir dividieren durch n, da auf der rechten Seite der Gleichung n Summanden stehen. Anschließend verwenden wir das Abschätzungsverfahren aus Teil B von Anhang V:

$$\dfrac{2\cdot{}^nB-r\cdot(m-1)}{2\cdot r\cdot n}\cdot q^n>\sqrt[n]{m^{n-1}\cdot\dfrac{m+1}{2}\cdot q^{(n-1)+....+1}}=\sqrt[n]{m^{n-1}\cdot\dfrac{m+1}{2}}\cdot q^{\frac{n-1}{2}}$$

$$q^{\frac{n+1}{2}}>\dfrac{2\cdot r\cdot n\cdot A}{2\cdot{}^nB-r\cdot(m-1)}\quad\text{mit}\quad A=\sqrt[n]{m^{n-1}\cdot\dfrac{m+1}{2}}\quad\text{und schließlich}$$

$$q>\sqrt[n+1]{\left(\dfrac{2\cdot r\cdot n\cdot A}{2\cdot{}^nB-r\cdot(m-1)}\right)^2}$$

Ergebnis II.3.1.27:   Zusammenfassung

Gegeben: $r > 0$; $m > 1$; $n > 1$ und ^nB mit $r \cdot \dfrac{m-1}{2} < {^nB} < n \cdot m \cdot r$. Gesucht: q

$$F\{q\} = \frac{r}{q^n} \cdot \left[\frac{m-1}{2} \cdot q^n + m \cdot q \cdot \frac{q^{n-1}-1}{q-1} + \frac{m+1}{2} \right] - {^nB} \quad \text{streng monoton fallend}$$

$$\text{und strikt konvex.}$$

$$F'\{q\} = \frac{-r}{q^{n+1}} \cdot \left[m \cdot q \cdot \frac{q^n - n \cdot q + n - 1}{(q-1)^2} + \frac{n \cdot (m+1)}{2} \right]$$

Startwert: $q_1 = {^{n+1}}\!\sqrt{\dfrac{2 \cdot r \cdot n \cdot A}{2 \cdot {^nB} - r \cdot (m-1)}}^2$ mit $A = {^n}\!\sqrt{m^{n-1} \cdot \dfrac{m+1}{2}}$

Beispiel: Gegeben: r = 2100 €; n = 6; m = 12; ^nB = 123000 €. Gesucht: q
Lösung: q_1 = 1,059668; nach zwei Iterationen ergibt sich q = 1,0730; p = 7,3 .

Bemerkung: Zur Begründung von I.3.14 wurde gesagt, dass die Aufzinsung eines Betrages r mittels des Zinsfußes p^* (q^*) pro U-ZE geringer ausfällt als die Aufzinsung mittels intervallweiser linearer Zinsen. Renten bestehen aus mehreren Beträgen r, und für jedes r gilt die dort hergeleitete Ungleichung. Daher trifft die Ungleichung auch für den gesamten (vorschüssigen und auch nachschüssigen) Renten-Endwert zu.
Errechnet man also nach II.3.1.9 und nach II.3.1.10 q^* pro U-ZE, indem man dort n durch L = $n \cdot m$ ersetzt und ermittelt hieraus $q_1 = (q^*)^m$, so hat man Zinsfüße pro ZE, die ein wenig größer als die gesuchten q sind. Diese q_1 können als Startwerte in II.3.1.24 und II.3.1.25 Verwendung finden.

Entsprechend führen die in derselben Weise mit Hilfe von II.3.1.19 und II.3.1.20 bestimmten q_1 zu etwas kleineren Zinsfüßen pro ZE als die gesuchten q. Man kann auch diese q_1 als Startwerte in den Näherungsverfahren II.3.1.26 und II.3.1.27 einsetzen.

Beispiele:

In den jeweils genannten Näherungsverfahren ersetzen wir n durch $L = n \cdot m$.

(1) Gegeben:

	r (€)	n	m	$^v E$ (€)
(a)	640	6	12	57350
(b)	1000	7	12	98000
(c)	830	3	12	32989,18 . Gesucht: q

Lösung nach II.3.1.9 :

	L	q^*	q_1	q
(a)	72	1,005813	1,072028	1,071895
(b)	84	1,003547	1,043398	1,043359
(c)	36	1,005284	1,065281	1,065

(2) Gegeben:

	r (€)	n	m	$^n E$ (€)
(a)	1250	5	12	83753,15
(b)	1605	7	12	153200
(c)	810	5	12	60980 . Gesucht: q

Lösung nach II.3.1.10 :

	L	q^*	q_1	q
(a)	60	1,003680	1,045064	1,045
(b)	84	1,003020	1,036847	1,036815
(c)	60	1,007441	1,093037	1,092767

(3) Gegeben:

	r (€)	n	m	$^v B$ (€)
(a)	795	5	12	40325
(b)	915	8	12	63150
(c)	1532	7	12	112845

Lösung nach II.3.1.19 :

	L	q^*	q_1	q
(a)	60	1,005886	1,072957	1,073151
(b)	96	1,007414	1,092687	1,092891
(c)	84	1,003245	1,039642	1,039685

(4) Gegeben:

	r (€)	n	m	$^n B$ (€)
(a)	918	8	12	64532
(b)	1065	6	12	63990
(c)	1515	7	12	103980

Lösung nach II.3.1.20 :

	L	q^*	q_1	q
(a)	96	1,006812	1,084877	1,085044
(b)	72	1,005124	1,063250	1,063367
(c)	84	1,004933	1,060830	1,060924

Fragestellung II.3.1.28:

Vor.2 (vgl.I.1). Jemand zahlt

       (a) vorschüssig (am Anfang jeder U-ZE)

       (b) nachschüssig (am Ende jeder U-ZE)

eine gleichbleibende U-ZE-Rente r auf ein Konto bei einer Bank ein. Die Laufzeit beginnt innerhalb der 1. ZE t U-ZEen vor dem Ende dieser ZE, sodann folgen n volle ZEen, das Ende liegt hinter s U-ZEen innerhalb der (n+2)-ten ZE: $L = \dfrac{t}{m} + n + \dfrac{s}{m}$ **(ZEen) oder** $L = t + n \cdot m + s$ **(U-ZEen). Man berechne den Endwert und den Barwert**

       (a) $^v E$ **und** $^v B$ **(b)** $^n E$ **und** $^n B$ **dieser Rente.**

Der Endwert (Barwert) einer Rente ist derjenige Betrag am Ende (Anfang) von L, der zur gesamten Rente äquivalent ist.

(a) Wir zinsen alle Rentenzahlungen zum Ende der (n+2)-ten ZE auf:

    (i) Der Kontostand am Ende der 1. ZE ergibt sich nach II.2.5:

$r \cdot \left[t + \dfrac{t \cdot (t+1)}{2 \cdot m} \cdot (q-1) \right]$. Dieser wird nun noch zum Ende der (n+2)-ten ZE

aufgezinst, indem man mit q^{n+1} multipliziert.

    (ii) Setzt man in II.2.5 t = m, so erhält man den Betrag, der im mittleren Bereich der Laufzeit (von der 2. bis (n+1)-ten ZE einschließlich) pro ZE samt linearen Zinsen anfällt. Man kann daher in diesem mittleren Bereich die durch die Fragestellung gegebene Rente durch eine nachschüssige ZE-Rente der Höhe

$r \cdot \left[m + \dfrac{m+1}{2} \cdot (q-1) \right]$ ersetzen. Der Kontostand am Ende der (n+1)-ten ZE

lässt sich somit nach II.3.1.2 finden: $r \cdot \left[m + \dfrac{m+1}{2} \cdot (q-1) \right] \cdot \dfrac{q^n - 1}{q-1}$.

Multipliziert man diesen Betrag mit q, so erhält man die Aufzinsung des mittleren Renten-Intervalls zum Ende der (n+2)-ten ZE.

(iii) Schließlich benötigen wir noch die Aufzinsung der letzten s Rentenzahlungen innerhalb der (n+2)-ten ZE zum Ende dieser ZE:

$$r \cdot \left[1 + \frac{m}{m} \cdot (q-1)\right] + r \cdot \left[1 + \frac{m-1}{m} \cdot (q-1)\right] + \ldots + r \cdot \left[1 + \frac{m-s+1}{m} \cdot (q-1)\right]$$

$$= r \cdot \left[s + \frac{s \cdot (2 \cdot m - s + 1)}{2 \cdot m} \cdot (q-1)\right]$$

Die Summe der Ergebnisse von (i), (ii) und (iii) ist die gesuchte Aufzinsung E' aller Rentenzahlungen zum Ende der (n+2)-ten ZE. Es gilt sodann:

$$^{v}E \cdot \left[1 + \frac{m-s}{m} \cdot (q-1)\right] = E' = {}^{v}B \cdot \left[1 + \frac{t}{m} \cdot (q-1)\right] \cdot q^{n+1}$$

Ergebnis II.3.1.29:

Gegeben: $r > 0$; $q > 1$; $n \geq 0$; $0 < t, s < m$. Gesucht: ^{v}E und ^{v}B

$$E' = r \cdot \left[t + \frac{t \cdot (t+1)}{2 \cdot m} \cdot (q-1)\right] \cdot q^{n+1} + r \cdot \left[m + \frac{m+1}{2} \cdot (q-1)\right] \cdot \frac{q^{n}-1}{q-1} \cdot q$$

$$+ r \cdot \left[s + \frac{s \cdot (2 \cdot m - s + 1)}{2 \cdot m} \cdot (q-1)\right]$$

$$^{v}E = \frac{E'}{1 + \frac{m-s}{m} \cdot (q-1)} \quad ; \quad ^{v}B = \frac{E'}{\left[1 + \frac{t}{m} \cdot (q-1)\right] \cdot q^{n+1}}$$

(b) Die End- und Barwert-Formel einer nachschüssigen Rente lässt sich analog zu (a) herleiten:

Ergebnis II.3.1.30:

Gegeben: $r > 0$; $q > 1$; $n \geq 0$; $0 < t, s < m$. Gesucht: ^{n}E und ^{n}B

$$E' = r \cdot \left[t + \frac{t \cdot (t-1)}{2 \cdot m} \cdot (q-1) \right] \cdot q^{n+1} + r \cdot \left[m + \frac{m-1}{2} \cdot (q-1) \right] \cdot \frac{q^n - 1}{q-1} \cdot q$$

$$+ r \cdot \left[s + \frac{s \cdot (2 \cdot m - s - 1)}{2 \cdot m} \cdot (q-1) \right]$$

$$^{n}E = \frac{E'}{1 + \frac{m-s}{m} \cdot (q-1)} \quad ; \quad ^{n}B = \frac{E'}{\left[1 + \frac{t}{m} \cdot (q-1) \right] \cdot q^{n+1}}$$

Beispiel: Gegeben: t = 7; s = 9; m = 12; n = 5; r = 500 €; q = 1,06 .

Gesucht: (a) ^{v}E und ^{v}B (b) ^{n}E und ^{n}B .

Lösung: (a) ^{v}E = 46070,15 € ; ^{v}B = 31850,06 €

   (b) ^{n}E = 45846,92 € ; ^{n}B = 31695,74 €

Bemerkung: Wir wollen hier die Auflösung der Barwert- und Endwert-Formeln nach den Parametern nicht im Einzelnen durchgehen; die Zahlenbeispiele im Aufgabenteil mögen genügen. Auf die Möglichkeit einer näherungsweisen Auflösung nach q soll aber - ohne Beweis - verwiesen werden: Entgegen der Fragestellung in II.3.1.21 unterstellen wir, dass die Enden der ZEen die Zinstermine sind. Der Zinsfuß p* pro U-ZE kann dann aus den in II.3.1.9 und II.3.1.10 bzw. aus II.3.1.19 und II.3.1.20 beschriebenen Näherungsverfahren berechnet werden. Dabei ist n durch L = t + $n \cdot m$ + s zu ersetzen. Der zu p* (q*) gehörige konforme Zinsfuß p' pro ZE lässt sich nach I.3.13 finden: q' = $(q*)^m$ und p' = $(q'-1) \cdot 100$. p' weicht dann nur minimal von dem wahren p pro ZE ab. Wir fügen ein paar Beispiele für m = 12 hinzu:

(1) Geg.:	t	s	n	r	^{v}E
(a)	7	9	5	500 €	46070,15 €
(b)	3	5	3	750 €	37484,20 €
(c)	6	0	7	900 €	107913,40 €

Lösung nach II.3.1.9:

	L in U-ZEen	p'	Wahrer Zinsfuß p pro ZE
(a)	76	5,9988	6
(b)	44	6,8899	6,9
(c)	90	7,5115	7,5

(2) Geg.:

	t	s	n	r	^vB
(a)	11	9	4	750 €	44652,63 €
(b)	6	0	7	900 €	62694,25 €
(c)	0	7	6	1000 €	66742,81 €

Lösung nach II.3.1.19:

	L in U-ZEen	p'	Wahrer Zinsfuß p pro ZE
(a)	68	4,9955	5
(b)	90	7,5070	7,5
(c)	79	5,4918	5,5

(3) Geg.:

	t	s	n	r	^nE
(a)	7	9	5	500 €	45846,92 €
(b)	6	6	4	800 €	58341,10 €
(c)	3	8	5	620 €	53974,51 €

Lösung nach II.3.1.10:

	L in U-ZEen	p'	Wahrer Zinsfuß p pro ZE
(a)	76	5,9987	6
(b)	60	7,9897	8
(c)	71	6,9952	7

(4) Geg.:

	t	s	n	r	^nB
(a)	11	9	4	750 €	44471,54 €
(b)	1	1	7	1530 €	116453,40 €
(c)	3	8	5	620 €	36171,67 €

Lösung nach II.3.1.20:

	L in U-ZEen	p'	Wahrer Zinsfuß p pro ZE
(a)	68	4,9956	5
(b)	86	3,4984	3,5
(c)	71	7,0022	7

II.3.1 AUFGABEN

Die Aufgaben 1 bis 30 beziehen sich auf die Fragestellung II.3.1.1 und II.3.1.11

1. Gegeben:

	r (€)	n	q		r (€)	n	q
(a)	3620	3	1,065	(b)	7630	7	1,085
(c)	13200	4	1,035	(d)	8350	7	1,04
(e)	840	9	1,065	(f)	9115	8	1,07

Gesucht: ^vE und ^vB

2. Gegeben:

	r (€)	n	q		r (€)	n	q
(a)	15000	3	1,035	(b)	3500	9	1,055
(c)	250	10	1,075	(d)	3610	9	1,025
(e)	1750	7	1,08	(f)	140	12	1,085

Gesucht: ^nE und ^nB

3. Gegeben:

	n	q	^vE (€)	^vB (€)	
(a)	5	1,08	2300		
(b)	5	1,08		1600	
(c)	8	1,065	32000		
(d)	8	1,065		32000	
(e)	9	1,075	3500		
(f)	9	1,075		3900	Gesucht: r (€)

4. Gegeben:

	n	q	^nE (€)	^nB (€)	
(a)	7	1,085	2610		
(b)	7	1,085		2555	
(c)	6	1,09	1600		
(d)	6	1,09		29150	
(e)	10	1,035	4400		
(f)	10	1,035		4190	Gesucht. r (€)

5. Gegeben:

	r (€)	q	^{v}E (€)	^{v}B (€)	
(a)	2345	1,065	25166,20		
(b)	2345	1,065		15206,19	
(c)	23450	1,08	225978,90		
(d)	23450	1,08		131856,50	Gesucht: n

6. Gegeben:

	r (€)	q	^{n}E (€)	^{n}B (€)	
(a)	4630	1,066	54544,32		
(b)	4630	1,066		30685,60	
(c)	23450	1,08	209239,70		
(d)	23450	1,08		122089,40	Gesucht: n

7. Gegeben:

	r (€)	n	^{v}E (€)		r (€)	n	^{v}E (€)
(a)	4500	9	58000	(b)	2000	9	26000
(c)	500	10	6100	(d)	1000	12	14000
(e)	1100	13	17500	(f)	800	12	14500

Gesucht: q

8. Gegeben:

	r (€)	n	^{v}B (€)		r (€)	n	^{v}B (€)
(a)	1420	4	5126,20	(b)	2500	8	16300
(c)	22990	7	130000	(d)	4535	9	31980
(e)	480	10	4100	(f)	685	12	6277

Gesucht: q

9. Gegeben:

	r (€)	n	^{n}E (€)		r (€)	n	^{n}E (€)
(a)	2400	8	23600	(b)	23000	7	200000
(c)	4650	9	55000	(d)	1830	9	24200
(e)	500	10	6000	(f)	975	12	15000

Gesucht: q

10. Gegeben:

	r (€)	n	^nB (€)		r (€)	n	^nB (€)
(a)	2500	7	14785,82	(b)	2200	8	14115
(c)	23450	7	120000	(d)	4500	9	31000
(e)	1115	12	10990	(f)	975	14	8630

Gesucht: q

11. Jemand erhält eine nachschüssige ZE-Rente r_1 n ZEen lang auf ein Konto. Vom Anfang der 2. ZE ab hebt er in jeder ZE vorschüssig r_2 € ab. Welcher Betrag E befindet sich am Ende der n-ten ZE auf dem Konto?
Zahlen: $r_1 = 1000$ €; $r_2 = 500$ €; $n = 15$; $p = 8$.

12. Ein Kontoinhaber erwartet von 1992 bis 1996 (einschließlich) und dann nochmals von 1998 bis 2003 (einschließlich) eine vorschüssige ZE-Rente r. Durch welchen Betrag B könnte er sich Anfang 1990 abfinden lassen?
Zahlen: r = 5000 €; p = 7.

13. Jemand erhält n_1 ZEen lang eine ZE-Rente r vorschüssig auf ein Konto. Nach einer Unterbrechung von n_2 ZEen wird diese Rente dann noch n_3 ZEen fortgesetzt. Welchen Wert B hat diese unterbrochene Rente am Anfang der ersten ZE, wenn während der ersten ($n_1 + n_2$) ZEen eine Verzinsung von p_1 %, während der letzten n_3 ZEen eine Verzinsung von p_2 % vereinbart wird?
Zahlen: r = 1000 €; $n_1 = 5$; $n_2 = 3$; $n_3 = 5$; $p_1 = 7$; $p_2 = 8$.

14. Am Anfang der ersten ZE befindet sich ein Betrag G auf einem Konto. Der Kontoinhaber hebt jährlich nachschüssig r € ab. Wie lautet der Kontostand E am Ende der n-ten ZE? Zahlen: G = 85000 €; p = 7; n = 6; r = 15000 €

15. Wie groß ist n zu wählen, damit bei q = 1,07 für eine vorschüssige ZE-Rente r der Endwert $^vE = 33 \cdot r$ beträgt?

16. Am Anfang der ersten ZE befindet sich ein Guthaben G auf einem Konto. Vom Ende der ersten ZE an geht außerdem eine nachschüssige ZE-Rente r auf dasselbe Konto. Wie oft erfolgte die Rentenzahlung, wenn sich unmittelbar nach dem Zeitpunkt der letzten Zahlung der Betrag von $3 \cdot G$ auf dem Konto befindet?
Zahlen: G = 12475,08 €; r = 1000 €; p = 8.

17. Welchen Betrag G muss jemand am Anfang der ersten ZE auf ein Konto einzahlen, um nach K ZEen eine M-mal gezahlte nachschüssige ZE-Rente r und anschließend eine N-mal gezahlte nachschüssige ZE-Rente ($2 \cdot r$) beziehen zu können? Zahlen: p = 6; K = 3; M = 6; N = 7; r = 10000 €

18. Jemand erhält n ZEen lang (n > 7) nachschüssig eine ZE-Rente r auf sein Konto. Welche Sonderzahlung S müsste er am Ende der 3., der 4. und der 7. ZE leisten, um am Ende der n-ten ZE über E € verfügen zu können? Zahlen: r = 1000 €; p = 8; n = 10; E = 30000 €

19. Jemand erhält n ZEen lang eine nachschüssige ZE-Rente r auf ein Konto und zugleich n ZEen lang eine vorschüssige ZE-Rente a auf dasselbe Konto. Wie groß ist n, wenn der Kontostand am Ende der n-ten ZE E beträgt? Zahlen: E = 18538,46 €; r = 1000 €; a = 2000 €; p = 8 .

20. Jemand zahlt am Ende einer jeden zweiten ZE r € auf ein Konto ein (das erste Mal am Ende der 2. ZE). Man berechne den Kontostand E am Ende der ($2 \cdot n$)-ten ZE. Zahlen: r = 1000 €; p = 8; n = 3.

21. Welchen Betrag r muss man K-mal jährlich vorschüssig anlegen, um vom (K+1)-ten Jahre ab jährlich nachschüssig M-mal eine Jahresrente a beziehen zu können? Zahlen: K = 10; M = 14; a = 5000 €; p = 6 .

22. Jemand hatte Anfang 1970 G € auf dem Konto. In den Jahren 1974 bis 1987 (einschließlich) zahlte er jeweils am Jahresende r € auf dasselbe Konto ein. Wie oft kann er sich vom Beginn 1990 an eine vorschüssige Jahresrente a von seinen Ersparnissen leisten? Zahlen: G = 15000 €; r = 10000 €; a = 20000 €; p = 6 .

23. Jemand ist verpflichtet, vom Ende des 3. Jahres bis zum Ende des 8. Jahres (einschließlich) jährlich (nachschüssig) r = 2000 € und am Ende des 10. Jahres einmalig a = 10000 € zu zahlen. Durch welchen Betrag B könnte er am Anfang des 1. Jahres die gesamte Schuld begleichen? Zahlen: p = 8

24. Jemand hat über n ZEen eine Rente r zu erwarten, die auf ein Konto eingezahlt werden soll. Zuerst erfolgt die Rentenzahlung M ZEen vorschüssig, dann die letzten K ZEen nachschüssig (M + K = n). Gesucht ist (a) der Endwert E (b) der Barwert B der gesamten Rente. Zahlen: M = 4; K = 6; p = 6; r = 8000 €

25. Am Anfang der ersten ZE befindet sich ein Guthaben G auf einem Konto. Welchen Betrag r darf man pro ZE (ab der 1. ZE) nachschüssig abheben, damit am Ende der n-ten ZE noch E € auf dem Konto stehen? Zahlen:
G = 24000 €; p = 6; E = 1500 €; n = 30

26. Welchen Betrag r muss man n-mal zu Beginn einer jeden ZE anlegen, um dann von der (n+1)-ten ZE an k-mal eine nachschüssige ZE-Rente R beziehen zu können? Zahlen: n = 10; k = 14; R = 5000 €; p = 6

27. In wie viel ZEen wächst ein Guthaben G, das sich am Anfang der ersten ZE auf einem Konto befindet, auf den Betrag E an, wenn eine nachschüssige ZE-Rente r (von der ersten ZE ab) dazugezahlt wird? Zahlen: G = 1600 €;
E = 6400 €; r = 476 €; p = 6

28. Eine ZE-Rente r wird nachschüssig auf ein Konto eingezahlt. Welcher Betrag E befindet sich am Ende der n-ten ZE auf dem Konto, wenn während der ersten M ZEen die Verzinsung p_1 % (q_1), während der nächsten N ZEen p_2 % (q_2) und während der letzten K ZEen p_3 % (q_3) beträgt? Zahlen: r = 1000 €; M = 5; N = 5; K = 4; $p_1 = 7{,}5$; $p_2 = 8$; $p_3 = 7$

29. Welchen Betrag G müsste jemand am Anfang der 1. ZE anlegen, um ab dem Ende der 4. ZE 10-mal eine nachschüssige Rente r = 7500 € beziehen zu können? p = 5 .

30. Jemand erhält ($2 \cdot n$) ZEen lang eine nachschüssige ZE-Rente r auf ein Konto. Vom Anfang der (n+1)-ten ZE ab hebt der Kontoinhaber (bis zur ($2 \cdot n$)-ten ZE einschließlich) pro ZE R € ab. Wie hoch darf R ausfallen, damit der Kontostand am Ende der ($2 \cdot n$)-ten ZE 0 € beträgt? Zahlen: r = 5000 €; p = 5,5; n = 9 .

Die Aufgaben 31 bis 50 setzen die Fragestellung II.3.1.21 sowie die Jahres- und Monatseinteilung der Zeit (m = 12) voraus.

31. Gegeben: Gesucht: $^v E$ und $^v B$

	n	r (€)	q		n	r (€)	q
(a)	5	922	1,091	(b)	9	185	1,093
(c)	12	410	1,025	(d)	7	822	1,083

32. Gegeben: Gesucht: ^{n}E und ^{n}B

	n	r (€)	q		n	r (€)	q
(a)	4	1250	1,089	(b)	10	191	1,033
(c)	9	433	1,086	(d)	8	379	1,057

33. Gegeben: Gesucht: q bzw. p

	n	r (€)	^{v}E (€)		n	r (€)	^{v}E (€)
(a)	9	200	30500	(b)	4	1300	74860
(c)	8	400	46325	(d)	7	500	56300

34. Gegeben: Gesucht: q bzw. p

	n	r (€)	^{n}E (€)		n	r (€)	^{n}E (€)
(a)	12	415	73665	(b)	5	923	69000
(c)	8	399	47112	(d)	3	990	40555

35. Gegeben: Gesucht: q bzw. p

	n	r (€)	^{v}B (€)		n	r (€)	^{v}B (€)
(a)	9	450	35050	(b)	3	1000	32000
(c)	7	500	33000	(d)	4	650	26000

36. Gegeben: Gesucht: q bzw. p

	n	r (€)	^{n}B (€)		n	r (€)	^{n}B (€)
(a)	4	1150	49000	(b)	12	400	50200
(c)	5	900	43000	(d)	6	611	38704,95

37. Eine Rente r wird vom Januar des ersten Jahres an (a) monatlich vorschüssig (b) monatlich nachschüssig auf ein Konto überwiesen. Jeweils am Jahresende hebt der Kontoinhaber R € ab. Wie hoch ist der Kontostand E am Ende des n-ten Jahres?

38. Man unterstelle der Aufgabe 37(a) die folgenden Zahlen: r = 100 €; R = 1000 €; p = 7; n = 3. Es sind die Kontostände jeweils Ende Juni und Ende Dezember für jedes der drei Jahre anzugeben.

39. Jemand hat am Anfang eines Jahres ein Guthaben G auf einem Konto. Wie oft kann er (in der Mitte des ersten Jahres beginnend) davon eine nachschüssige Halb-Jahresrente r beziehen? Zahlen: p = 8; r = 1500 €; G = 25227,37 €

40. Jemand zahlt vom Januar des ersten Jahres an monatlich vorschüssig r € auf ein Konto ein. Jeweils Ende April, Ende August und Ende Dezember eines jeden Jahres fügt er noch a € hinzu. Man gebe den Kontostand E am Ende des n-ten Jahres an.

41. Vgl. Aufgabe 40: Sei r = 700 €; a = 500 €; p = 6; n = 3. (a) Man gebe die Kontostände Ende März und Ende September eines jeden der drei Jahre an.
(b) Wie ändern sich die Kontostände, wenn r monatlich nachschüssig gezahlt wird?

42. Welchen Betrag r muss man dreimal im Jahr (Anfang Januar, Anfang Mai, Anfang September) auf ein Konto einzahlen, um am Ende des n-ten Jahres E € als Kontostand zu haben?

43. Man füge in die Aufgabe 42 die folgenden Zahlen ein: p = 6; E = 10000 €; n = 3 (a) Gesucht ist r (b) Die Kontostände zur Jahresmitte und zum Jahresende sind in jedem der drei Jahre zu bestimmen.

44. Jemand zahlt in der Mitte und am Ende des ersten Jahres und ebenso zweimal im zweiten Jahr den Betrag r auf ein Konto ein. Der Kontostand am Ende des zweiten Jahres beträgt E. Mit welchem Jahreszinsfuß p hat die Bank gerechnet? Zahlen: r = 7500 €; E = 31478,34 €

45. Jemand hat am Ende des M-ten Jahres R € und am Ende des (M+K)-ten Jahres S € zu zahlen (M + K = n). Welche vorschüssige Monatsrente r (erste Zahlung im Januar des ersten Jahres; letzte Zahlung im Dezember des (n+1)-ten Jahres) ist hinsichtlich p zu den beiden Zahlungen äquivalent? (Vereinbarung einer Ratenzahlung!) Zahlen: M = 2; K = 2; R = 20000 €; S = 15000 €; p = 5,5

46. Vom Januar des ersten Jahres bis zum Dezember des zweiten Jahres zahlt jemand monatlich nachschüssig r € auf ein Konto ein. Am Ende des zweiten Jahres beträgt der Kontostand $25 \cdot r$. Mit welchem Jahreszinsfuß hat die Bank gerechnet?

47. Ein Rentenempfänger lässt seine Rente r jährlich vorschüssig auf ein Konto überweisen. Jeweils zur Jahresmitte hebt er a € ab. Wie hoch ist der Kontostand E am Ende des n-ten Jahres ? Zahlen: r = 3500 €; a = 3400 €; p = 7; n = 11

48. Welchen Betrag r müsste ein Sparer vierteljährlich nachschüssig auf ein Konto überweisen, um am Ende des n-ten Jahres einen gewünschten Kontostand E zu haben? Zahlen: E = 36500 €; p = 7; n = 6

49. Jemand hat zugesagt, jährlich nachschüssig n Jahre lang eine Rente r auf ein Konto zu überweisen. Durch welche vorschüssige Quartalsleistung s könnte er seiner Verpflichtung auch nachkommen? Zahlen: r = 3750 €; p = 6,5

50. Jemand legt am Anfang des ersten Jahres G € an. Wie hoch muss G ausfallen, damit er vom Beginn des (M+1)-ten Jahres ab K Jahre lang eine vorschüssige Monatsrente r beziehen kann? Zahlen: r = 900 €; M = 3; K = 5; p = 6,5

Die Aufgaben 51 bis 55 setzen die Fragestellung II.3.1.28 sowie die Jahres- und Monatseinteilung der Zeit voraus: m = 12 .

51. Gegeben:

	t	s	n	r (€)	q	
(a)	1	3	4	321	1,077	
(b)	3	1	6	645	1,066	
(c)	7	4	7	2134	1,034	
(d)	8	5	3	2405	1,065	Gesucht: ^{v}E und ^{v}B

52. Gegeben:

	t	s	n	r (€)	q	
(a)	9	10	7	498	1,073	
(b)	11	2	4	1098	1,028	
(c)	10	11	7	324	1,086	
(d)	8	10	5	923	1,092	Gesucht: ^{n}E und ^{n}B

53. Jemand erhält von Ende März des ersten Jahres bis Ende Oktober des 4. Jahres eine nachschüssige Monatsrente r = 1811 € auf sein Konto. (a) Wie hoch ist der Endwert ^{n}E dieser Rente? (b) Wie hoch ist der Kontostand E Ende Oktober des 4. Jahres? p = 8,8

54. Eine vorschüssige Monatsrente *r* wird von Anfang November des ersten Jahres bis Anfang November des 12. Jahres (einschließlich) auf ein Konto eingezahlt. Die Jahresverzinsung beträgt 4,5%. Wie hoch ist *r*, wenn sich als Endwert dieser Rente $^{v}E = 108895,10$ € errechnet?

55. Ab Anfang Juli des ersten Jahres wird eine vorschüssige Monatsrente r = 1255 € auf ein Konto eingezahlt. p = 7,5 ist der Jahreszinsfuß. In welchem Jahr und am Anfang welchen Monats in diesem Jahr erfolgt die letzte Rentenzahlung, wenn der Endwert dieser Rente ^{v}E = 92782,68 € beträgt?

II.3.1 LÖSUNGEN

Wenn Aufgaben mit Parametern formuliert sind, ist auch zuerst eine Lösung nur mit Parametern gefordert. Die angegebenen Zahlenwerte sind anschließend in das gefundene Ergebnis einzusetzen.

L1. Nach II.3.1.2 und II.3.1.12:

	^{v}E (€)	^{v}B (€)		^{v}E (€)	^{v}B (€)
(a)	12333,48	10210,67	(b)	75007,80	42373,87
(c)	57584,53	50181,60	(d)	68588,81	52121,87
(e)	10495,32	5954,55	(f)	100064,40	58238,37

L2. Nach II.3.1.3 und II.3.1.13:

	^{n}E (€)	^{n}B (€)		^{n}E (€)	^{n}B (€)
(a)	46593,39	42024,57	(b)	39396,87	24332,68
(c)	3536,77	1716,02	(d)	35935,82	28774,83
(e)	15614,90	9111,14	(f)	2736,90	1028,26

L3. Nach II.3.1.5 und II.3.1.15:
(a) r = 363,01 €   (b) r = 371,05 €   (c) r = 2981,78 €
(d) r = 4934,83 €   (e) r = 266,22 €   (f) r = 568,74 €

L4. Nach II.3.1.6 und II.3.1.16:
(a) r = 288,06 €   (b) r = 499,17 €   (c) r = 212,67 €
(d) r = 6498,11 €   (e) r = 375,06 €   (f) r = 503,81 €

L5. Nach II.3.1.7 und II.3.1.17:
(a) n = 8 (b) n = 8 (c) n = 7 (d) n = 7

L6. Nach II.3.1.8 und II.3.1.18:
(a) $n = 9$ (b) $n = 9$ (c) $n = 7$ (d) $n = 7$

L7. Nach II.3.1.9: (In eckigen Klammern steht die Anzahl der Iterationen)
(a) $q_1 = 1{,}074471$ [2]   p = 7,11   (b) $q_1 = 1{,}076317$ [2]   p = 7,30
(c) $q_1 = 1{,}036816$ [2]   p = 3,59   (d) $q_1 = 1{,}023999$ [1]   p = 2,35
(e) $q_1 = 1{,}029269$ [2]   p = 2,85   (f) $q_1 = 1{,}065500$ [2]   p = 6,20

L8. Nach II.3.1.19: (In eckigen Klammern steht die Anzahl der Iterationen)
(a) $q_1 = 1{,}072113$ [2]   p = 7,30   (b) $q_1 = 1{,}061182$ [2]   p = 6,32
(c) $q_1 = 1{,}075238$ [2]   p = 7,77   (d) $q_1 = 1{,}063982$ [2]   p = 6,66
(e) $q_1 = 1{,}035989$ [2]   p = 3,69   (f) $q_1 = 1{,}050960$ [2]   p = 5,33

L9. Nach II.3.1.10: (In eckigen Klammern steht die Anzahl der Iterationen)
(a) $q_1 = 1{,}059880$ [2]   p = 5,82   (b) $q_1 = 1{,}073703$ [2]   p = 7,16
(c) $q_1 = 1{,}069578$ [2]   p = 6,70   (d) $q_1 = 1{,}098795$ [2]   p = 9,37
(e) $q_1 = 1{,}040950$ [2]   p = 3,99   (f) $q_1 = 1{,}045725$ [2]   p = 4,41

L10. Nach II.3.1.20: (In eckigen Klammern steht die Anzahl der Iterationen)
(a) $q_1 = 1{,}043033$ [2]   p = 4,40   (b) $q_1 = 1{,}050258$ [2]   p = 5,18
(c) $q_1 = 1{,}081471$ [2]   p = 8,51   (d) $q_1 = 1{,}054918$ [2]   p = 5,71
(e) $q_1 = 1{,}030736$ [2]   p = 3,17   (f) $q_1 = 1{,}063040$ [2]   p = 6,80

L11. Da das Ende einer ZE und der Anfang der darauf folgenden denselben Zeitpunkt darstellen, lässt sich die Aufgabe auch folgendermaßen auffassen: Von der ersten bis zur (n-1)-ten ZE (einschließlich) geht auf das Konto eine nachschüssige Rente der Höhe ($r_1 - r_2$); am Ende der n-ten ZE kommt dann noch der Betrag r_1 hinzu. Aufzinsung der Rentenzahlungen zum Ende der (n-1)-ten ZE nach II.3.1.3:

$$(r_1 - r_2) \cdot \frac{q^{n-1} - 1}{q - 1}$$. Daraus ergibt sich der Kontostand am Ende der n-ten ZE:

$$E = (r_1 - r_2) \cdot \frac{q^{n-1} - 1}{q - 1} \cdot q + r_1$$. Zahlen: E = 14076,06 €

L12. Nach II.3.1.2: Kontostand Ende 1996: $r \cdot q \cdot \dfrac{q^5 - 1}{q - 1}$ und Ende 1997:

$r \cdot q^2 \cdot \dfrac{q^5 - 1}{q - 1}$; Schließlich Ende 2003: $E = r \cdot q^8 \cdot \dfrac{q^5 - 1}{q - 1} + r \cdot q \cdot \dfrac{q^6 - 1}{q - 1}$.

B ist dann der Betrag, der Anfang 1990 zu E äquivalent ist:

$B \cdot q^{14} = E$; $B = \dfrac{E}{q^{14}}$. Zahlen: B = 34001,61 €

L13. Nach II.3.1.2 . Sei $q_1 = 1 + \dfrac{p_1}{100}$; $q_2 = 1 + \dfrac{p_2}{100}$.

Kontostand am Ende der n_1-ten ZE: $r \cdot q_1 \cdot \dfrac{(q_1)^{n_1} - 1}{q_1 - 1}$ und am Ende der

$(n_1 + n_2)$-ten ZE : $r \cdot (q_1)^{n_2 + 1} \cdot \dfrac{(q_1)^{n_1} - 1}{q_1 - 1}$. Schließlich am Ende der

$(n_1 + n_2 + n_3)$-ten ZE :

$$E = r \cdot (q_1)^{n_2 + 1} \cdot \frac{(q_1)^{n_1} - 1}{q_1 - 1} \cdot (q_2)^{n_3} + r \cdot q_2 \cdot \frac{(q_2)^{n_3} - 1}{q_2 - 1}$$

B ist dann der Betrag, der am Anfang der ersten ZE zu E äquivalent ist:

$B \cdot (q_1)^{n_1 + n_2} \cdot (q_2)^{n_3} = E$ oder $B = \dfrac{E}{(q_1)^{n_1 + n_2} \cdot (q_2)^{n_3}}$

Zahlen: B = 6896,91 €

L14. Wir betrachten den Kontostand von ZE-Ende zu ZE-Ende:

Ende der 1. ZE: $G \cdot q - r$

Ende der 2. ZE: $G \cdot q^2 - r \cdot q - r$

Ende der 3. ZE: $G \cdot q^3 - r \cdot q^2 - r \cdot q - r$ usw.

Ende der n-ten ZE: $G \cdot q^n - r \cdot q^{n-1} - \ldots\ldots - r \cdot q - r$

Also $E = G \cdot q^n + (-r) \cdot \dfrac{q^n - 1}{q - 1}$. An dieser Gleichung erkennt man, dass gleich

bleibende Abhebungen in gleichen Abständen einer "negativen Rente" entsprechen. Zahlen: E = 20262,72 €

L15. Nach II.3.1.2 .

$r \cdot q \cdot \dfrac{q^n - 1}{q - 1} = 33 \cdot r$; $q^n = \dfrac{34 \cdot q - 33}{q}$; $n = \dfrac{\ln(34 \cdot q - 33) - \ln q}{\ln q}$

Zahlen : n = 17

L16. $G \cdot q^n + r \cdot \dfrac{q^n - 1}{q - 1} = 3 \cdot G$; $q^n = \dfrac{3 \cdot G \cdot (q - 1) + r}{G \cdot (q - 1) + r}$; Logarithmieren!

Zahlen: n = 9

L17. Sei K + M + N = n. Aufzinsung aller Rentenzahlungen zum Ende der n-ten

ZE: $E = r \cdot \dfrac{q^M - 1}{q - 1} \cdot q^N + (2 \cdot r) \cdot \dfrac{q^N - 1}{q - 1}$. G ist dann der am Anfang der 1. ZE

zu E äquivalente Betrag, also $G \cdot q^n = E$; $G = \dfrac{E}{q^n}$. Zahlen: G = 107370,85 €

L18. Aufzinsung aller Zahlungen einschließlich der Sonderzahlungen zum Ende

der n-ten ZE: $r \cdot \dfrac{q^n - 1}{q - 1} + S \cdot q^{n-3} + S \cdot q^{n-4} + S \cdot q^{n-7} = E$

$$S = \frac{E \cdot (q - 1) - r \cdot (q^n - 1)}{(q - 1) \cdot \left(q^{n-3} + q^{n-4} + q^{n-7}\right)}$$. Zahlen: S = 3401,76 €

L19. $r \cdot \dfrac{q^n - 1}{q - 1} + a \cdot q \cdot \dfrac{q^n - 1}{q - 1} = E$; $q^n = \dfrac{E \cdot (q - 1)}{r + a \cdot q} + 1$. Logarithmieren! Zah-

len: n = 5

L20. Die Kontostände werden von ZE-Ende zu ZE-Ende betrachtet:

Ende der 2. ZE: r

Ende der 3. ZE: $r \cdot q$

Ende der 4. ZE: $r \cdot q^2 + r$

Ende der 5. ZE: $r \cdot q^3 + r \cdot q$

Ende der 6. ZE: $r \cdot q^4 + r \cdot q^2 + r$ usw.

Ende der $(2 \cdot n)$-ten ZE: $E = r \cdot \left(q^2\right)^{n-1} + r \cdot \left(q^2\right)^{n-2} + \ldots\ldots + r \cdot q^2 + r$

$$E = r \cdot \frac{\left(q^2\right)^n - 1}{q^2 - 1}$$. Zahlen: E = 3526,89 €

L21. Der Endwert der Rente r (Ende des K-ten Jahres) = Barwert der Rente a:

$r \cdot q \cdot \dfrac{q^K - 1}{q - 1} = \dfrac{a}{q^M} \cdot \dfrac{q^M - 1}{q - 1}$. Auflösung nach r. Zahlen: r = 3326,37 €

L22. Aufzinsung von G und aller Rentenzahlungen zum Ende des Jahres 1989 ist der Barwert der vorschüssigen Rente a:

$$G \cdot q^{20} + r \cdot \frac{q^{14}-1}{q-1} \cdot q^2 = \frac{a}{q^{n-1}} \cdot \frac{q^n-1}{q-1} \ .$$ Auflösung dieser Gleichung nach n:

$$n = \frac{\ln(a \cdot q) - \ln\left[a \cdot q - G \cdot q^{20} \cdot (q-1) - r \cdot q^2 \cdot \left(q^{14}-1\right)\right]}{\ln q} \ .$$ Zahlen: n = 28 .

L23. Aufzinsung der Zahlungen r und a zum Ende des 10. Jahres:

$$E = r \cdot \frac{q^6-1}{q-1} \cdot q^2 + a \ .$$ B ist der Betrag, der am Anfang des ersten Jahres zu die-

sem Aufzinsungsbetrag äquivalent ist: $B = \dfrac{E}{q^{10}}$. Zahlen: B = 12558,68 €

L24. (a) $E = r \cdot q \cdot \dfrac{q^M-1}{q-1} \cdot q^K + r \cdot \dfrac{q^K-1}{q-1}$. Zahlen: E = 108424,99 €

(b) $B = \dfrac{E}{q^n}$. Zahlen: B = 60543,95 €

L25. Ende der 1.ZE: $G \cdot q - r$

Ende der 2.ZE: $G \cdot q^2 - r \cdot q - r$

Ende der 3.ZE: $G \cdot q^3 - r \cdot q^2 - r \cdot q - r$ usw.

Ende der n-ten ZE: $G \cdot q^n - r \cdot q^{n-1} - r \cdot q^{n-2} - \ldots - r = G \cdot q^n - r \cdot \dfrac{q^n-1}{q-1}$

r muss so ausfallen, dass dieser Kontostand gleich E ist. Also:

$$r = \frac{\left(G \cdot q^n - E\right)(q-1)}{q^n-1} \ .$$ Zahlen: r = 1724,60 €

L26.   Kontostand Ende der n-ten ZE: $r \cdot q \cdot \dfrac{q^n-1}{q-1}$. Dies ist der Barwert der

Rente R : $r \cdot q \cdot \dfrac{q^n-1}{q-1} = \dfrac{R}{q^k} \cdot \dfrac{q^k-1}{q-1}$; $r = \dfrac{R}{q^{k+1}} \cdot \dfrac{q^k-1}{q^n-1}$

Zahlen: r = 3326,37 €

L27. $G \cdot q^n + r \cdot \dfrac{q^n-1}{q-1} = E; q^n = \dfrac{E \cdot (q-1)+r}{G \cdot (q-1)+r}$. Logarithmieren!

Zahlen: n = 7

L28. $E = r \cdot \dfrac{(q_1)^M - 1}{q_1 - 1} \cdot (q_2)^N \cdot (q_3)^K + r \cdot \dfrac{(q_2)^N - 1}{q_2 - 1} \cdot (q_3)^K + r \cdot \dfrac{(q_3)^K - 1}{q_3 - 1}$

E = 23316,76 €

L29. $G \cdot q^3$ ist der Barwert der Rente r: $G = \dfrac{r}{q^{13}} \cdot \dfrac{q^{10} - 1}{q - 1}$

Zahlen: G = 50027,43 €

L30. Der Kontostand am Ende der ($2 \cdot n$)-ten ZE muss äquivalent sein zum End-
wert der Rente R: $r \cdot \dfrac{q^{2 \cdot n} - 1}{q - 1} = R \cdot q \cdot \dfrac{q^n - 1}{q - 1}$; $R = \dfrac{r \cdot (q^n + 1)}{q}$;

$R = 12412,77$ €

L31. Nach II.3.1.22:

	$^v E$ (€)	$^v B$ (€)		$^v E$ (€)	$^v B$ (€)
(a)	69617,25	45039,46	(b)	30747,31	13811,01
(c)	68793,27	51151,65	(d)	92820,31	53118,28

L32. Nach II.3.1.23:

	$^n E$ (€)	$^n B$ (€)		$^n E$ (€)	$^n B$ (€)
(a)	71289,90	50689,32	(b)	27044,06	19546,49
(c)	69155,78	32912,45	(d)	45695,23	29327,21

L33. Nach II.3.1.24:

(a)	q = 1,0747	p = 7,47	(b)	q = 1,0903	p = 9,03
(c)	q = 1,0461	p = 4,61	(d)	q = 1,0822	p = 8,22

L34. Nach II.3.1.25:

(a)	q = 1,0345	p = 3,45	(b)	q = 1,0899	p = 8,99
(c)	q = 1,0518	p = 5,18	(d)	q = 1,0901	p = 9,01

L35. Nach II.3.1.26:

(a)	q = 1,0811	p = 8,11	(b)	q = 1,0865	p = 8,65
(c)	q = 1,0757	p = 7,57	(d)	q = 1,1015	p = 10,15

L36. Nach II.3.1.27:

(a)	q = 1,0615	p = 6,15	(b)	q = 1,0236	p = 2,36
(c)	q = 1,0980	p = 9,80	(d)	q = 1,0440	p = 4,40

L37. (a) $a = r \cdot \left[12 + \dfrac{13}{2} \cdot (q-1) \right]$ (b) $a = r \cdot \left[12 + \dfrac{11}{2} \cdot (q-1) \right]$

In beiden Fällen gilt dann $E = (a - R) \cdot \dfrac{q^n - 1}{q - 1}$

L38.

	1. Jahr	2. Jahr	3. Jahr
Ende Juni (in €)	600	845,50	1108,19
Ende des Jahres (in €)	245,50	508,19	789,26

L39. Nach II.2.6 und für t = m = 2: $a = r \cdot \left(2 + \dfrac{1}{2} \cdot (q-1) \right)$. Der Barwert der

nachschüssigen Rente ist G: $G = \dfrac{a}{q^n} \cdot \dfrac{q^n - 1}{q - 1} ; q^n = \dfrac{a}{a - G \cdot (q-1)}$

$n = \dfrac{\ln a - \ln [a - G \cdot (q-1)]}{\ln q}$. Zahlen: a = 3060 €; n = 14

L40. Nach II.2.5 für m = t = 12 und II.2.6 für m = t = 3 :

$R = r \cdot \left[12 + \dfrac{13}{2} \cdot (q-1) \right] + a \cdot (2 + q)$. Gesucht ist dann der Endwert der nach-

schüssigen Rente R: $E = R \cdot \dfrac{q^n - 1}{q - 1}$

L41. (a)

	1. Jahr	2. Jahr	3. Jahr
Ende März (in €)	2100	12303	23118,18
Ende September (in €)	7300	17503	28318,18

(b) In diesem Fall ist $R = r \cdot \left[12 + \dfrac{11}{2} \cdot (q-1) \right] + a \cdot (2 + q)$

	1. Jahr	2.Jahr	3. Jahr
Ende März (in €)	2100	12261	23031,66
Ende September (in €)	7300	17461	28231,66

L42. Nach II.2.5 für m = t = 3 : $R = r \cdot (2 \cdot q + 1)$

$E = R \cdot \dfrac{q^n - 1}{q - 1}$; $r = \dfrac{E \cdot (q-1)}{(q^n - 1) \cdot (2 \cdot q + 1)}$

L43. (a) r = 1006,76 €

(b)   1. Jahr   2. Jahr   3. Jahr

Ende Juni (in €)   2013,52   5154,61   8484,17

Ende Dezember (in €)   3141,09   6470,65   9999,97

L44. Unter Hinweis auf II.2.6 mit m = t = 2 ergibt sich

$E = r \cdot \left[2 + \frac{1}{2} \cdot (q-1) \right] \cdot (q+1)$. Da dies eine quadratische Gleichung in q ist,

benötigt man nicht notwendigerweise ein Näherungsverfahren. Man kann die Auflösungsformel verwenden. Wir bringen die Gleichung zuerst in die Normalgestalt einer quadratischen Gleichung: $q^2 + 4 \cdot q + \left(3 - \frac{2 \cdot E}{r} \right) = 0$

$$q = \frac{-4 + \sqrt{16 - 4 \cdot \left(3 - \frac{2 \cdot E}{r} \right)}}{2} \; ; q = 1,065 \; ; p = 6,5$$

L45. $r \cdot \left[12 + \frac{13}{2} \cdot (q-1) \right] \cdot \frac{q^n - 1}{q-1} = R \cdot q^{K+1} + S \cdot q$

$r = \dfrac{\left(R \cdot q^{K+1} + S \cdot q \right) \cdot (q-1)}{\left[12 + \frac{13}{2} \cdot (q-1) \right] \cdot \left(q^{n+1} - 1 \right)}$.   r = 569,97 €

L46. $r \cdot \left[12 + \frac{11}{2} \cdot (q-1) \right] \cdot (q+1) = 25 \cdot r \; ; \; 11 \cdot q^2 + 24 \cdot q - 37 = 0 \; ; \; q = 1,043$

L47. $E = \left[r \cdot q - a \cdot \left(1 + \frac{1}{2} \cdot (q-1) \right) \right] \cdot \frac{q^n - 1}{q-1}$. E = 3567,09 €

L48. Nach II.2.6 für m = t = 4 :

$E = r \cdot \left[4 + \frac{3}{2} \cdot (q-1) \right] \cdot \frac{q^n - 1}{q-1}; \; r = \dfrac{E \cdot (q-1)}{\left(q^n - 1 \right) \cdot \left(4 + \frac{3}{2} \cdot (q-1) \right)} \; ; \; r = 1243,01 €$

L49. $s \cdot \left[4 + \frac{5}{2} \cdot (q-1) \right] \cdot \frac{q^n - 1}{q-1} = r \cdot \frac{q^n - 1}{q-1} \; ; \; s = \dfrac{2 \cdot r}{8 + 5 \cdot (q-1)} \; ; \; s = 900,90 €$

L50. Der Kontostand am Ende des M-ten Jahres ist der Barwert der Monats-rente r:

$$G \cdot q^M = \frac{r}{q^K} \cdot \left[12 + \frac{13}{2} \cdot (q-1) \right] \cdot \frac{q^K - 1}{q - 1} . \ G = 38463,14 \ \text{€}$$

L51. Nach II.3.1.29:

	$^v E$ (€)	$^v B$ (€)		$^v E$ (€)	$^v B$ (€)
(a)	19746,35	14322,32	(b)	60598,96	40417,37
(c)	232409,20	178358,50	(d)	134716,50	104174,50

L52. Nach II.3.1.30:

	$^n E$ (€)	$^n B$ (€)		$^n E$ (€)	$^n B$ (€)
(a)	70265,68	38374,97	(b)	71825,07	62419,65
(c)	49718,63	24150,29	(d)	96800,77	54613,48

L53. (a) Nach II.3.1.30: t = 10 = s; n = 2; also: $^n E$ = 93062,91 €
(b) Kontostand am Ende des 3. Jahres: E' = 69351,64 €; E = E' + $s \cdot r$;
E = 87461,64 €

L54. Nach II.3.1.29: t = 2; s = 11; n = 10; q = 1,045 . Also: r = 634 €

L55. Hilfsrechnung: Der konforme Zinsfuß zu p ist p_{12} = 0,6 (q_{12} = 1,006) (vgl. I.3.13). Setzt man q_{12} in II.3.1.7 ein, so ergibt sich eine Anzahl von Monaten, die wir mit L' bezeichnen wollen: L' = 61,6 . Da t = 6, liegen in L' noch n = 4 Jahre (48 Monate). Es bleiben 61,6 - 6 - 48 = 7,06. Diese Zahl ist nicht genau s, da wir bisher mit einer unterjährigen Verzinsung (vgl. I.3.12) gerechnet haben. Das exakte s erhalten wir aus II.3.1.29, wenn wir auch noch n = 4 einsetzen. Es ergibt sich s = 7. Man sieht: Die Hilfsrechnung liefert einen "fast richtigen" Wert für s.

$$\boxed{\textbf{3.2 ARITHMETISCHE RENTEN}}$$

Fragestellung II.3.2.1:

> **Vor.1 (vgl.I.1). Jemand zahlt von der ersten bis zur n-ten ZE (einschließ-lich) eine arithmetische ZE-Rente r, r + a, r + 2a, r + 3a, ..., r + (n-1)·a mit r > 0; r > a und a ≠ 0**
>
>   **(a) vorschüssig (jeweils am Anfang der ZE)**
>   **(b) nachschüssig (jeweils am Ende der ZE)**
> **bei einer Bank auf ein Konto ein. Wie hoch ist der Endwert**
>   **(a)** ^{v}E **(b)** ^{n}E **dieser Rente ?**

(a) Man zinst jede Rentenzahlung zum Zinstermin am Ende der n-ten ZE auf:

$$^{v}\text{E} = r \cdot q^{n} + (r + a) \cdot q^{n-1} + (r + 2a) \cdot q^{n-2} + \text{........} + (r + (n-1)a) \cdot q$$

$$^{v}\text{E} = r \cdot q \cdot \left(q^{n-1} + q^{n-2} + \text{.....} + 1\right) + a \cdot \left(q^{n-1} + 2 \cdot q^{n-2} + \text{......} + (n-1) \cdot q\right)$$

Die Zusammenfassung der ersten Klammer kann aus Teil B von Anhang III ab-gelesen werden; wir haben uns nur noch um die Zusammenfassung der zweiten Klammer zu kümmern:

$$X = \quad q^{n-1} + 2 \cdot q^{n-2} + 3 \cdot q^{n-3} + \text{..........} + (n-2) \cdot q^{2} + (n-1) \cdot q$$

$$q \cdot X = q^{n} + 2 \cdot q^{n-1} + 3 \cdot q^{n-2} + \text{......} + (n-2) \cdot q^{3} + (n-1) \cdot q^{2}$$

Subtraktion beider Gleichungen:

$$q \cdot X - X = q^{n} + q^{n-1} + q^{n-2} + \text{......} + q^{2} + q - n \cdot q$$

Nochmals nach Teil B von Anhang III:

$$X \cdot (q - 1) = q \cdot \frac{q^{n} - 1}{q - 1} - n \cdot q \; ; \quad X = q \cdot \left[\frac{q^{n} - 1}{(q - 1)^{2}} - \frac{n}{q - 1}\right]$$

Für den Endwert einer vorschüssigen arithmetischen Rente ergibt sich also

Ergebnis II.3.2.2:

$$^{v}E = r \cdot q \cdot \frac{q^{n}-1}{q-1} + a \cdot q \cdot \left[\frac{q^{n}-1}{(q-1)^{2}} - \frac{n}{q-1} \right]$$

Beispiele:

(1) Gegeben: q = 1,065; n = 5; r = 1200 €; a = 50 €. Gesucht: ^{v}E

Lösung: ^{v}E = 7844,73 €

(2) Gegeben: q = 1,055; n = 7; r = 1355 €; a = - 100 €. Gesucht: ^{v}E

Lösung: ^{v}E = 9387,60 €

(b) Auch im nachschüssigen Fall werden alle Rentenzahlungen einzeln zum Zinstermin am Ende der n-ten ZE aufgezinst:

$$^{n}E = r \cdot q^{n-1} + (r+a) \cdot q^{n-2} + \ldots\ldots\ldots + (r + (n-1)a) \; ,$$

das heißt, es gilt $^{n}E = \dfrac{^{v}E}{q}$. Das Ergebnis der Zusammenfassung kann daher unmittelbar aus II.3.2.2 entnommen werden:

Ergebnis II.3.2.3:

$$^{n}E = r \cdot \frac{q^{n}-1}{q-1} + a \cdot \left[\frac{q^{n}-1}{(q-1)^{2}} - \frac{n}{q-1} \right]$$

Beispiele:

(1) Gegeben: q = 1,045; n = 7; r = 655 €; a = - 35 €. Gesucht: ^{n}E

Lösung: ^{n}E = 4459,87 €

(2) Gegeben: q = 1,075; n = 6; r = 3200 €; a = 100 €. Gesucht: ^{n}E

Lösung: ^{n}E = 24839,56 €

Der Endwert als Funktion von q

Wie die folgenden Beispiele zeigen, wird man nicht erwarten können, dass der Endwert für alle r > a streng monoton steigt:

(1) Gegeben: n = 10; r = 100 €; a = - 37 € . Es folgt

q =	1,01	1,02	1,03	1,04	1,05
^vE (€) =	- 670,6	- 675,2	- 678,8	- 681,2	- 682,3
q =	1,06	1,07	1,08	1,09	1,10
^vE (€) =	- 682,0	- 680,1	- 676,5	- 671,0	- 663,4

(2) Gegeben: n = 10; r = 100 €; a = - 40 € . Es folgt

q =	1,01	1,02	1,03	1,04	1,05
^nE (€) =	- 802,7	- 804,4	- 805,5	- 805,5	- 804,5
q =	1,06	1,07	1,08	1,09	1,10
^nE (€) =	- 802,5	- 799,2	- 794,6	- 788,7	- 781,2

Die Endwerte fallen zunächst und steigen erst dann an.

(a) ^vE als Funktion von q: $^vE\{q\}$ für r > 0; r > a; n > 0; q > 1.

n = 1: $^vE\{q\} = r \cdot q$ ist eine streng monoton steigende, aber nicht strikt konvexe Gerade.

n = 2: $^vE\{q\} = r \cdot q^2 + (r + a) \cdot q$ ist eine nach oben geöffnete Parabel, also streng monoton steigend und strikt konvex.

Für unsere weiteren Überlegungen setzen wir **n > 2** voraus.

[1]: $$^vE\{q\} = r \cdot \sum_{k=1}^{n} q^k + a \cdot \sum_{k=1}^{n}(n-k) \cdot q^k \quad \text{oder}$$

$$^vE\{q\} = \frac{1}{q-1} \cdot \left[r \cdot \left(q^{n+1} - q \right) + a \cdot \frac{q^{n+1} - q}{q-1} - a \cdot n \cdot q \right] \quad \text{(vgl. II.3.2.2)}$$

Mit Hilfe der Formeln aus Anhang III:

$$^vE\{1\} = n \cdot r + \frac{(n-1) \cdot n}{2} \cdot a$$

[2]: $${}^{v}E\text{'}\{q\} = r\cdot \sum_{k=1}^{n}k\cdot q^{k-1} + a\cdot \sum_{k=1}^{n}k\cdot(n-k)\cdot q^{k-1}\quad \text{oder}$$

$${}^{v}E'\{q\} = \frac{1}{(q-1)^2}\cdot \left[\left(n\cdot q^{n+1} - (n+1)\cdot q^{n} + 1\right)\cdot r\right.$$

$$\left. +\frac{(n-1)\cdot q^{n+1} - (n+1)\cdot q^{n} + (n+1)\cdot q - (n-1)}{q-1}\cdot a\right]$$

$${}^{v}E'\{1\} = \frac{n\cdot(n+1)}{2}\cdot r + \frac{(n-1)\cdot n\cdot(n+1)}{6}\cdot a$$

[3]: $${}^{v}E\text{''}\{q\} = r\cdot \sum_{k=1}^{n}k\cdot(k-1)\cdot q^{k-2} + a\cdot \sum_{k=1}^{n}k\cdot(k-1)\cdot(n-k)\cdot q^{k-2}$$

$${}^{v}E\text{''}\{1\} = r\cdot \sum_{k=1}^{n}k\cdot(k-1) + a\cdot \sum_{k=1}^{n}k\cdot(k-1)\cdot(n-k)$$

$${}^{v}E\text{''}\{1\} = r\cdot \sum_{k=1}^{n}\left(k^2 - k\right) + a\cdot \sum_{k=1}^{n}\left[-k^3 + (n+1)\cdot k - n\cdot k\right]$$

$${}^{v}E\text{''}\{1\} = \left(\frac{n\cdot(n+1)\cdot(2n+1)}{6} - \frac{n\cdot(n+1)}{2}\right)\cdot r$$

$$+\left[-\frac{n^2\cdot(n+1)^2}{4} + (n+1)\cdot\frac{n\cdot(n+1)\cdot(2n+1)}{6} - n\cdot\frac{n\cdot(n+1)}{2}\right]\cdot a$$

$${}^{v}E\text{''}\{1\} = \frac{(n-1)\cdot n\cdot(n+1)}{3}\cdot r + \frac{(n-2)\cdot(n-1)\cdot n\cdot(n+1)}{12}\cdot a$$

An den Σ-Darstellungen von ${}^{v}E\{q\}$, ${}^{v}E\text{'}\{q\}$ und ${}^{v}E\text{''}\{q\}$ erkennt man, dass die Koeffizienten von r und a positiv sind.

(A) : Aus [1], [2] und [3] folgt:

${}^{v}E\{1\} > 0$, wenn   **[4]:** $a > \dfrac{-2\cdot r}{n-1}$

${}^{v}E\text{'}\{1\} > 0$, wenn   **[5]:** $a > \dfrac{-3\cdot r}{n-1}$

${}^{v}E\text{''}\{1\} > 0$, wenn   **[6]:** $a > \dfrac{-4\cdot r}{n-2}$

(B) : Behauptung: ${}^{v}E\text{'}\{q\} > 0$ für q > 1 , wenn $a > \dfrac{-3\cdot r}{n-1}$. Beweis:

$${}^{v}E\text{'}\{q\} > 0 \quad \leftrightarrow \quad r\cdot \sum_{k=1}^{n}k\cdot q^{k-1} + a\cdot \sum_{k=1}^{n}k\cdot(n-k)\cdot q^{k-1} > 0 \quad \leftrightarrow$$

[7]:
$$a > r \cdot \frac{\sum\limits_{k=1}^{n} k \cdot q^{k-1}}{\sum\limits_{k=1}^{n} k \cdot (n-k) \cdot q^{k-1}}$$

[7] wird begründet durch die folgende Ungleichung:

[8]:
$$\frac{3}{n-1} < \frac{\sum\limits_{k=1}^{n} k \cdot q^{k-1}}{\sum\limits_{k=1}^{n} k \cdot (n-k) \cdot q^{k-1}}$$

Nehmen wir an, [8] sei bereits bewiesen, dann multipliziert man [8] mit (- r). Zum Beweis von [7] fehlt nur noch der Hinweis auf [5]. Wir wenden uns jetzt dem Beweis von [8] zu:

$$[8] \leftrightarrow \sum_{k=1}^{n} k \cdot (n-1) \cdot q^{k-1} - 3 \cdot \sum_{k=1}^{n} k \cdot (n-k) \cdot q^{k-1} > 0 \quad \leftrightarrow$$

$$\sum_{k=1}^{n} k \cdot \left[-(2n+1) + 3k \right] \cdot q^{k-1} > 0$$

Setzt man nun die linke Seite der letzten Ungleichung gleich f{q}, so entsteht ein Polynom (n-1)-ten Grades:

$$f\{q\} = a_1 + a_2 q + a_3 q^2 + \ldots\ldots + a_n q^{n-1} \quad \text{mit}$$

$$a_1 = -2 \cdot (n-1) < 0 \text{ für } n > 1 \; ; \; a_n = n \cdot (n-1) > 0 \text{ für } n > 1 \quad \text{und}$$

$$a_k = k \cdot [-(2n+1) + 3k] \text{ mit } 1 < k < n$$

Der Summationsindex k nimmt aufsteigend die Zahlen 1 bis n an. Da $a_1 < 0$ und $a_n > 0$, sind die Koeffizienten zunächst negativ, werden dann aber von einem bestimmten k* an null oder positiv. Die Summe der Koeffizienten ist 0, denn (mit Hilfe der Formeln von Anhang III) :

$$\sum_{k=1}^{n} \left[-(2n+1) \cdot k + 3k^2 \right] = -(2n+1) \cdot \frac{n \cdot (n+1)}{2} + 3 \cdot \frac{(n+1) \cdot n \cdot (2n+1)}{6} = 0$$

f{q} erfüllt somit die Bedingungen des Lehrsatzes aus Anhang VI → [8] ist bewiesen → [7] ist bewiesen.

(C) : Behauptung: $^v E''\{q\} > 0$ für q > 1, wenn $a > \dfrac{-4 \cdot r}{n-2}$. Beweis:

Aus [3] : $\qquad\qquad {}^v E''\{q\} > 0 \quad \leftrightarrow$

$$r \cdot \sum_{k=1}^{n} k \cdot (k-1) \cdot q^{k-2} + a \cdot \sum_{k=1}^{n} k \cdot (k-1) \cdot (n-k) \cdot q^{k-2} > 0 \quad \leftrightarrow$$

[9]:
$$a > -r \cdot \frac{\sum\limits_{k=1}^{n} k \cdot (k-1) \cdot q^{k-2}}{\sum\limits_{k=1}^{n} k \cdot (k-1) \cdot (n-k) \cdot q^{k-2}}$$

Analog zu [7] und [8] genügt es zu zeigen, dass

[10]:
$$\frac{4}{n-2} < \frac{\sum\limits_{k=1}^{n} k \cdot (k-1) \cdot q^{k-2}}{\sum\limits_{k=1}^{n} k \cdot (k-1) \cdot (n-k) \cdot q^{k-2}}$$

$$[10] \ \leftrightarrow \ \sum_{k=1}^{n} (n-2) \cdot k \cdot (k-1) \cdot q^{k-2} - 4 \cdot \sum_{k=1}^{n} k \cdot (k-1) \cdot (n-k) \cdot q^{k-2} > 0 \ \leftrightarrow$$

$$\sum_{k=1}^{n} \left[-(3n+2) + 4k \right] \cdot k \cdot (k-1) \cdot q^{k-2} > 0$$

Wir setzen die linke Seite dieser Ungleichung gleich f{q} und erhalten ein Polynom (n-2)-ten Grades f{q} = $a_2 + a_3 q + \ldots\ldots + a_n q^{n-2}$ mit $a_2 = -6 \cdot (n-2) < 0$ für n > 2 ; $a_n = (n-2) \cdot (n-1) \cdot n > 0$ für n > 2 und (mit Hilfe der Formeln aus Anhang III) ergibt sich

$$\sum_{k=1}^{n} a_k = \sum_{k=1}^{n} \left[4 \cdot k^3 - 3 \cdot (n+2) \cdot k^2 + (3n+2) \cdot k \right] =$$

$$4 \cdot \frac{n^2 \cdot (n+1)^2}{4} - 3 \cdot (n+2) \cdot \frac{(n+1) \cdot n \cdot (2n+1)}{6} + (3n+2) \cdot \frac{n \cdot (n+1)}{2} = 0$$

f{q} erfüllt die Voraussetzungen des Lehrsatzes aus Anhang VI, also ist [10] und damit auch [9] bewiesen.

Da $\dfrac{2}{n-1} < \dfrac{3}{n-1} < \dfrac{4}{n-2}$ für n > 2 $\rightarrow$ $\dfrac{-2r}{n-1} > \dfrac{-3r}{n-1} > \dfrac{-4r}{n-2}$ $\rightarrow$

Setzt man $a > \dfrac{-2r}{n-1}$, sind $^{v}E\{q\} > 0$, $^{v}E'\{q\} > 0$ und $^{v}E''\{q\} > 0$ für q > 1.

Ergebnis II.3.2.4:

Die Endwert-Funktion einer vorschüssigen Rente $^{v}E\{q\}$ ist unter der Bedingung $a > \dfrac{-2r}{n-1}$ für $n > 2$ und $q > 1$ streng monoton steigend, strikt konvex und hat positive Funktionswerte. Für $q > 1$ gilt weiter $^{v}E\{q\} > n \cdot r + \dfrac{n \cdot (n-1)}{2} \cdot a$

Soweit $^vE\{q\}$ streng monoton steigt, ist die Auflösung nach q in eindeutiger Weise möglich.

Gegeben: $r > 0$; a mit $r > a > \dfrac{-2r}{n-1}$; ^vE mit $^vE > n \cdot r + \dfrac{n \cdot (n-1)}{2} \cdot a$; $n > 0$.

Gesucht: q

(i) **n = 1**: $^vE = r \cdot q$; $q = \dfrac{^vE}{r}$

(ii) **n = 2**: $^vE = r \cdot q^2 + (r+a) \cdot q + (r+2a)$. Diese quadratische Gleichung

         kann mit Hilfe der bekannten Formel aufgelöst werden.

(iii) **n > 2** :

Wir benötigen einen q-Wert für den Beginn des Newton'schen Verfahrens:

$$r \cdot q^n + (r+a) \cdot q^{n-1} + (r+2 \cdot a) \cdot q^{n-2} + \ldots\ldots + (r+(n-1) \cdot a) \cdot q = {}^vE$$

Sind die ersten k Summanden der linken Seite positiv, so bringen wir die letzten (n - k) Summanden auf die rechte Seite. k kann selbstverständlich auch gleich n sein.

$$r \cdot q^n + \ldots\ldots + \left(r+(k-1) \cdot a\right) \cdot q^{n-k+1}$$
$$= -\left(r+k \cdot a\right) \cdot q^{n-k} - \ldots.. - \left(r+(n-1) \cdot a\right) \cdot q + {}^vE$$

Wir wenden nun das Abschätzungsverfahren aus Teil A von Anhang V an:

$$r \cdot q^{n-k+1} + \ldots\ldots + \left(r+(k-1) \cdot a\right) \cdot q^{n-k+1}$$
$$< -\left(r+k \cdot a\right) \cdot q^{n-k} - \ldots.. - \left(r+(n-1) \cdot a\right) \cdot q^{n-k} + {}^vE \cdot q^{n-k}$$

Wir stellen links q^{n-k+1} und rechts q^{n-k} vor. Dann ergeben die Summanden der linken Seite $U = k \cdot r + \dfrac{k \cdot (k-1)}{2} \cdot a$ und die der rechten Seite

$$V = -(n-k) \cdot r - \frac{(n+k-1) \cdot (n-k)}{2} \cdot a + {}^vE \quad \text{und somit} \quad q < \frac{V}{U}$$

Die zum Newton'schen Näherungsverfahren noch erforderliche Funktion F$\{q\}$ ergibt sich aus II.3.2.2, die erste Ableitung F'$\{q\}$ = ^vE'$\{q\}$.

Ergebnis II.3.2.5:

Gegeben: $r > 0$; a mit $r > a > \dfrac{-2r}{n-1}$; ^{v}E mit $^{v}E > n \cdot r + \dfrac{n \cdot (n-1)}{2} \cdot a$; $n > 2$.

Gesucht: q

$$F\{q\} = r \cdot q \cdot \frac{q^n - 1}{q - 1} + a \cdot q \cdot \left[\frac{q^n - 1}{(q-1)^2} - \frac{n}{q-1} \right] - {}^{v}E \quad \text{streng monoton wachsend}$$

$$\text{und strikt konvex.}$$

$$F'\{q\} = \frac{1}{(q-1)^2} \cdot \left[\left(n \cdot q^{n+1} - (n+1) \cdot q^n + 1 \right) \cdot r \right.$$

$$\left. + \frac{(n-1) \cdot q^{n+1} - (n+1) \cdot q^n + (n+1) \cdot q - (n-1)}{q-1} \cdot a \right]$$

Startwert: $\quad q_1 = \dfrac{V}{U} \quad \text{mit} \quad U = k \cdot r + \dfrac{k \cdot (k-1)}{2} \cdot a \quad \text{und}$

$$V = -(n-k) \cdot r - \frac{(n+k-1) \cdot (n-k)}{2} \cdot a + {}^{v}E$$

Beispiele: (1) Gegeben: $n = 6$; $r = 3200\ €$; $a = 100\ €$; $^{v}E = 26702{,}53\ €$
Gesucht: q Lösung: $q_1 = 1{,}289977$; nach 4 Iterationen ergibt sich die Lösung $q = 1{,}075$ oder $p = 7{,}5$.

(2) Gegeben: $n = 7$; $r = 655\ €$; $a = -35\ €$; $^{v}E = 4660{,}56\ €$
Gesucht: q Lösung: $q_1 = 1{,}210535$; nach 4 Iterationen: $q = 1{,}045$ oder $p = 4{,}5$

(3) Gegeben: $n = 7$; $r = 5100\ €$; $a = -1000\ €$; $^{v}E = 24133\ €$
Gesucht: q . Lösung: $q_1 = 1{,}60468$; nach 6 Iterationen: $q = 1{,}0873$ oder $p = 8{,}73$

(b) ^{n}E **als Funktion von q:** $^{n}E\{q\}$ für $r > 0$; $r > a$; $n > 1$; $q > 1$

Für **n = 2** ergibt sich $\quad ^{n}E\{q\} = r \cdot q + (r + a)$. Dies ist eine streng monoton steigende, konvexe - aber nicht strikt konvexe - Gerade. Die Auflösung nach q ist trivial.

Für **n = 3** erhalten wir eine Parabel: $^nE\{q\} = r \cdot q^2 + (r+a)\cdot q + (r+2a)$; sie ist streng monoton steigend und strikt konvex. Die Auflösung nach q ist durch die bekannte Formel möglich.

Für die weiteren Überlegungen setzen wir **n > 3** voraus.

[1*]:
$$^nE\{q\} = r \cdot \sum_{k=0}^{n-1} q^k + a \cdot \sum_{k=0}^{n-1}(n-k-1)\cdot q^k$$

Da $^vE\{q\} = q \cdot {}^nE\{q\}$. Setzt man $q = 1 \rightarrow {}^vE\{1\} = {}^nE\{1\} \rightarrow$
$$^nE\{1\} = n \cdot r + \frac{(n-1)\cdot n}{2}\cdot a$$

[2*]:
$$^nE'\{q\} = r \cdot \sum_{k=1}^{n-1} k \cdot q^{k-1} + a \cdot \sum_{k=1}^{n-1}(n-k-1)\cdot k \cdot q^{k-1} \quad \text{oder}$$

$$^nE'\{q\} = \frac{1}{(q-1)^2}\cdot\left[\left((n-1)\cdot q^n - n\cdot q^{n-1} +1\right)\cdot r \right.$$
$$\left. +\frac{(n-2)\cdot q^n - n\cdot q^{n-1} + n\cdot q - (n-2)}{q-1}\cdot a\right] \text{(nach II.3.2.3)}$$

Da $^vE\{q\} = q \cdot {}^nE\{q\} \rightarrow {}^vE'\{q\} = q \cdot {}^nE'\{q\} + {}^nE\{q\}$. Für $q = 1$:
$^vE'\{1\} = {}^nE'\{1\} + {}^nE\{1\} \rightarrow {}^nE'\{1\} = {}^nE'\{1\} - {}^nE\{1\} \rightarrow$
$$^nE'\{1\} = \frac{(n-1)\cdot n}{2}\cdot r + \frac{(n-2)\cdot(n-1)\cdot n}{6}\cdot a$$

[3*]:
$$^nE''\{q\} = r \cdot \sum_{k=1}^{n-1} k \cdot (k-1)\cdot q^{k-2} + a \cdot \sum_{k=1}^{n-1}(n-k-1)\cdot k \cdot (k-1)\cdot q^{k-2}$$

Da $^vE'\{q\} = q \cdot {}^nE'\{q\} + {}^nE\{q\} \rightarrow {}^vE''\{q\} = q \cdot {}^nE''\{q\} + 2 \cdot {}^nE'\{q\}$.
Für $q = 1$ ergibt sich $^nE''\{1\} = {}^vE''\{1\} - 2 \cdot {}^nE'\{1\} \rightarrow$
$$^nE''\{1\} = \frac{(n-2)\cdot(n-1)\cdot n}{3}\cdot r + \frac{(n-3)\cdot(n-2)\cdot(n-1)\cdot n}{12}\cdot a$$

(A): Aus [1*], [2*] und [3*] folgt:

$^nE\{1\} > 0$, wenn   **[4*]:** $a > \dfrac{-2r}{n-1}$

$^nE'\{1\} > 0$, wenn   **[5*]:** $a > \dfrac{-3r}{n-2}$

$^nE''\{1\} > 0$, wenn   **[6*]:** $a > \dfrac{-4r}{n-3}$

(B): Behauptung: $^nE'\{q\} > 0$ für $q > 1$, wenn $a > \dfrac{-3r}{n-2}$. Beweis:

$$^nE'\{q\} > 0 \;\leftrightarrow\; r \cdot \sum_{k=1}^{n-1} k \cdot q^{k-1} + a \cdot \sum_{k=1}^{n-1} (n-k-1) \cdot k \cdot q^{k-1} > 0 \;\leftrightarrow$$

[7*]:
$$a > -r \cdot \dfrac{\displaystyle\sum_{k=1}^{n-1} k \cdot q^{k-1}}{\displaystyle\sum_{k=1}^{n-1} (n-k-1) \cdot k \cdot q^{k-1}}$$

[7*] wird begründet durch

[8*]:
$$\dfrac{3}{n-2} < \dfrac{\displaystyle\sum_{k=1}^{n-1} k \cdot q^{k-1}}{\displaystyle\sum_{k=1}^{n-1} (n-k-1) \cdot k \cdot q^{k-1}}$$

Vergleicht man [8*] mit [8], sieht man, dass [8*] aus [8] entsteht, indem man n durch $(n-1)$ ersetzt. [8] gilt für jedes $n > 2$, also [8*] für jedes $n > 3$.

(C): Behauptung: $^nE''\{q\} > 0$ für $q > 1$, wenn $a > \dfrac{-4r}{n-3}$. Beweis:

Aus [3*]: $^nE''\{q\} > 0 \quad\leftrightarrow$

[9*]:
$$a > -r \cdot \dfrac{\displaystyle\sum_{k=1}^{n-1} k \cdot (k-1) \cdot q^{k-2}}{\displaystyle\sum_{k=1}^{n-1} (n-k-1) \cdot k \cdot (k-1) \cdot q^{k-2}}$$

Analog zu [7*] und [8*] genügt es zu zeigen, dass

[10*]:
$$\dfrac{4}{n-3} < \dfrac{\displaystyle\sum_{k=1}^{n-1} k \cdot (k-1) \cdot q^{k-2}}{\displaystyle\sum_{k=1}^{n-1} (n-k-1) \cdot k \cdot (k-1) \cdot q^{k-2}}$$

[10*] ergibt sich aus [10], indem man n durch $(n-1)$ ersetzt. Da [10] für $n > 2$ richtig ist, wird zugleich [10*] für $n > 3$ bestätigt.

Da $\dfrac{2}{n-1} < \dfrac{3}{n-2} < \dfrac{4}{n-3}$ für $n > 3$ $\rightarrow$ $\dfrac{-2r}{n-1} > \dfrac{-3r}{n-2} > \dfrac{-4r}{n-3}$ $\rightarrow$

Setzt man $a > \dfrac{-2r}{n-1}$, sind $^nE\{q\} > 0$, $^nE'\{q\} > 0$ und $^nE''\{q\} > 0$ für $q > 1$.

Ergebnis II.3.2.6:

Die Endwert-Funktion einer nachschüssigen Rente $^nE\{q\}$ ist unter der Bedingung $a > \dfrac{-2r}{n-1}$ für $n > 3$ und $q > 1$ streng monoton steigend, strikt konvex und hat positive Funktionswerte. Für q > 1 gilt weiter $^nE\{q\} > n \cdot r + \dfrac{n \cdot (n-1)}{2} \cdot a$

Soweit $^nE\{q\}$ streng monoton steigt, kann die Funktionsgleichung in eindeutiger Weise nach q aufgelöst werden.

Gegeben: $r > 0$; a mit $r > a > \dfrac{-2r}{n-1}$; ^nE mit $^nE > n \cdot r + \dfrac{n \cdot (n-1)}{2} \cdot a$; $n > 1$.

Gesucht: q

(i) **n = 2** : $^nE = r \cdot q + (r+a)$; $q = \dfrac{^nE - r - a}{r}$

(ii) **n = 3** : $^nE = r \cdot q^2 + (r+a) \cdot q + (r+2a)$. Dies ist eine quadratische Gleichung in q und kann nach der bekannten Formel aufgelöst werden.

(iii) **n > 3** : Wir sind auf das Newton'sche Näherungsverfahren angewiesen und bestimmen zunächst einen Startwert. Dazu bringen wir in der Gleichung [1*] die negativen Summanden auf die andere Seite:

$$r \cdot q^{n-1} + \ldots + (r + (k-1) \cdot a) \cdot q^{n-k}$$
$$= -(r + k \cdot a) \cdot q^{n-k-1} - \ldots - (r + (n-1) \cdot a) + {}^nE$$

Wir wenden nun das Abschätzungsverfahren aus Teil A von Anhang V an:

$$r \cdot q^{n-k} + \ldots + (r + (k-1) \cdot a) \cdot q^{n-k}$$
$$< -(r + k \cdot a) \cdot q^{n-k-1} - \ldots - (r + (n-1) \cdot a) \cdot q^{n-k-1} + {}^nE \cdot q^{n-k-1}$$

Wir stellen rechts q^{n-k-1} und links q^{n-k} vor. Dann ergeben die Summanden der linken Seite $U = k \cdot r + \dfrac{k \cdot (k-1)}{2} \cdot a$ und die der rechten Seite

$$V = -(n-k) \cdot r - \dfrac{(n+k-1) \cdot (n-k)}{2} \cdot a + {}^nE \quad \text{und somit } q < \dfrac{V}{U}$$

Die zur Durchführung des Newton'schen Näherungsverfahrens noch erforderliche Funktion $F\{q\}$ erhält man aus II.3.2.3 und $F'\{q\} = {}^nE'\{q\}$.

Ergebnis II.3.2.7:

Gegeben: $r > 0$; a mit $r > a > \dfrac{-2r}{n-1}$; ${}^nE$ mit ${}^nE > n \cdot r + \dfrac{n \cdot (n-1)}{2} \cdot a$; $n > 3$.

Gesucht: q

$$F\{q\} = r \cdot \frac{q^n - 1}{q - 1} + a \cdot \left[\frac{q^n - 1}{(q-1)^2} - \frac{n}{q-1} \right] - {}^nE \quad \text{streng monoton steigend und}$$

$$\text{strikt konvex}$$

$$F'\{q\} = \frac{1}{(q-1)^2} \cdot \left[\left((n-1) \cdot q^n - n \cdot q^{n-1} + 1 \right) \cdot r \right.$$

$$\left. + \frac{(n-2) \cdot q^n - n \cdot q^{n-1} + n \cdot q - (n-2)}{q - 1} \cdot a \right]$$

Startwert: $q_1 = \dfrac{V}{U}$ mit $U = k \cdot r + \dfrac{k \cdot (k-1)}{2} \cdot a$ und

$$V = -(n-k) \cdot r - \frac{(n+k-1) \cdot (n-k)}{2} \cdot a + {}^nE$$

Beispiele:

(1) Gegeben: n = 7; r = 1212 €; a = - 150 €; ${}^nE$ = 6866,71 €.
   Gesucht: q
   Lösung: q_1 = 1,287347; nach 4 Iterationen ergibt sich q = 1,067; p = 6,7 .

(2) Gegeben: n = 4; r = 1654 €; a = 125 €; ${}^nE$ = 7848,89 €.
   Gesucht: q
   Lösung: q_1 = 1,065557; nach 3 Iterationen ergibt sich q = 1,045; p = 4,5 .

(3) Gegeben: n = 5; r = 2322 €; a = - 230 €; ${}^nE$ = 10599,85 €.
   Gesucht: q
   Lösung: q_1 = 1,138545; nach 3 Iterationen ergibt sich q = 1,058; p = 5,8 .

Fragestellung II.3.2.8:

Vor. 1 (vgl. I.1). Jemand zahlt von der ersten bis zur n-ten ZE (einschließ-lich) eine arithmetische ZE-Rente

$r, r + a, r + 2 \cdot a, r + 3 \cdot a, \ldots, r + (n - 1) \cdot a$ **mit** $r > 0$; $r > a$ **und** $a \neq 0$

      (a) vorschüssig (jeweils am Anfang der ZE)

      (b) nachschüssig (jeweils am Ende der ZE)

bei einer Bank auf ein Konto ein. Wie hoch ist der Barwert

      (a) ^{v}B **(b)** ^{n}B **dieser Rente?**

(a) Man erhält den Barwert durch Abzinsen der einzelnen Rentenzahlungen auf den Anfang der ersten ZE:

$$^{v}B = r + \frac{r + a}{q} + \frac{r + 2a}{q^{2}} + \frac{r + 3a}{q^{3}} + \ldots + \frac{r + (n - 1)a}{q^{n-1}} \quad \text{oder} \quad ^{v}B \cdot q^{n} = ^{v}E$$

Mit Hilfe von II.3.2.2 ergibt sich somit

Ergebnis II.3.2.9:

$$^{v}B = \frac{r}{q^{n-1}} \cdot \frac{q^{n} - 1}{q - 1} + \frac{a}{q^{n-1}} \cdot \left[\frac{q^{n} - 1}{(q - 1)^{2}} - \frac{n}{q - 1} \right]$$

Beispiele:

(1) Gegeben: $r = 866$ €; $a = -200$ €; $n = 8$; $q = 1{,}049$. Gesucht: ^{v}B

   Lösung: $^{v}B = 1471{,}12$ €

(2) Gegeben: $r = 429$ €; $a = 300$ €; $n = 5$; $q = 1{,}087$. Gesucht: ^{v}B

   Lösung: $^{v}B = 4172{,}10$ €

(b) Analog zu (a): $^{n}B = \frac{r}{q} + \frac{r + a}{q^{2}} + \frac{r + 2a}{q^{3}} + \frac{r + 3a}{q^{4}} + \ldots + \frac{r + (n - 1)a}{q^{n}}$

Es ist also $^{n}B \cdot q^{n} = ^{n}E$, so dass mit Hilfe von II.3.2.3 geschlossen werden kann:

Ergebnis II.3.2.10:

$$^{n}B = \frac{r}{q^{n}} \cdot \frac{q^{n}-1}{q-1} + \frac{a}{q^{n}} \cdot \left[\frac{q^{n}-1}{(q-1)^{2}} - \frac{n}{q-1} \right]$$

Beispiele:

(1) Gegeben: r = 3222 €; a = - 100 €; n = 6; q = 1,08. Gesucht: ^{n}B

Lösung: ^{n}B = 13842,59 €

(2) Gegeben: r = 1000 €; a = - 60 €; n = 7; q = 1,05. Gesucht: ^{n}B

Lösung: ^{n}B = 4812,45 €

Der Barwert als Funktion von q

Wie die folgenden Beispiele zeigen, kann man nicht erwarten, dass die Barwerte als Funktionen von q für alle r > a streng monoton fallend sind:

(i) r = 1000 €; n = 8; a = - 210 €:

q =	1,01	1,02	1,03	1,04	1,05
^{V}B (€) =	2132,69	2143,28	2151,40	2157,81	2162,52
q =	1,06	1,07	1,08	1,09	1,10
^{V}B (€) =	2165,65	2167,42	2167,95	2167,37	2165,80
q =	1,11	1,12	1,13	1,14	1,15
^{V}B (€) =	2163,33	2160,07	2156,10	2151,50	2146,33

(ii) r = 1000 €; n = 8; a = - 225 €:

q =	1,01	1,02	1,03	1,04	1,05
^{n}B (€) =	1715,86	1728,10	1736,52	1742,11	1745,00
q =	1,06	1,07	1,08	1,09	1,10
^{n}B (€) =	1745,44	1743,79	1740,27	1735,10	1728,48
q =	1,11	1,12	1,13	1,14	1,15
^{n}B (€) =	1720,58	1711,56	1701,58	1690,73	1679,16

Man sieht, dass die Barwerte zunächst steigen und dann erst fallen. Da wir allein an Barwerten interessiert sind, die für q > 1 streng monoton fallen, müssen wir mit einer Fallunterscheidung rechnen.

(a) ^vB **als Funktion von q**: $^vB\{q\}$ für $r > 0$; $r > a$; $n > 1$; $q > 1$:

(i): **n = 2** : $^vB\{q\} = r + \dfrac{r+a}{q}$; $^vB'\{q\} = -\dfrac{r+a}{q^2}$; $^vB''\{q\} = 2\dfrac{r+a}{q^3}$

$^vB\{q\}$ fällt streng monoton und ist strikt konvex.

(ii): **n > 2** :

[11]: $^vB\{q\} = r \cdot \displaystyle\sum_{k=0}^{n-1} \dfrac{1}{q^k} + a \cdot \sum_{k=0}^{n-1} \dfrac{k}{q^k}$

Nach geringfügigen Umformungen von II.3.2.9 erhält man

$$^vB\{q\} = \dfrac{r \cdot q^n - (r + a \cdot n) + a \cdot \dfrac{q^n - 1}{q-1}}{q^{n-1} \cdot (q-1)}$$

$^vB\{q\} = \dfrac{^vE\{q\}}{q^n}$ $\to$ $^vB\{1\} = {}^vE\{1\}$ $\to$ $^vB\{1\} = n \cdot r + \dfrac{(n-1) \cdot n}{2} \cdot a$

[12]: $^vB'\{q\} = -\left[r \cdot \displaystyle\sum_{k=1}^{n-1} \dfrac{k}{q^{k+1}} + a \cdot \sum_{k=1}^{n-1} \dfrac{k^2}{q^{k+1}} \right]$ oder

$$^vB'\{q\} = \dfrac{-1}{q^n \cdot (q-1)^2} \cdot \left[a \cdot \left((q+1) \cdot \dfrac{q^n - 1}{q-1} - 2 \cdot n - n^2 \cdot (q-1) \right) \right.$$
$$\left. + r \cdot \left(q^n - 1 - n \cdot (q-1) \right) \right]$$

(nach II.3.2.9)

$^vB'\{q\} = \dfrac{q \cdot {}^vE'\{q\} - n \cdot {}^vE\{q\}}{q^{n+1}}$ $\to$ $^vB'\{1\} = {}^vE'\{1\} - n \cdot {}^vE\{1\}$

$$^vB'\{1\} = -\dfrac{(n-1) \cdot n}{2} \cdot r - \dfrac{(n-1) \cdot n \cdot (2n-1)}{6} \cdot a$$

[13]: $^vB''\{q\} = r \cdot \displaystyle\sum_{k=1}^{n-1} \dfrac{k \cdot (k+1)}{q^{k+2}} + a \cdot \sum_{k=1}^{n-1} \dfrac{k^2 \cdot (k+1)}{q^{k+2}}$

$$^vB''\{q\} = \dfrac{q^2 \cdot {}^vE''\{q\} - 2n \cdot q \cdot {}^vE'\{q\} + n \cdot (n+1) \cdot {}^vE\{q\}}{q^{n+2}} \to$$

$$^vB''\{1\} = {}^vE''\{1\} - 2 \cdot n \cdot {}^vE'\{1\} + n \cdot (n+1) \cdot {}^vE\{1\} \to$$

$$^vB''\{1\} = \dfrac{(n-1) \cdot n \cdot (n+1)}{3} \cdot r + \dfrac{(n-1) \cdot n \cdot (n+1) \cdot (3n-2)}{12} \cdot a$$

An den Σ-Darstellungen von $^vB\{q\}$, $^vB'\{q\}$ und $^vB''\{q\}$ erkennt man, dass die Koeffizienten von r und a positiv sind.

(A): Aus [11], [12] und [13] folgt:

$^nB\{1\} > r$, wenn $\qquad\qquad$ **[14]:** $a > \dfrac{-2r}{n}$

$^nB'\{1\} < 0$, wenn $\qquad\qquad$ **[15]:** $a > \dfrac{-3r}{2n-1}$

$^nB''\{1\} > 0$, wenn $\qquad\qquad$ **[16]:** $a > \dfrac{-4r}{3n-2}$

(B): Behauptung: $^nB'\{q\} < 0$ für $q > 1$, wenn $a > \dfrac{-3r}{2n-1}$. Beweis:

$^nB'\{q\} < 0 \;\leftrightarrow\; q \cdot {}^nE'\{q\} - n \cdot {}^nE\{q\} < 0$. Jetzt die Σ-Darstellungen [11] und

[12] eingesetzt: $\quad r \cdot \displaystyle\sum_{k=1}^{n}(n-k)\cdot q^k + a \cdot \sum_{k=1}^{n-1}(n-k)^2 \cdot q^k > 0$

Setzt man in der ersten Summe $k = n$, sieht man, dass der letzte Summand null

wird, also $\quad r \cdot \displaystyle\sum_{k=1}^{n-1}(n-k)\cdot q^k + a \cdot \sum_{k=1}^{n-1}(n-k)^2 \cdot q^k > 0 \quad\leftrightarrow$

[17]: $\qquad\qquad a > - r \cdot \dfrac{\displaystyle\sum_{k=1}^{n-1}(n-k)\cdot q^k}{\displaystyle\sum_{k=1}^{n-1}(n-k)^2 \cdot q^k}$

Analog zu [7] genügt es zu zeigen, dass

[18]: $\qquad\qquad \dfrac{3}{2n-1} > \dfrac{\displaystyle\sum_{k=1}^{n-1}(n-k)\cdot q^k}{\displaystyle\sum_{k=1}^{n-1}(n-k)^2 \cdot q^k}$

Nach einigen Äquivalenz-Umformungen:

$$\sum_{k=1}^{n-1}(n-k)\cdot[-(n+1)+3k]\cdot q^{k-1} > 0$$

Setzt man die linke Seite dieser Ungleichung gleich $f\{q\}$, so entsteht ein Polynom $(n-2)$-ten Grades $f\{q\} = a_1 + a_2\,q + \ldots + a_{n-1}\,q^{n-2}$ mit

$a_1 = -(n-2) \cdot (n-1) < 0$ für $n > 2$; $a_{n-1} = 2 \cdot (n-2) > 0$ für $n > 2$.

$$\sum_{k=1}^{n-1} a_k = \sum_{k=1}^{n-1} \left[-n \cdot (n+1) + k \cdot (4n+1) - 3 \cdot k^2 \right]$$

$$= -(n-1) \cdot n \cdot (n+1) + (4n+1) \frac{(n-1) \cdot n}{2} - 3 \cdot \frac{(n-1) \cdot n \cdot (2n-1)}{6} = 0$$

Die Funktion $f\{q\}$ erfüllt daher die Voraussetzungen des Lehrsatzes aus Anhang VI. So ist [18] bewiesen und damit auch [17].

(C): Behauptung: ${}^v B''\{q\} > 0$ für $q > 1$, wenn $a > \dfrac{-4r}{3n-2}$. Beweis:

$${}^v B'\{q\} = \frac{q \cdot {}^v E'\{q\} - n \cdot {}^v E\{q\}}{q^{n+1}} \rightarrow$$

$${}^v B''\{q\} = \frac{q^2 \cdot {}^v E''\{q\} - 2nq \cdot {}^v E'\{q\} + n(n+1) \cdot {}^v E\{q\}}{q^{n+2}} \rightarrow$$

${}^v B''\{q\} > 0$, wenn $q^2 \cdot {}^v E''\{q\} - 2nq \cdot {}^v E'\{q\} + n(n+1) \cdot {}^v E\{q\} > 0$

Wir setzen jetzt [1], [2] und [3] ein. Nach geringfügiger Umformung ergibt sich

$$r \cdot \sum_{k=1}^{n} \left[k(k-1) - 2nk + n(n+1) \right] \cdot q^k +$$

$$a \cdot \sum_{k=1}^{n-1} \left[k(k-1) - 2nk + n(n+1) \right] \cdot (n-k) \cdot q^k > 0$$

Setzt man in der ersten Summe $k = n$ ein $\rightarrow n(n-1) - 2n^2 + n(n+1) = 0 \rightarrow$
Die obere Grenze n dieser Summe kann durch $(n-1)$ ersetzt werden. Dann folgt durch Auflösung nach a:

[19]:
$$a > -r \cdot \frac{\displaystyle\sum_{k=1}^{n-1} \left[k(k-1) - 2nk + n(n+1) \right] \cdot q^k}{\displaystyle\sum_{k=1}^{n-1} \left[k(k-1) - 2nk + n(n+1) \right] \cdot (n-k) \cdot q^k}$$

Analog zu [9] und [10] genügt es zu beweisen

[20]:
$$\frac{4}{3n-2} < \frac{\displaystyle\sum_{k=1}^{n-1} \left[k(k-1) - 2nk + n(n+1) \right] \cdot q^k}{\displaystyle\sum_{k=1}^{n-1} \left[k(k-1) - 2nk + n(n+1) \right] \cdot (n-k) \cdot q^k}$$

Nach Äquivalenzumformungen:

$$\sum_{k=1}^{n-1} \left\{ -(n-k+1)(n-k) \cdot \left[n - 2(2k-1) \right] \right\} \cdot q^{k-1} > 0$$

Setzt man die linke Seite dieser Ungleichung gleich $f\{q\}$, so erhält man ein Polynom $(n-2)$-ten Grades $f\{q\} = a_1 + a_2 q + \ldots + a_{n-1} q^{n-2}$ mit

$a_1 = -(n-2)\cdot(n-1)\cdot n < 0$ für $n > 2$; $a_{n-1} = 6(n-2) > 0$ für $n > 2$

$$\sum_{k=1}^{n-1} a_k = \sum_{k=1}^{n-1}\left[-n\cdot(n+1)\cdot(n+2)+(6n^2+9n+2)\cdot k - 3(3n+2)\cdot k^2 + 4k^3\right] =$$

$$-(n-1)\cdot n\cdot(n+1)\cdot(n+2)+(6n^2+9n+2)\cdot\frac{(n-1)\cdot n}{2}$$

$$- 3(3n+2)\cdot\frac{(n-1)\cdot n\cdot(2n-1)}{6} + 4\cdot\frac{(n-1)^2 n^2}{4} = 0$$

Damit erfüllt $f\{q\}$ die Voraussetzungen des Lehrsatzes aus Anhang VI. So ist [20] bewiesen, folglich auch [19].

Da $\dfrac{2}{n} > \dfrac{3}{2n-1} > \dfrac{4}{3n-2}$ für $n > 2$, gilt auch $\dfrac{-2r}{n} < \dfrac{-3r}{2n-1} < \dfrac{-4r}{3n-2}$ für $n > 2$.

Unter der Bedingung $a > \dfrac{-4r}{3n-2}$ und $n > 2$ ist $^vB\{q\} > r$, streng monoton fallend und strikt konvex.

Ergebnis II.3.2.11:

Sei $r > 0$; $q > 1$; $n \geq 2$. Unter der Bedingung $a > \dfrac{-4r}{3n-2}$ ist die Barwertfunktion $^vB\{q\}$ streng monoton fallend und strikt konvex mit

$$r < {^vB\{q\}} < n\cdot r + \frac{n\cdot(n-1)}{2}\cdot a$$

Sind nun r, n, a und ^vB unter den in II.3.2.11 formulierten Bedingungen gegeben, so kann die Barwertfunktion in eindeutiger Weise nach q aufgelöst werden. Da wir das Newton'sche Verfahren benötigen, tragen wir jetzt die Voraussetzungen dafür zusammen. Startwert: Nach II.3.2.9 gilt

$$^vB\{q\} = r\cdot q^n + (r+a)\cdot q^{n-1} + (r+2\cdot a)\cdot q^{n-2} + \ldots\ldots + (r+(n-1)\cdot a)\cdot q$$

Die ersten k Summanden der rechten Seite seien nicht-negativ, die übrigen negativ. k kann natürlich auch den Wert n annehmen. Wir bringen die negativen Summanden der rechten Seite nach links:

$$^vB\cdot q^n - (r+k\cdot a)\cdot q^{n-k} - \ldots\ldots - (r+(n-1)\cdot a)\cdot q$$

$$= r\cdot q^n + (r+a)\cdot q^{n-1} + \ldots\ldots + (r+(k-1)\cdot a)\cdot q^{n-k+1}$$

Abschätzung nach Teil A von Anhang V:

$$^vB \cdot q^n - (r + k \cdot a) \cdot q^n - \ldots - (r + (n-1) \cdot a) \cdot q^n$$
$$> r \cdot q^{n-k+1} + (r + a) \cdot q^{n-k+1} + \ldots + (r + (k-1) \cdot a) \cdot q^{n-k+1}$$

Zusammenfassung der Summanden links und rechts:

$$\left[^vB - (n-k) \cdot r - \frac{(n+k-1) \cdot (n-k)}{2} \cdot a \right] \cdot q^n > \left[k \cdot r + \frac{k \cdot (k-1)}{2} \cdot a \right] \cdot q^{n-k+1}$$

Wir setzen die eckige Klammer der linken Seite gleich V und die der rechten Seite gleich U, sodann dividieren wir die Ungleichung durch q^{n-k+1}:

$q^{k-1} > \dfrac{U}{V}$; $q > \sqrt[k-1]{\dfrac{U}{V}}$. Die rechte Seite dieser Ungleichung kann als Startwert q_1

verwendet werden. Die Funktion $F\{q\}$ erhält man aus II.3.2.9 und $F'\{q\} = {}^vB'\{q\}$.

Ergebnis II.3.2.12:

Gegeben: $r > 0$; $n > 2$; a mit $a > \dfrac{-4r}{3n-2}$; ^vB mit

$r < {}^vB < n \cdot r + \dfrac{n \cdot (n-1)}{2} \cdot a$ Gesucht: q

$F\{q\} = \dfrac{r}{q^{n-1}} \cdot \dfrac{q^n - 1}{q-1} + \dfrac{a}{q^{n-1}} \cdot \left[\dfrac{q^n-1}{(q-1)^2} - \dfrac{n}{q-1} \right] - {}^vB$ streng monoton fallend

und strikt konvex.

$F'\{q\} = \dfrac{-1}{q^n \cdot (q-1)^2} \cdot \left[a \cdot \left((q+1) \cdot \dfrac{q^n-1}{q-1} - 2 \cdot n - n^2 \cdot (q-1) \right) \right.$

$\left. + r \cdot \left(q^n - 1 - n \cdot (q-1) \right) \right]$

Startwert: $q_1 = \sqrt[k-1]{\dfrac{U}{V}}$ mit $U = \left[k \cdot r + \dfrac{k \cdot (k-1)}{2} \cdot a \right]$ und

$$V = \left[^vB - (n-k) \cdot r - \dfrac{(n+k-1) \cdot (n-k)}{2} \cdot a \right]$$

k ist die Anzahl der nicht-negativen Rentenzahlungen in
$$r, r + a, r + 2 \cdot a, \ldots, r + (n-1) \cdot a$$

Beispiele:

(1) Gegeben: r = 5000 €; n = 6; a = - 180 €; ^{V}B = 23 149,74 €.

    Gesucht: q

    Lösung: q_1 = 1,033531: Nach 3 Iterationen ergibt sich q = 1,075; p = 7,5

(2) Gegeben: r = 1500 €; n = 2; a = 300 €; ^{V}B = 3154,41 €

    Gesucht: q

    Lösung: q_1 = 1,046155; nach 3 Iterationen ergibt sich q = 1,088; p = 8,8

(3) Gegeben: r = 1212 €; n = 7; a = - 150 €; ^{V}B = 4653,31 €

    Gesucht: q

    Lösung: q_1 = 1,023015; nach 3 Iterationen ergibt sich q = 1,067; p = 6,7

(b) ^nB als Funktion von q: $^nB\{q\}$ für $r > 0$; $r > a$; $n \geq 1$.

$\boldsymbol{n = 1}$: $^nB\{q\} = \dfrac{r}{q} \;\rightarrow\; {}^nB'\{q\} = -\dfrac{r}{q^2} \;\rightarrow\; {}^nB''\{q\} = -\dfrac{2r}{q^3}$

$^nB\{q\}$ ist streng monoton fallend, strikt konvex und hat positive Funktionswerte. Die Auflösung nach q ist trivial.

$\boldsymbol{n = 2}$: $^nB\{q\} = \dfrac{r}{q} + \dfrac{r+a}{q^2} \;\rightarrow\; {}^nB'\{q\} = -\left[\dfrac{r}{q^2} + \dfrac{2(r+a)}{q^3}\right] \;\rightarrow$

$^nB''\{q\} = \dfrac{2r}{q^3} + \dfrac{6(r+a)}{q^4}$. $^nB\{q\}$ ist streng monoton fallend, strikt konvex und

hat positive Funktionswerte. Multipliziert man die Gleichung $^nB\{q\} = \dfrac{r}{q} + \dfrac{r+a}{q^2}$

mit q^2, entsteht eine quadratische Gleichung in q, die nach der bekannten Formel nach q aufgelöst werden kann.

Für die weiteren Überlegungen setzen wir $\boldsymbol{n > 2}$ voraus.

[11*]: $^nB\{q\} = r \cdot \displaystyle\sum_{k=1}^{n} \dfrac{1}{q^k} + a \cdot \displaystyle\sum_{k=1}^{n-1} \dfrac{k}{q^{k+1}}$ oder nach II.3.2.10:

$$^nB\{q\} = \frac{r \cdot q^n - (r + a \cdot n) + a \cdot \dfrac{q^n - 1}{q - 1}}{q^n \cdot (q - 1)}$$

$$^nB\{1\} = n \cdot r + \frac{(n-1) \cdot n}{2} \cdot a$$

[12*]: $^nB'\{q\} = -r \cdot \sum\limits_{k=1}^{n} \dfrac{k}{q^{k+1}} + a \cdot \sum\limits_{k=1}^{n-1} \dfrac{k \cdot (k+1)}{q^{k+2}}$ oder nach II.3.2.10:

$$^nB'\{q\} = \dfrac{-1}{q^{n+1} \cdot (q-1)^2} \cdot \left[a \cdot \left(2 \cdot q \cdot \dfrac{q^n - 1}{q-1} - 2 \cdot n - n \cdot (n+1) \cdot (q-1) \right) \right.$$

$$\left. + r \cdot \left(q \cdot (q^n - 1) - n \cdot (q-1) \right) \right]$$

$$^nB'\{1\} = -\dfrac{n \cdot (n+1)}{2} \cdot r - \dfrac{(n-1) \cdot n \cdot (n+1)}{3} \cdot a$$

[13*]: $^nB''\{q\} = r \cdot \sum\limits_{k=1}^{n} \dfrac{k \cdot (k+1)}{q^{k+2}} + a \cdot \sum\limits_{k=1}^{n-1} \dfrac{k \cdot (k+1) \cdot (k+2)}{q^{k+3}}$

$$^nB''\{1\} = \dfrac{n \cdot (n+1) \cdot (n+2)}{3} \cdot r + \dfrac{(n-1) \cdot n \cdot (n+1) \cdot (n+2)}{4} \cdot a$$

(A): Aus [11*], [12*] und [13*] folgt

$^nB\{1\} > 0$, wenn   **[14*]:** $a > \dfrac{-2 \cdot r}{n-1}$

$^nB\{1\} < 0$, wenn   **[15*]:** $a > \dfrac{-3 \cdot r}{2 \cdot (n-1)}$

$^nB\{1\} > 0$, wenn   **[16*]:** $a > \dfrac{-4 \cdot r}{3 \cdot (n-1)}$

(B): Behauptung: $^nB'\{q\} < 0$ für $q > 1$, wenn $a > \dfrac{-3 \cdot r}{2 \cdot (n-1)}$. Beweis:

$$^nB'\{q\} = \dfrac{q \cdot {}^nE'\{q\} - n \cdot {}^nE\{q\}}{q^{n+1}}. \quad {}^nB'\{q\} < 0, \text{ wenn } q \cdot {}^nE'\{q\} - n \cdot {}^nE\{q\} < 0$$

Jetzt die Σ-Darstellungen von [11*] und [12*] eingesetzt und nach einigen Äquivalenzumformungen:

$$r \cdot \sum\limits_{k=0}^{n-1} (n-k) \cdot q^k + a \cdot \sum\limits_{k=0}^{n-1} (n-k-1) \cdot (n-k) \cdot q^k > 0 \quad \leftrightarrow$$

[17*]: $a > -r \cdot \dfrac{\sum\limits_{k=0}^{n-1} (n-k) \cdot q^k}{\sum\limits_{k=0}^{n-1} (n-k-1) \cdot (n-k) \cdot q^k}$

Analog zu [7] genügt es zu zeigen, dass

[18*]:
$$\frac{3}{2\cdot(n-1)} < \frac{\sum_{k=0}^{n-1}(n-k)\cdot q^k}{\sum_{k=0}^{n-1}(n-k-1)\cdot(n-k)\cdot q^k}$$

Nach einigen Äquivalenzumformungen:

$$\sum_{k=0}^{n-1}(n-k)\cdot[-(n-1)+3k]\cdot q^k > 0$$

Setzt man die linke Seite dieser Ungleichung gleich $f\{q\}$, so entsteht ein Polynom $(n-1)$-ten Grades $f\{q\} = a_1 + a_2 q + \ldots + a_n q^{n-1}$ mit
$a_1 = -n\cdot(n-1) < 0$ für $n > 2$; $a_n = 2\cdot(n-1) > 0$ für $n > 2$.

$$\sum_{k=0}^{n-1}a_k = \sum_{k=0}^{n-1}\left[-n\cdot(n-1)+k\cdot(4n-1)-3\cdot k^2\right]$$

$$= -(n-1)\cdot n^2 + (4n-1)\frac{(n-1)\cdot n}{2} - 3\cdot\frac{(n-1)\cdot n\cdot(2n-1)}{6} = 0$$

Die Funktion $f\{q\}$ erfüllt daher die Voraussetzungen des Lehrsatzes aus Anhang VI. So ist [18*] bewiesen und damit auch [17*].

(C): Behauptung: $^nB''\{q\} > 0$ für $q > 1$, wenn $a > \dfrac{-3\cdot r}{2\cdot(n-1)}$. Beweis:

$$^nB'\{q\} = \frac{q\cdot{}^nE'\{q\} - n\cdot E\{q\}}{q^{n+1}} \quad \rightarrow$$

$$^nB''\{q\} = \frac{q^2\cdot{}^nE''\{q\} - 2nq\cdot{}^nE'\{q\} + n(n+1)\cdot{}^nE\{q\}}{q^{n+2}} \quad \rightarrow$$

$^nB''\{q\} > 0$, wenn $q^2\cdot{}^nE''\{q\} - 2nq\cdot{}^nE'\{q\} + n(n+1)\cdot{}^nE\{q\} > 0$

Wir setzen jetzt [1*], [2*] und [3*] ein. Nach geringfügiger Umformung ergibt sich

$$r\cdot\sum_{k=0}^{n-1}[k(k-1)-2nk+n(n+1)]\cdot q^k +$$

$$a\cdot\sum_{k=0}^{n-1}[k(k-1)-2nk+n(n+1)]\cdot(n-k-1)\cdot q^k > 0$$

Dann folgt durch Auflösung nach a :

[19*]:
$$a > -r\cdot\frac{\sum_{k=0}^{n-1}[k(k-1)-2nk+n(n+1)]\cdot q^k}{\sum_{k=0}^{n-1}[k(k-1)-2nk+n(n+1)]\cdot(n-k-1)\cdot q^k}$$

Analog zu [19] und [20] genügt es zu beweisen

[20*]:
$$\frac{4}{3 \cdot (n-1)} < \frac{\sum_{k=0}^{n-1} [k(k-1) - 2nk + n(n+1)] \cdot q^k}{\sum_{k=0}^{n-1} [k(k-1) - 2nk + n(n+1)] \cdot (n-k-1) \cdot q^k}$$

Nach Äquivalenzumformungen:

$$\sum_{k=0}^{n-1} \{-(n-k+1)(n-k) \cdot [(n-1) - 4k]\} \cdot q^k > 0$$

Setzt man die linke Seite dieser Ungleichung gleich $f\{q\}$, so erhält man ein Polynom $(n-1)$-ten Grades $f\{q\} = a_1 + a_2 q + \ldots + a_n q^{n-1}$ mit $a_1 = -(n-1) \cdot n \cdot (n+1) < 0$ für $n > 2$; $a_n = 6(n-1) > 0$ für $n > 2$

$$\sum_{k=0}^{n-1} a_k = \sum_{k=0}^{n-1} [-(n-1) \cdot n \cdot (n+1) + (6n^2 + 3n - 1) \cdot k - 3(3n+1) \cdot k^2 + 4k^3] =$$

$$-(n-1)n^2(n+1) + (6n^2 + 3n - 1) \cdot \frac{(n-1)n}{2} - 3(3n+1) \cdot \frac{(n-1)n(2n-1)}{6}$$
$$+ 4 \cdot \frac{(n-1)^2 n^2}{4} = 0$$

Damit erfüllt $f\{q\}$ die Voraussetzungen des Lehrsatzes aus Anhang VI. So ist [20*] bewiesen, folglich auch [19*].

Da $\dfrac{2}{n-1} > \dfrac{3}{2(n-1)} > \dfrac{4}{3(n-1)}$ für $n > 2$, gilt auch $\dfrac{-2r}{n-1} < \dfrac{-3r}{2(n-1)} < \dfrac{-4r}{3(n-1)}$.

Unter der Bedingung $a > \dfrac{-4r}{3(n-1)}$ und $n > 2$ ist $^{n}B\{q\} > 0$, streng monoton fallend und strikt konvex.

Ergebnis II.3.2.13:

Sei $r > 0$; $q > 1$; $n > 2$. Unter der Bedingung $a > \dfrac{-4r}{3(n-1)}$ ist die Barwertfunktion $^{n}B\{q\}$ streng monoton fallend und strikt konvex mit

$$0 < {}^{n}B\{q\} < n \cdot r + \frac{n \cdot (n-1)}{2} \cdot a$$

Sind nun r, n, a und ^nB unter den in II.3.2.13 formulierten Bedingungen gegeben, so kann die Barwertfunktion in eindeutiger Weise nach q aufgelöst werden. Da wir zur Auflösung das Newton'sche Näherungsverfahren benötigen, tragen wir jetzt die Voraussetzungen dafür zusammen:

Startwert: Nach II.3.2.10 gilt

$$^nB \cdot q^n = r \cdot q^{n-1} + (r + a) \cdot q^{n-2} + \ldots\ldots + (r + (n-1) \cdot a)$$

Die ersten k Summanden der rechten Seite seien nicht-negativ, die übrigen negativ. In vielen Fällen wird k = n sein. Wir bringen die negativen Summanden nach links:

$$^nB \cdot q^n - (r + k \cdot a) \cdot q^{n-k-1} - \ldots\ldots - (r + (n-1) \cdot a)$$
$$= r \cdot q^{n-1} + (r + a) \cdot q^{n-2} + \ldots\ldots + (r + (k-1) \cdot a) \cdot q^{n-k}$$

Abschätzung nach Teil A aus Anhang V:

$$^nB \cdot q^n - (r + k \cdot a) \cdot q^n - \ldots\ldots - (r + (n-1) \cdot a) \cdot q^n$$
$$> r \cdot q^{n-k} + (r + a) \cdot q^{n-k} + \ldots\ldots + (r + (k-1) \cdot a) \cdot q^{n-k}$$

Wir fassen die Koeffizienten zusammen. Rechts: $U = k \cdot r + \dfrac{k \cdot (k-1)}{2} \cdot a$;

links: $V = {}^nB - (n-k) \cdot r - \dfrac{(n+k-1) \cdot (n-k)}{2} \cdot a$. Die Ungleichung lautet dann:

$q^n \cdot V > q^{n-k} \cdot U ; q^k > \dfrac{U}{V}$; $q > \sqrt[k]{\dfrac{U}{V}}$. Die rechte Seite kann als Startwert

verwendet werden. Die Funktion $F\{q\}$ ergibt sich aus II.3.2.10 und
$F'\{q\} = {}^nB'\{q\}$

Ergebnis II.3.2.14:

Gegeben: $r > 0; q > 1; n \geq 2; a$ mit $a > \dfrac{-4 \cdot r}{3 \cdot (n-1)}$; ^nB mit

$0 < {}^nB < n \cdot r + \dfrac{n \cdot (n-1)}{2} \cdot a$.   Gesucht: q

$F\{q\} = \dfrac{r}{q^n} \cdot \dfrac{q^n - 1}{q - 1} + \dfrac{a}{q^n} \cdot \left[\dfrac{q^n - 1}{(q-1)^2} - \dfrac{n}{q-1} \right] - {}^nB$ streng monoton fallend

und strikt konvex.

$$F'\{q\} = \frac{-1}{q^{n+1} \cdot (q-1)^2} \cdot \left[a \cdot \left(2 \cdot q \cdot \frac{q^n - 1}{q-1} - 2 \cdot n - n \cdot (n+1) \cdot (q-1) \right) \right.$$
$$\left. + r \cdot \left(q \cdot (q^n - 1) - n \cdot (q-1) \right) \right]$$

Startwert: $\quad q_1 = \sqrt[k]{\dfrac{U}{V}} \quad$ mit $\quad U = k \cdot r + \dfrac{k \cdot (k-1)}{2} \cdot a \quad$ und

$V = {}^n B - (n-k) \cdot r - \dfrac{(n+k-1) \cdot (n-k)}{2} \cdot a$. $\quad k$ ist die Anzahl der nicht-negativen Rentenzahlungen in $\quad r, r+a, r+2 \cdot a, \ldots \ldots, r+(n-1) \cdot a$.

Beispiele:

(1) Gegeben: r = 2115 €; n = 6; a = 230 €; ^{n}B = 14210,92 €.
   Gesucht: q
   Lösung: q_1 = 1,021442; nach 2 Iterationen ergibt sich q = 1,035; p = 3,5

(2) Gegeben: r = 1988 €; n = 7; a = - 205 €; ^{n}B = 7432,17 €.
   Gesucht: q
   Lösung: q_1 = 1,03741; nach 3 Iterationen ergibt sich q = 1,082; p = 8,2

(3) Gegeben: r = 3572 €; n = 4; a = - 35 €; ^{n}B = 12294,34 €.
   Gesucht: q
   Lösung: q_1 = 1,033345; nach 3 Iterationen ergibt sich q = 1,055; p = 5,5

II.3.2 AUFGABEN

Die Aufgaben 1 bis 16 beziehen sich auf die
Fragestellungen II.3.2.1 und II.3.2.8.

1. Gegeben: Vorschüssige arithmetische ZE-Rente mit r (€), a (€), n und q.
Gesucht: Endwert ^VE und Barwert ^VB

	r	a	n	q
(a)	3150,00	380,00	7	1,052
(b)	7820,00	- 550,00	6	1,069
(c)	1370,00	- 80,00	5	1,075
(d)	790,00	120,00	9	1,081
(e)	12130,00	1560,00	8	1,025
(f)	1915,00	- 250,00	10	1,040

2. Gegeben: Nachschüssige arithmetische ZE-Rente mit r (€), a (€), n und q.
Gesucht: Endwert ^nE und Barwert ^nB

	r	a	n	q
(a)	2130,00	285,00	7	1,063
(b)	6790,00	- 650,00	9	1,045
(c)	1295,00	- 90,00	5	1,078
(d)	680,00	110,00	8	1,068
(e)	9320,00	- 1100,00	6	1,031
(f)	2440,00	- 355,00	10	1,054

3. Jemand erwartet eine arithmetische ZE-Rente mit r = 2500 €; a = - 350 € und n = 7. Man gebe die sieben Rentenzahlungen an.

4. Man löse die beiden Endwertformeln (II.3.2.2 und II.3.2.3) und die beiden Barwertformeln (II.3.2.9 und II.3.2.10) nach r auf.

5. Zahlenbeispiele zur Aufgabe 4:

(a) Gegeben: n = 7   a = - 100 €;   q = 1,055 und ^VE =   9387,60 €
(b) Gegeben: n = 10   a =   150 €;   q = 1,09 und ^nE = 23088,17 €
(c) Gegeben: n = 11   a = - 20 €;   q = 1,043 und ^VB = 8300,00 €
(d) Gegeben: n = 12   a = - 35 €;   q = 1,047 und ^nB = 9500,00 €
Gesucht ist jeweils r.

6. Man löse die beiden Barwertformeln (II.3.2.9 und II.3.2.10) und die beiden Endwertformeln (II.3.2.2 und II.3.2.3) nach a auf.

7. Zahlenbeispiele zur Aufgabe 6:

(a) Gegeben: $n = 10$; $r = 1500$ €; $q = 1{,}075$ und $^{V}B = 9500$ €

(b) Gegeben: $n = 9$; $r = 1890$ €; $q = 1{,}084$ und $^{n}B = 10050{,}00$ €

(c) Gegeben: $n = 8$; $r = 1700$ €; $q = 1{,}095$ und $^{V}E = 32074{,}71$ €

(d) Gegeben: $n = 8$; $r = 1700$ €; $q = 1{,}095$ und $^{n}E = 12290{,}92$ €

Gesucht ist jeweils a.

8. Von einer vorschüssigen arithmetischen ZE-Rente kennt man r (€), a (€), n und ^{V}E (€). Mit welchem Zinsfuß p wurde gerechnet?

	r	a	n	^{V}E
(a)	2000,00	250,00	9	39641,12
(b)	3000,00	- 150,00	6	20149,79
(c)	2500,00	- 230,00	11	25892,06
(d)	2977,00	105,00	6	27114,00
(e)	1405,00	- 115,00	7	10000,00
(f)	993,00	- 55,00	8	8455,00

9. Von einer nachschüssigen arithmetischen ZE-Rente kennt man r (€), a (€), n und ^{n}E (€). Mit welchem Zinsfuß p wurde gerechnet?

	r	a	n	^{n}E
(a)	1600,00	180,00	12	40569,77
(b)	2000,00	- 100,00	7	15057,98
(c)	1000,00	- 200,00	5	3681,07
(d)	1850,00	- 195,00	6	10500,00
(e)	2210,00	- 410,00	8	11250,00
(f)	810,00	52,00	10	13110,00

10. Von einer vorschüssigen arithmetischen ZE-Rente kennt man r (€), a (€), n und ^{V}B (€). Mit welchem Zinsfuß p wurde gerechnet?

	r	a	n	^{V}B
(a)	1000,00	150,00	6	7251,43
(b)	1400,00	- 109,00	7	6520,00
(c)	2295,00	- 73,00	4	8000,00
(d)	3100,00	120,00	6	18000,00
(e)	435,00	305,00	5	4200,00
(f)	1233,00	- 155,00	7	4700,00

11. Man kennt von einer nachschüssigen arithmetischen ZE-Rente r (€), a (€), n und ^{n}B (€). Mit welchem Zinsfuß p wurde gerechnet?

	r	a	n	^{n}B
(a)	1000,00	50,00	5	4596,19
(b)	5300,00	- 265,00	15	34551,59
(c)	2200,00	225,00	6	14300,00
(d)	2005,00	- 205,00	7	7400,00
(e)	3560,00	- 50,00	4	12200,00
(f)	1520,00	- 34,00	9	10000,00

II.3.2 LÖSUNGEN

L1. Nach II.3.2.2 und II.3.2.9 :

	(a)	(b)	(c)
^{v}E (€) =	36307,29	49974,21	7627,35
^{v}B (€) =	25461,47	33487,26	5312,90
	(d)	(e)	(f)
^{v}E (€) =	16377,83	155700,50	10871,65
^{v}B (€) =	8125,03	127790,60	7344,50

L2. Nach II.3.2.3 und II.3.2.10 :

	(a)	(b)	(c)
^{n}E (€) =	24697,77	47315,79	6594,03
^{n}B (€) =	16103,68	31839,01	4529,57
	(d)	(e)	(f)
^{n}E (€) =	10463,10	43239,29	12761,65
^{n}B (€) =	6181,45	36001,99	7542,24

L3. 2500 €; 2150 €; 1800 €; 1450 €; 1100 €; 750 €; 400 €.

L4. (a) Nach II.3.2.2 :
$$r = \frac{^{v}E - a \cdot q \cdot \left[\dfrac{q^{n}-1}{(q-1)^{2}} - \dfrac{n}{q-1} \right]}{q \cdot \dfrac{q^{n}-1}{q-1}}$$

(b) Nach II.3.2.3 : $\quad r = \dfrac{{}^n E - a \cdot \left[\dfrac{q^n - 1}{(q-1)^2} - \dfrac{n}{q-1} \right]}{\dfrac{q^n - 1}{q - 1}}$

(c) Nach II.3.2.9 : $\quad r = \dfrac{{}^v B \cdot q^{n-1} - a \cdot \left[\dfrac{q^n - 1}{(q-1)^2} - \dfrac{n}{q-1} \right]}{\dfrac{q^n - 1}{q - 1}}$

(d) Nach II.3.2.10 : $\quad r = \dfrac{{}^n B \cdot q^{n} - a \cdot \left[\dfrac{q^n - 1}{(q-1)^2} - \dfrac{n}{q-1} \right]}{\dfrac{q^n - 1}{q - 1}}$

L5. (a) r = 1355 €   (b) r = 950 €   (c) r = 1014,74 €   (d) r = 1227,22 €

L6. (a)   Nach II.3.2.9 :

$a = \dfrac{{}^v B \cdot q^{n-1} - r \cdot \dfrac{q^n - 1}{q - 1}}{\dfrac{q^n - 1}{(q-1)^2} - \dfrac{n}{q-1}}$

(b)   Nach II.3.2.10 :

$a = \dfrac{{}^n B \cdot q^{n} - r \cdot \dfrac{q^n - 1}{q - 1}}{\dfrac{q^n - 1}{(q-1)^2} - \dfrac{n}{q-1}}$

(c)   Nach II.3.2.2 :

$a = \dfrac{\dfrac{{}^v E}{q} - r \cdot \dfrac{q^n - 1}{q - 1}}{\dfrac{q^n - 1}{(q-1)^2} - \dfrac{n}{q-1}}$

(d)   Nach II.3.2.3 :

$a = \dfrac{{}^n E - r \cdot \dfrac{q^n - 1}{q - 1}}{\dfrac{q^n - 1}{(q-1)^2} - \dfrac{n}{q-1}}$

L7. (a) a = - 54,38 €   (b) a = - 73,36 €   (c) a = 300 €   (d) a = - 200 €

L8. Nach II.3.2.5 : q wird auf drei Stellen hinter dem Komma angegeben. Die Anzahl der Iterationen steht hinter q in eckigen Klammern.
(a) 1,0850 [5]   (b) 1,0677 [4]   (c) 1,0725 [8]   (d) 1,0985 [4]
(e) 1,0677 [5]   (f) 1,0571 [5]

L9. Nach II.3.2.7 : q wird auf drei Stellen hinter dem Komma angegeben. Die Anzahl der Iterationen steht hinter q in eckigen Klammern.
(a) 1,0550 [5]   (b) 1,0723 [4] (c) 1,0780 [3]   (d) 1,0861 [4]
(e) 1,1010 [6]   (f) 1,0543 [4]

L10. Nach II.3.2.12: q wird auf drei Stellen hinter dem Komma angegeben. Die Anzahl der Iterationen steht hinter q in eckigen Klammern.
(a) 1,0480 [3]   (b) 1,0586 [3] (c) 1,0645 [3]   (d) 1,0507 [3]
(e) 1,0909 [3]   (f) 1,0665 [3]

L11. Nach II.3.2.13: q wird auf drei Stellen hinter dem Komma angegeben. Die Anzahl der Iterationen steht hinter q in eckigen Klammern.
(a) 1,0610 [3]   (b) 1,0690 [3] (c) 1,0409 [2]   (d) 1,0876 [3]
(e) 1,0560 [3]   (f) 1,0480 [3]

3.3 GEOMETRISCHE RENTEN

Fragestellung II.3.3.1:

Vor.1 (vgl. I.1). Jemand zahlt von der ersten bis zur n-ten ZE (einschließ-lich) eine geometrische ZE-Rente $r, r \cdot Q, r \cdot Q^2, r \cdot Q^3, \ldots, r \cdot Q^{n-1}$ **mit r > 0;**
Q > 0; Q ≠ 1   **(a) vorschüssig (jeweils am Anfang der ZE)**
                          (b) nachschüssig (jeweils am Ende der ZE)
bei einer Bank auf ein Konto ein. Wie hoch ist der Endwert
          (a) ^{v}E **(b)** ^{n}E **dieser Rente?**

(a) Aufzinsung aller Rentenzahlungen zum Ende der n-ten ZE:
[1]: $^{v}E = r \cdot q^n + r \cdot Q \cdot q^{n-1} + r \cdot Q^2 \cdot q^{n-2} + \ldots + r \cdot Q^{n-1} \cdot q$

Ist Q = q, so ergibt diese Summe
$^{v}E = r \cdot n \cdot Q^n$. Für die weiteren Umformungen setzen wir Q ≠ q voraus:

Man klammere in [1] auf der rechten Seite $r \cdot q^n$ aus:

[2]: $^{v}E = r \cdot q^n \cdot \left[1 + \dfrac{Q}{q} + \left(\dfrac{Q}{q} \right)^2 + \left(\dfrac{Q}{q} \right)^3 + \ldots + \left(\dfrac{Q}{q} \right)^{n-1} \right]$

In der eckigen Klammer steht eine geometrische Summe mit dem Faktor $\dfrac{Q}{q} \neq 1$:

$$^{v}E = \frac{-1 + \left(\dfrac{Q}{q} \right)^n}{-1 + \dfrac{Q}{q}} \cdot r \cdot q^n = r \cdot q \cdot \frac{Q^n - q^n}{Q - q}$$

Zusammen:

Ergebnis II.3.3.2: Endwertformel einer **vorschüssigen** geometrischen Rente:

$$^{v}E = r \cdot n \cdot Q^{n} \qquad \text{für } Q = q$$

$$^{v}E = r \cdot q \cdot \frac{Q^{n} - q^{n}}{Q - q} \quad \text{für } Q \neq q$$

Beispiel:

(1) Gegeben: r = 5000 €; q = 1,08; Q = 1,05; n = 7 . Gesucht: ^{v}E
   Lösung: ^{v}E = 55210,29 €
(2) Gegeben: r = 3350 €; q = 1,055; Q = 0,96; n = 5 . Gesucht: ^{v}E
   Lösung: ^{v}E = 18288,34 €

(b) Aufzinsung aller Rentenzahlungen zum Ende der n-ten ZE:

[3]: $^{n}E = r \cdot q^{n-1} + r \cdot Q \cdot q^{n-2} + r \cdot Q^{2} \cdot q^{n-3} + \dots\dots + r \cdot Q^{n-1}$

Analog zum gerade behandelten Fall ergibt sich:

Ergebnis II.3.3.3: Endwertformel einer **nachschüssigen** geometrischen Rente

$$^{n}E = r \cdot n \cdot Q^{n-1} \qquad \text{für } Q = q$$

$$^{n}E = r \cdot \frac{Q^{n} - q^{n}}{Q - q} \qquad \text{für } Q \neq q$$

Beispiele:

(1) Gegeben: r = 1000 €; q = 1,09; Q = 0,95; n = 6 . Gesucht: ^{n}E
   Lösung: ^{n}E = 6728,63 €
(2) Gegeben: r = 4530 €; q = 1,065; Q = 1,03; n = 8 . Gesucht: ^{n}E
   Lösung: ^{n}E = 50247,48 €

Der Endwert als Funktion von q

(a) ^vE als Funktion von q: $\quad ^vE\{q\}\quad$ für $r > 0;\ Q > 0;\ Q \neq 1;\ n \geq 1;\ q > 1$

$n = 1$: $^vE = r \cdot q$. Es handelt sich um eine streng monoton steigende, aber nicht strikt konvexe Funktion. Die Auflösung nach q ist trivial.

$n > 1$: $\quad ^vE\{q\} = r \cdot \sum\limits_{k=1}^{n} q^k \cdot Q^{n-k}$; $\quad ^vE'\{q\} = r \cdot \sum\limits_{k=1}^{n} k \cdot q^{k-1} \cdot Q^{n-k}$

$$^vE''\{q\} = r \cdot \sum\limits_{k=1}^{n} k \cdot (k-1) \cdot q^{k-2} \cdot Q^{n-k}$$

Aus den Koeffizienten aller drei Gleichungen erkennt man unmittelbar, dass $^vE\{q\} > 0$; $^vE'\{q\} > 0$ und $^vE''\{q\} > 0$ für $q > 1$ und $n > 1$. $^vE\{q\}$ ist somit unter diesen Bedingungen streng monoton steigend und strikt konvex.

$^vE\{1\} = r \cdot \dfrac{Q^n - 1}{Q - 1}$. Wegen des streng monotonen Wachstums gilt somit

$$^vE\{q\} > r \cdot \frac{Q^n - 1}{Q - 1} \quad \text{für alle q} > 1 \ . \qquad \text{Zusammen:}$$

Ergebnis II.3.3.4:

Seien $r > 0;\ Q > 0;\ Q \neq 1;\ n > 1$. Dann ist $^vE\{q\}$ für $q > 1$ streng monoton steigend und strikt konvex mit $^vE\{q\} > r \cdot \dfrac{Q^n - 1}{Q - 1}$

Sind nun n, r, Q und ^vE im Rahmen der in II.3.3.4 genannten Bedingungen gegeben, so lässt sich die Endwertfunktion eindeutig nach q auflösen.

Aus [2] folgt: $\dfrac{{}^{v}E}{r \cdot Q^n} = \dfrac{q}{Q} + \left(\dfrac{q}{Q}\right)^2 + \ldots + \left(\dfrac{q}{Q}\right)^n$. Diese Gleichung liefert unmittel-

bar den folgenden Zusammenhang: $\dfrac{{}^{v}E}{r \cdot Q^n} \begin{cases} > n \\ = n \\ < n \end{cases}$ genau dann, wenn $\begin{cases} q > Q \\ q = Q \\ q < Q \end{cases}$

Für die Auflösung der Endwertfunktion nach q lässt sich daraus entnehmen:

(i) Wenn ${}^{v}E = n \cdot r \cdot Q^n$, dann ist $q = Q$.

(ii) Wenn ${}^{v}E \neq n \cdot r \cdot Q^n$, also $q \neq Q$, dividieren wir [1] durch $(n \cdot r)$:

$$\frac{{}^{v}E}{n \cdot r} = \frac{1}{n} \cdot (q^n + Q \cdot q^{n-1} + Q^2 \cdot q^{n-2} + \ldots + Q^{n-1} \cdot q)$$

Rechts steht ein arithmetisches Mittel, das größer ist als das zugehörige geometrische Mittel:

$$\frac{{}^{v}E}{n \cdot r} > \sqrt[n]{q^{\frac{n \cdot (n+1)}{2}} \cdot Q^{\frac{n \cdot (n-1)}{2}}} \quad ; \quad \frac{{}^{v}E}{n \cdot r} > q^{\frac{n+1}{2}} \cdot Q^{\frac{n-1}{2}} \quad \text{Quadrieren:}$$

$$\frac{{}^{v}E^2}{n^2 \cdot r^2} > q^{n+1} \cdot Q^{n-1} \quad ; \quad q^{n+1} < \frac{{}^{v}E^2 \cdot Q^2}{n^2 \cdot r^2 \cdot Q^{n+1}} \quad ; \quad q < \frac{1}{Q} \cdot \sqrt[n+1]{\frac{{}^{v}E \cdot Q}{n \cdot r}}^2$$

Der Wurzel-Term auf der rechten Seite dieser Ungleichung kann als Startwert für das Newton'sche Verfahren verwendet werden. $F\{q\}$ lässt sich aus II.3.3.2 entnehmen und $F'\{q\}$ mit Hilfe der Quotientenregel berechnen.

Ergebnis II.3.3.5:

Gegeben: $r > 0$; $Q > 0$; $Q \neq 1$; $n > 1$; ${}^{v}E$ mit ${}^{v}E > r \cdot \dfrac{Q^n - 1}{Q - 1}$. Gesucht: q

Wenn ${}^{v}E = n \cdot r \cdot Q^n$, dann ist $q = Q$. Wenn ${}^{v}E \neq n \cdot r \cdot Q^n$:

$F\{q\} = r \cdot q \cdot \dfrac{Q^n - q^n}{Q - q} - {}^{v}E$ streng monoton steigend und strikt konvex für $q > 1$

$F'\{q\} = r \cdot \dfrac{n \cdot q^{n+1} + Q \cdot [Q^n - (n+1) \cdot q^n]}{(Q - q)^2}$. Startwert: $q_1 = \dfrac{1}{Q} \cdot \sqrt[n+1]{\dfrac{{}^{v}E \cdot Q}{n \cdot r}}^2$

Beispiele:

(1) Gegeben: n = 7; r = 3200 €; Q = 1,1; $^v E$ = 40000 €. Gesucht: q
   Lösung: q_1 = 1,076238; nach einer Iteration ergibt sich q = 1,076; p = 7.6

(2) Gegeben: n = 4; r = 3255 €; Q = 1,04; $^v E$ = 16169,17 €. Gesucht: q
   Lösung: q_1 = 1,06515; nach einer Iteration ergibt sich q = 1,065;   p = 6,5

(3) Gegeben: n = 9; R = 450 €; Q = 0,98; $^v E$ = 4480,93 €. Gesucht: q
   Lösung: q_1 = 1,037055; nach 2 Iterationen ergibt sich q = 1,035; p = 3,5

(b) $^n E$ als Funktion von q: $^n E\{q\}$ für $r > 0$; $Q > 0$; $Q \neq 1$; $n \geq 1$; $q > 1$

Da der Fall **n = 1** uninteressant ist, ergibt sich aus [3]:
n = 2 : $^n E\{q\} = rq + rQ$. Es handelt sich um eine streng monoton steigende,
aber nicht strikt konvexe Funktion. Die Auflösung nach q ist trivial.

$$\mathbf{n > 2 :} \quad ^n E\{q\} = r \cdot \sum_{k=0}^{n-1} q^k \cdot Q^{n-k-1} \; ; \; ^n E'\{q\} = r \cdot \sum_{k=0}^{n-1} k \cdot q^{k-1} \cdot Q^{n-k-1}$$

$$^n E''\{q\} = r \cdot \sum_{k=0}^{n-1} k \cdot (k-1) \cdot q^{k-2} \cdot Q^{n-k-1}$$

Die Koeffizienten aller drei Gleichungen zeigen, dass $^n E\{q\} > 0$, $^n E'\{q\} > 0$ und
$^n E''\{q\} > 0$. $^n E\{q\}$ ist also für $q > 1$ streng monoton steigend und strikt konvex.

Da $^n E\{1\} = r \cdot \dfrac{Q^n - 1}{Q - 1}$ gilt wegen des streng monotonen Wachstums der End-

wertfunktion $^n E\{q\} > r \cdot \dfrac{Q^n - 1}{Q - 1}$ für alle q > 1.   Zusammen:

Ergebnis II.3.3.6:

Sei $r > 0$; $Q > 0$; $Q \neq 1$; $n > 2$. Dann ist $^n E\{q\}$ für $q > 1$ streng monoton stei-

gend und strikt konvex mit $^n E\{q\} > r \cdot \dfrac{Q^n - 1}{Q - 1}$

Jetzt seien nun n, r, Q und ^{n}E unter den in II.3.3.6 genannten Bedingungen gegeben. Dann lässt sich die Endwertfunktion eindeutig nach q auflösen. Aus Gleichung [3] folgt: $\dfrac{^{n}E}{r \cdot Q^{n-1}} = 1 + \dfrac{q}{Q} + \left(\dfrac{q}{Q}\right)^{2} + \dots\dots + \left(\dfrac{q}{Q}\right)^{n-1}$. Hieraus ist unmit-

telbar ersichtlich: $\dfrac{^{n}E}{r \cdot Q^{n-1}} \begin{cases} > n \\ = n \\ < n \end{cases}$ genau dann, wenn $\begin{cases} q > Q \\ q = Q \\ q < Q \end{cases}$

Für die Auflösung der Endwertfunktion nach q lässt sich daraus entnehmen:

(i) Wenn $^{n}E = n \cdot r \cdot Q^{n-1}$, dann ist $q = Q$.

(ii) Wenn $^{n}E \neq n \cdot r \cdot Q^{n-1}$, also $q \neq Q$, dividieren wir [3] durch $(n \cdot r)$:

$$\frac{^{n}E}{n \cdot r} = \frac{1}{n} \cdot (q^{n-1} + Q \cdot q^{n-2} + Q^{2} \cdot q^{n-3} + \dots\dots + Q^{n-1})$$

Rechts steht ein arithmetisches Mittel, das größer ist als das zugehörige geometrische Mittel: $\dfrac{^{n}E}{n \cdot r} > \sqrt[n]{q^{\frac{n \cdot (n-1)}{2}} \cdot Q^{\frac{n \cdot (n-1)}{2}}}$; $\dfrac{^{n}E}{n \cdot r} > q^{\frac{n-1}{2}} \cdot Q^{\frac{n-1}{2}}$ Quadrieren:

$$\frac{^{n}E^{2}}{n^{2} \cdot r^{2}} > q^{n-1} \cdot Q^{n-1} \;\rightarrow\; q^{n-1} < \frac{^{n}E^{2}}{n^{2} \cdot r^{2} \cdot Q^{n-1}} \;\rightarrow\; q < \frac{1}{Q} \cdot {}^{n-1}\!\sqrt{\frac{^{n}E}{n \cdot r}^{2}}$$

Die rechte Seite der letzten Ungleichung kann als Startwert für das Newton'sche Verfahren Verwendung finden. $F\{q\}$ ergibt sich aus II.3.3.3 und $F'\{q\}$ nach der Quotientenregel.

Ergebnis II.3.3.7:

Gegeben: $r > 0$; $Q > 0$; $Q \neq 1$; $n > 2$; ^{n}E mit $^{n}E > r \cdot \dfrac{Q^{n}-1}{Q-1}$.   Gesucht: q

Wenn $^{n}E = n \cdot r \cdot Q^{n-1}$, dann ist $q = Q$. Wenn $^{n}E \neq n \cdot r \cdot Q^{n-1}$:

$F\{q\} = r \cdot \dfrac{Q^{n} - q^{n}}{Q - q} - {}^{n}E$ streng monoton steigend und strikt konvex für $q > 1$

$F'\{q\} = r \cdot \dfrac{(n-1) \cdot q^{n} + Q \cdot \left[Q^{n-1} - n \cdot q^{n-1}\right]}{(Q-q)^{2}}$. Startwert: $q_{1} = \dfrac{1}{Q} \cdot {}^{n-1}\!\sqrt{\dfrac{^{n}E}{n \cdot r}^{2}}$

Beispiele:

(1) Gegeben: n = 3; r = 5230 €; Q = 1,045; ^nE = 17714,14 €. Gesucht:q
   Lösung: q_1 = 1,080391; nach einer Iteration ergibt sich q = 1,08; p = 8

(2) Gegeben: n = 7; r = 4221 €; Q = 0,85; ^nE = 25384,38 €. Gesucht: q
   Lösung: q_1 = 1,118404; nach 3 Iterationen ergibt sich q = 1,078; p = 7,8

(3) Gegeben: n = 5; r = 928 €; Q = 1,08; ^nE = 5916,56 €. Gesucht: q
   Lösung: q_1 = 1,045567; nach einer Iteration ergibt sich q = 1,045; p = 4,5

Fragestellung II.3.3.8:

Vor.1 (vgl. I.1). Jemand zahlt von der ersten bis zur n-ten ZE (einschließ-lich) eine geometrische ZE-Rente $r, r \cdot Q, r \cdot Q^2, r \cdot Q^3, \ldots\ldots, r \cdot Q^{n-1}$ **mit r > 0;**

Q > 0; Q ≠ 1; n > 1   (a) vorschüssig (jeweils am Anfang der ZE)

(b) nachschüssig (jeweils am Ende der ZE)

bei einer Bank auf ein Konto ein. Wie hoch ist der Barwert

(a) ^vB **(b)** ^nB **dieser Rente?**

(a) Man erhält den gesuchten Barwert, wenn man alle Rentenzahlungen auf den Anfang der ersten ZE abzinst.

[4]:
$$^vB = r + \frac{r \cdot Q}{q} + \frac{r \cdot Q^2}{q^2} + \frac{r \cdot Q^3}{q^3} + \ldots\ldots + \frac{r \cdot Q^{n-1}}{q^{n-1}}$$

Für $q = Q$ ergibt sich $^vB = n \cdot r$. Für die weiteren Umformungen können wir $q \neq Q$ voraussetzen. Aus II.3.3.2 und der Gleichung $^vB = \dfrac{^vE}{q^n}$ folgt:

Ergebnis II.3.3.9: **Barwertfunktion** einer **vorschüssigen** geometrischen Rente

---

$$^vB = n \cdot r \qquad \text{für } q = Q$$

$$^vB = \frac{r}{q^{n-1}} \cdot \frac{Q^n - q^n}{Q - q} \qquad \text{für } q \neq Q$$

Beispiele:

(1) Gegeben: n = 5; r = 3350 €; Q = 0,96; q = 1,055 .   Gesucht: ^vB
    Lösung: ^vB = 13993,04 €

(2) Gegeben: n = 8; r = 4530 €; Q = 1,03; q = 1,065 .   Gesucht: ^vB
    Lösung: ^vB = 32334,54 €

(b) Abzinsung aller Rentenzahlungen auf den Anfang der ersten ZE:

[5] : $$^nB = \frac{r}{q} + \frac{r \cdot Q}{q^2} + \frac{r \cdot Q^2}{q^3} + \frac{r \cdot Q^3}{q^4} + \ldots\ldots + \frac{r \cdot Q^{n-1}}{q^n}$$

Für q = Q ergibt sich aus [5] $^nB = \dfrac{n \cdot r}{Q}$, für q ≠ Q greifen wir auf II.3.3.3 und

auf die Gleichung $^nB = \dfrac{^nE}{q^n}$ zurück:

Ergebnis II.3.3.10:
Barwertfunktion einer **nachschüssigen** geometrischen Rente:

$$^nB = \frac{n \cdot r}{Q} \qquad\qquad \text{für } q = Q$$

$$^nB = \frac{r}{q^n} \cdot \frac{Q^n - q^n}{Q - q} \qquad\qquad \text{für } q \neq Q$$

Beispiele:

(1) Gegeben: n = 4; r = 8250 €; Q = 0,88; q = 1,051.   Gesucht: ^nB
    Lösung: ^nB = 24533,10 €

(2) Gegeben: n = 11; r = 766 €; Q = 1,02; q = 1,085.   Gesucht: ^nB
    Lösung: ^nB = 5811,65 €

Der Barwert als Funktion von q

(a) ^vB **als Funktion von q:** $^vB\{q\}$ für r > 0; Q > 0; Q ≠ 1; n > 1; q > 1

[4] : $\qquad ^vB\{q\} = r \cdot \sum_{k=0}^{n-1} \frac{Q^k}{q^k} \;\rightarrow\; ^vB'\{q\} = -r \cdot \sum_{k=0}^{n-1} k \cdot \frac{Q^k}{q^{k+1}}$

$$^vB\{q\} = r \cdot \sum_{k=0}^{n-1} k \cdot (k+1) \cdot \frac{Q^k}{q^{k+2}}$$

An den Koeffizienten aller drei Gleichungen erkennt man unmittelbar, dass

$^vB\{q\} > 0$, $^vB'\{q\} < 0$ und $^vB''\{q\} > 0$ für q > 1 und n > 1.

$^vB\{q\}$ ist daher streng monoton fallend und strikt konvex.

$$^vB\{1\} = r \cdot \frac{Q^n - 1}{Q - 1} \quad \text{und} \quad \lim_{q \to \infty} {}^vB\{q\} = r. \qquad \text{Zusammen:}$$

Ergebnis II.3.3.11

Sei $r > 0$; $Q > 0$; $Q \neq 1$; $n > 1$. Dann ist $^vB\{q\}$ für $q > 1$ eine streng monoton fallende und strikt konvexe Funktion mit $\; r < {}^vB\{q\} < r \cdot \dfrac{Q^n - 1}{Q - 1}$

Sind n, r, Q und ^vB im Rahmen der Bedingungen von II.3.3.11 gegeben, so lässt sich die Barwertfunktion eindeutig nach q auflösen.

Wenn $^vB = n \cdot r \;\rightarrow\; q = Q$

Wenn $^vB \neq n \cdot r$, also q ≠ Q, multiplizieren wir mit q^{n-1} und dividieren anschließend durch (n · r):

$$\frac{^vB}{n \cdot r} \cdot q^{n-1} = \frac{q^{n-1} + Q \cdot q^{n-2} + Q^2 \cdot q^{n-3} + \ldots + Q^{n-1}}{n}$$

Rechts steht ein arithmetisches Mittel, das größer ist als das zugehörige geometrische Mittel:

$$\frac{{}^vB}{n\cdot r}\cdot q^{n-1} > \sqrt[n]{q^{\frac{n\cdot(n-1)}{2}}\cdot Q^{\frac{n\cdot(n-1)}{2}}} \quad \rightarrow \quad \frac{{}^vB}{n\cdot r}\cdot q^{n-1} > q^{\frac{n-1}{2}}\cdot Q^{\frac{n-1}{2}}$$

Division durch $q^{\frac{n-1}{2}}$: $\dfrac{{}^vB}{n\cdot r}\cdot q^{\frac{n-1}{2}} > Q^{\frac{n-1}{2}}$. Quadrieren: $\dfrac{{}^vB^2}{n^2\cdot r^2}\cdot q^{n-1} > Q^{n-1}$

Division durch den Faktor q^{n-1} :

$$q^{n-1} > \frac{Q^{n-1}\cdot n^2\cdot r^2}{{}^vB^2} \quad \rightarrow \quad q > Q\cdot \sqrt[n-1]{\frac{n\cdot r}{{}^vB}}^{2}$$

Der Wurzelterm der rechten Seite kann als Startwert für das Newton'sche Näherungsverfahren betrachtet werden. F{q} erhält man aus II.3.3.9 und F'{q} mit Hilfe der Quotientenregel.

Ergebnis II.3.3.12

Gegeben: $r > 0$, $Q > 0$, $Q \neq 1$, $n > 1$ und ${}^vB$ mit $r < {}^vB\{q\} < r\cdot\dfrac{Q^n-1}{Q-1}$

Gesucht: q \qquad\qquad Wenn ${}^vB = n\cdot r$, so gilt $q = Q$.

Wenn ${}^vB \neq n\cdot r$: \quad $F\{q\} = \dfrac{r}{q^{n-1}}\cdot\dfrac{q^n-Q^n}{q-Q} - {}^vB$ streng monoton fallend und

strikt konvex.

$$F'\{q\} = \frac{-r\cdot Q}{q^n\cdot(Q-q)^2}\cdot\left[(n-1)\cdot Q^n - n\cdot q\cdot Q^{n-1}+q^n\right]$$

$$\text{Startwert: } q_1 = Q\cdot\sqrt[n-1]{\frac{n\cdot r}{{}^vB}}^{2}$$

Beispiele:

(1) Gegeben: n = 7; r = 5000 €; Q = 1,05; ${}^vB$ = 32214,70 €. Gesucht: q
Lösung: q_1 = 1,079429; nach einer Iteration ergibt sich q = 1,08 → p = 8

(2) Gegeben: n = 4; r = 3144 €; Q = 1,041; ${}^vB$ = 12500 €. Gesucht: q
Lösung: q_1 = 1,045215; nach einer Iteration ergibt sich q = 1,0542 → p = 5,42

(3) Gegeben: n = 9; r = 445 €; Q = 0,98; ${}^vB$ = 3345 €. Gesucht: q
Lösung: q_1 = 1,025127; nach zwei Iterationen ergibt sich q = 1,027 → p = 2,7

(b) ^nB **als Funktion von q:** $^nB\{q\}$ für r > 0; Q > 0; Q ≠ 1; n ≥ 1; q > 1

n = 1 : $^nB\{q\} = \dfrac{r}{q}$. Diese rechtwinklige Hyperbel ist für q > 1 streng monoton fallend und strikt konvex. Die Auflösung nach q ist trivial.

n > 1 :

[5] : $\quad ^nB\{q\} = r \cdot \displaystyle\sum_{k=1}^{n} \frac{Q^{k-1}}{q^k} \;\rightarrow\; ^nB'\{q\} = -r \cdot \displaystyle\sum_{k=1}^{n} k \cdot \frac{Q^{k-1}}{q^{k+1}} \;\rightarrow$

$$^nB''\{q\} = r \cdot \sum_{k=1}^{n} k \cdot (k+1) \cdot \frac{Q^{k-1}}{q^{k+2}}$$

An den Koeffizienten aller drei Gleichungen erkennt man unmittelbar, daß

$\quad ^nB\{q\} > 0,\; ^nB'\{q\} < 0$ und $^nB''\{q\} > 0$ für q > 1 und n > 1.

$^nB\{q\}$ ist daher streng monoton fallend und strikt konvex.

$$^nB\{1\} = r \cdot \frac{Q^n - 1}{Q - 1} \quad \text{und} \quad \lim_{q \to \infty} {}^nB\{q\} = 0 . \quad \text{Zusammen:}$$

Ergebnis II.3.3.13

> Sei r > 0; Q > 0; Q ≠ 1; n > 1. Dann ist $^nB\{q\}$ für q > 1 eine streng monoton fallende und strikt konvexe Funktion mit $\; 0 < {}^nB\{q\} < r \cdot \dfrac{Q^n - 1}{Q - 1}$

Sind n, r, Q und ^nB im Rahmen der Bedingungen von II.3.3.13 gegeben, so lässt sich die Barwertfunktion eindeutig nach q auflösen.

Wir multiplizieren $\; ^nB = r \cdot \displaystyle\sum_{k=1}^{n} \frac{Q^{k-1}}{q^k}$ mit Q : $\; ^nB \cdot Q = r \cdot \displaystyle\sum_{k=1}^{n} \left(\frac{Q}{q}\right)^k \;\rightarrow$

$$^nB \cdot q \begin{cases} > n \cdot r \\ = n \cdot r \\ < n \cdot r \end{cases} \text{genau dann, wenn} \begin{cases} Q < q \\ Q = q \\ Q < q \end{cases}$$

(i) Gilt $^nB \cdot q = n \cdot r$, so ist q = Q

(ii) Wenn $^{n}B \cdot Q \neq n \cdot r$, also $q \neq Q$, multiplizieren wir $^{n}B = r \cdot \sum\limits_{k=1}^{n} \dfrac{Q^{k-1}}{q^{k}}$ mit

q^{n} und dividieren anschließend durch $(n \cdot r)$:

$$\frac{^{n}B}{n \cdot r} \cdot q^{n} = \frac{q^{n-1} + Q \cdot q^{n-2} + Q^{2} \cdot q^{n-3} + \ldots\ldots + Q^{n-1}}{n}$$

Rechts steht ein arithmetisches Mittel, das größer ist als das zugehörige geometrische Mittel:

$$\frac{^{n}B}{n \cdot r} \cdot q^{n} > \sqrt[n]{q^{\frac{n \cdot (n-1)}{2}} \cdot Q^{\frac{n \cdot (n-1)}{2}}} \quad \rightarrow \quad \frac{^{n}B}{n \cdot r} \cdot q^{n} > q^{\frac{n-1}{2}} \cdot Q^{\frac{n-1}{2}}$$

Division durch $q^{\frac{n-1}{2}}$: $\quad \dfrac{^{n}B}{n \cdot r} \cdot q^{\frac{n+1}{2}} > Q^{\frac{n-1}{2}}$. Quadrieren: $\quad \dfrac{^{n}B^{2}}{n^{2} \cdot r^{2}} \cdot q^{n+1} > \dfrac{Q^{n+1}}{Q^{2}}$

Division durch den Faktor q^{n+1} :

$$q^{n+1} > \frac{Q^{n+1} \cdot n^{2} \cdot r^{2}}{^{n}B^{2} \cdot Q^{2}} \quad \rightarrow \quad q > Q \cdot \sqrt[n+1]{\frac{n \cdot r}{^{n}B \cdot Q}}^{2}$$

Der Wurzelterm der rechten Seite kann als Startwert für das Newton'sche Näherungsverfahren betrachtet werden. $F\{q\}$ erhält man aus II.3.3.10 und $F'\{q\}$ mit Hilfe der Quotientenregel.

Ergebnis II.3.3.14

Gegeben: $r > 0$, $Q > 0$, $Q \neq 1$, $n > 1$ und ^{n}B mit $0 < {}^{n}B\{q\} < r \cdot \dfrac{Q^{n} - 1}{Q - 1}$

Gesucht: q $\qquad\qquad$ Wenn $^{n}B \cdot Q = n \cdot r$, so gilt $q = Q$.

Wenn $^{n}B \cdot Q \neq n \cdot r$: $\quad F\{q\} = \dfrac{r}{q^{n}} \cdot \dfrac{q^{n} - Q^{n}}{q - Q} - {}^{n}B$ streng monoton fallend und

$\qquad\qquad\qquad\qquad\qquad\qquad\qquad\qquad$ strikt konvex.

$$F'\{q\} = \frac{-r}{q^{n+1} \cdot (Q - q)^{2}} \cdot \left[n \cdot Q^{n+1} - (n+1) \cdot q \cdot Q^{n} + q^{n+1} \right]$$

$$\text{Startwert: } q_{1} = Q \cdot \sqrt[n+1]{\frac{n \cdot r}{^{n}B \cdot Q}}^{2}$$

Beispiele:

(1) Gegeben: n = 5; r = 3350 € ; Q = 0,96; ^nB = 13263,54 € . Gesucht: q
    Lösung: q_1 = 1,051879; nach 2 Iterationen ergibt sich q = 1,055; p = 5,5

(2) Gegeben: n = 8; r = 4495 €; Q = 1,031; ^nB = 30000 € . Gesucht: q
    Lösung: q_1 = 1,066107; nach 2 Iterationen ergibt sich q = 1,0668; p = 6,68

(3) Gegeben: n = 4; r = 8140 €; Q = 0,89; ^nB = 24220 € . Gesucht: q
    Lösung: q_1 = 1,049635; nach 2 Iterationen ergibt sich q = 1,0574; p = 5,74

II.3.3 AUFGABEN

---

1. Gegeben ist eine geometrische Rente mit r = 2500 €, n = 10 und (a) Q = 1,06
(b) Q = 0,85 . Man berechne in jedem Fall die Höhe der zehn Rentenzahlungen.

2. Von einer nachschüssigen, geometrischen ZE-Rente sind gegeben: r, Q, n und
q. Gesucht : Endwert und Barwert.

	r (€)	Q	n	q
(a)	1200,00	1,067	6	1,045
(b)	825,00	1,088	10	1,055
(c)	450,00	1,04	8	1,045
(d)	693,00	0,8	5	1,069
(e)	980,00	0,99	10	1,056
(f)	766,00	1,02	11	1,085

3. Von einer vorschüssigen, geometrischen ZE-Rente sind gegeben: r, Q, n und
q. Gesucht : Endwert und Barwert.

	r (€)	Q	n	q
(a)	833,00	0,6	12	1,089
(b)	2115,00	1,01	7	1,025
(c)	8250,00	0,8	4	1,051
(d)	635,00	1,06	6	1,075
(e)	5230,00	1,045	3	1,08
(f)	985,00	0,99	10	1,065

4. Von einer vorschüssigen, geometrischen ZE-Rente ist gegeben: $Q = 1,01$; $n = 9$; $q = 1,056$ und $^{v}E = 25378,69$ €. Wie hoch ist die Anfangszahlung r ?

5. Von einer nachschüssigen, geometrischen ZE-Rente ist gegeben: $Q = 1,1$; $n = 4$; $q = 1,08$; $^{n}B = 8500$ €. Gesucht ist die Anfangszahlung r.

6. Gegeben: Vorschüssige, geometrische ZE-Rente mit r, Q, n und ^{v}E.
Gesucht: q

	r (€)	Q	n	^{v}E (€)
(a)	2760,00	0,93	9	27195,74
(b)	629,00	1,061	6	5700,00
(c)	5133,00	1,042	3	20000,00
(d)	4215,00	0,86	7	27350,00
(e)	2555,00	1,09	4	14001,34
(f)	928,00	1,08	5	6182,80

7. Gegeben: Nachschüssige, geometrische ZE-Rente mit r, Q, n und ^{n}E.
Gesucht: q

	r (€)	Q	n	^{n}E (€)
(a)	5000,00	1,05	7	51120,69
(b)	3255,00	1,04	4	15182,32
(c)	450,00	0,98	9	4329,41
(d)	635,00	1,06	6	5282,46
(e)	1200,00	0,91	6	6175,56
(f)	985,00	0,99	10	12775,52

8. Gegeben: Vorschüssige, geometrische ZE-Rente mit r, Q, n und ^{v}B.
Gesucht: q

	r (€)	Q	n	^{v}E (€)
(a)	2695,00	0,94	9	15300,00
(b)	642,00	1,06	6	3700,00
(c)	5342,00	1,046	3	14995,00
(d)	4000,00	0,87	7	15990,00
(e)	1005,00	0,98	10	7205,00
(f)	3200,00	0,99	5	14050,00

9. Gegeben: Nachschüssige, geometrische ZE-Rente mit r, Q, n und ^nB.
Gesucht: q

	r (€)	Q	n	^nB (€)
(a)	780,00	1,025	11	5905,00
(b)	1095,00	0,77	3	2498,00
(c)	485,00	1,02	8	3425,00
(d)	705,00	0,78	5	2000,00
(e)	2555,00	1,09	4	9662,54
(f)	4623,00	1,1	7	30700,00

II.3.3 LÖSUNGEN:

L1. Nach II.3.3.1 . In € :
(a) 2500,00 ; 2650,00 ; 2809,00 ; 2977,54 ; 3156,19 ; 3345,56 ; 3546,30 ;
3759,08 ; 3984,62 ; 4223,70
(b) 2500,00 ; 2125,00 ; 1806,25 ; 1535,31 ; 1305,02 ; 1109,26 ; 942,87 ;
801,44 ; 681,23 ; 579,04

L2. Nach II.3.3.3 und II.3.3.10 :

	(a)	(b)	(c)
^nE (€) =	9458,20	15403,46	4817,84
^nB (€) =	7262,91	9017,66	3387,84
	(d)	(e)	(f)
^nE (€) =	2752,24	12176,10	14256,95
^nB (€) =	1971,51	7061,04	5811,65

L3. Nach II.3.3.2 und II.3.3.9 :

	(a)	(b)	(c)
^vE (€) =	5156,54	16844,45	31460,53
^vB (€) =	1853,63	14170,65	25784,29
	(d)	(e)	(f)
^vE (€) =	5678,64	19131,27	13605,93
^vB (€) =	3679,54	15187,02	7248,23

L4. Nach II.3.3.2 für Q ≠ q . Aufl. nach r : $r = \dfrac{{}^{v}E \cdot (Q - q)}{q \cdot (Q^n - q^n)}$; r = 2050 €

L5. Nach II.3.3.10 für Q ≠ q . Aufl. nach r: $r = \dfrac{{}^{n}B \cdot q^n \cdot (Q - q)}{Q^n - q^n}$; r = 2232,22 €

L6. Nach II.3.3.5 :

	(a)	(b)	(c)	(d)	(e)	(f)
q =	1,0660	1,0783	1,1156	1,0727	1,0770	1,0450
Iterationen	[2]	[1]	[1]	[3]	[1]	[1]

L7. Nach II.3.3.7 :

	(a)	(b)	(c)	(d)	(e)	(f)
q =	1,0800	1,0650	1,0350	1,0750	1,0250	1,0650
Iterationen	[1]	[1]	[2]	[1]	[2]	[2]

L8. Nach II.3.3.12 :

	(a)	(b)	(c)	(d)	(e)	(f)
q =	1,0693	1,0267	1,1159	1,0817	1,0614	1,0589
Iterationen	[3]	[1]	[2]	[3]	[2]	[2]

L9. Nach II.3.3.14 :

	(a)	(b)	(c)	(d)	(e)	(f)
q =	1,0898	1,0195	1,0444	1,0544	1,0770	1,0884
Iterationen	[2]	[2]	[1]	[3]	[1]	[1]

4. TILGUNG LANGFRISTIGER SCHULDEN

Bei einer **TILGUNG** geht es um Rückzahlung einer Schuld nach einem vorgegebenen Plan und um Zahlung der Zinsen, zu welcher sich der Schuldner dem Gläubiger gegenüber verpflichtet hat. Die zu behandelnden Beispiele werden zeigen, dass die Zahlungsverpflichtung des Schuldners darauf hinausläuft, an den Gläubiger eine Rente zu überweisen. Besteht zu einem bestimmten Zeitpunkt eine Schuld S, so muss die vereinbarte Rentenzahlung zu S im genannten Zeitpunkt äquivalent sein.

II.4.1: Voraussetzungen und Begriffsbildungen

Es liegt eine Einteilung der Zeit in ZEen vor, die von einer ZE an durch natürliche Zahlen nummeriert sind. Der Zinsfuß pro ZE beträgt p und die Enden der ZEen sind die Zinstermine. Zins- und Tilgungszahlungen für jede ZE erfolgen nachschüssig, die **RESTSCHULD** in einer ZE ist die am Anfang dieser ZE noch nicht getilgte Schuld, und die Anzahl der ZEen, von der ZE der Schuldaufnahme bis zur ZE (einschließlich), in der die letzte Tilgungsrate überwiesen wird, bezeichnet man als **LAUFZEIT**. Fügt man Zins- und Tilgungszahlungen sowie die Restschuld für jede ZE in der Laufzeit in Tabellenform zusammen, so entsteht der **TILGUNGSPLAN** (Zahlungsplan).

Fragestellung II.4.2:

Jemand nimmt am Anfang der 1. ZE eine Schuld S auf und verpflichtet sich, n ZEen lang (mit der ZE der Schuldaufnahme beginnend) pro ZE die Zinsen $S\cdot(q-1)$ zu zahlen und am Ende der n-ten ZE die gesamte Schuld auf einmal zu tilgen. Der Tilgungsplan ist zu bestimmen. Eine nach diesem Plan getilgte Schuld bezeichnet man als GESAMTFÄLLIGE SCHULD oder auch REINE ZINSSCHULD.

Die Zinszahlungen bilden eine gleichbleibende nachschüssige ZE-Rente, die Tilgung ist eine einmalige Zahlung am Ende der n-ten ZE. Die Zinszahlungen beginnen am Ende der ersten ZE, also in der ZE, an deren Anfang S aufgenommen wurde. Die Schuld S ist durch die beschriebene Rente beglichen, wenn S ihr Barwert ist. Diesen Barwert erhält man nach I.3.3 und II.3.1.13:

$$\frac{S \cdot (q-1)}{q^n} \cdot \frac{q^n - 1}{q-1} + \frac{S}{q^n} = S$$, denn man kann durch (q-1) kürzen und dann die

Klammer des ersten Summanden ausmultiplizieren. Zusammen:

Ergebnis II.4.3:

Gegeben: Gesamtfällige Schuld S, n und q. Sei $1 \leq k \leq n$.   Gesucht:
Zinsen $Z_1 = ... = Z_n = S \cdot (q-1)$; Tilgung $T_1 = ... = T_{n-1} = 0$; $T_n = S$
Restschuld $R_1 = ... = R_n = S$

TILGUNGSPLAN:

k ZE	Z_k Zinsen für die k-te ZE	T_k Tilgung für die k-te ZE	R_k Restschuld am Anfang und wäh- rend der k-ten ZE	$Z_k + T_k$ Fällig am Ende der k-ten ZE (Zinsen + Til- gung)
1	$S \cdot (q-1)$	-----	S	$S \cdot (q-1)$
2	$S \cdot (q-1)$	-----	S	$S \cdot (q-1)$
....				
n-1	$S \cdot (q-1)$	-----	S	$S \cdot (q-1)$
n	$S \cdot (q-1)$	S	S	$S \cdot q$

Beispiel: S = 300000 €; n = 8; p = 8. Gesucht ist der Tilgungsplan dieser gesamtfälligen Schuld.

k	Z_k	T_k	R_k	$Z_k + T_k$
1	24000,00	-------	3000000,00	24000,00
....				
7	24000,00	-------	3000000,00	24000,00
8	24000,00	3000000,00	3000000,00	324000,00

Fragestellung II.4.4:

Vor. II.4.1. Jemand nimmt am Anfang der ersten ZE eine Schuld S auf und verpflichtet sich, n ZEen lang (mit der ZE der Schuldaufnahme beginnend) pro ZE $T = \dfrac{S}{n}$ zu tilgen und die Zinsen für die jeweilige Restschuld zu zahlen. Gesucht ist der Tilgungsplan. Eine nach diesem Plan getilgte Schuld bezeichnet man als RATENSCHULD.

Die Restschuld am Anfang und während der k-ten ZE $(1 \le k \le n)$ beträgt $R_k = S - (k-1) \cdot T$, da vor der k-ten ZE (k-1)-mal der Betrag T getilgt worden ist. Die Zinsen für die k-te ZE belaufen sich auf $Z_k = [S - (k-1) \cdot T] \cdot (q-1)$.
Der Schuldner hat somit am Ende der k-ten ZE zu zahlen:
$T + Z_k = T + [S - (k-1) \cdot T] \cdot (q-1) = [T + S \cdot (q-1)] + (k-1) \cdot [-T \cdot (q-1)]$.
Der Tilgungsmodus stellt eine fallende arithmetische Rente dar mit
$r = T + S \cdot (q-1)$ und $a = -T \cdot (q-1)$. Der zu dieser Rente äquivalente Wert zum Zeitpunkt der Schuldaufnahme beträgt nach II.3.2.10

$$\frac{\dfrac{S}{n} + S \cdot (q-1)}{q^n} \cdot \frac{q^n - 1}{q-1} - \frac{\dfrac{S}{n} \cdot (q-1)}{q^n} \cdot \left[\frac{q^n - 1}{(q-1)^2} - \frac{n}{q-1} \right]$$

$$= \frac{S}{n \cdot q^n} \cdot \frac{q^n - 1}{q-1} + \frac{S \cdot (q-1)}{q^n} \cdot \frac{q^n - 1}{q-1} - \frac{S}{n \cdot q^n} \cdot \frac{q^n - 1}{q-1} + \frac{S}{q^n}$$

$$= \frac{S \cdot (q-1) \cdot (q^n - 1) + S \cdot (q-1)}{q^n \cdot (q-1)} = \frac{S \cdot (q-1) \cdot q^n}{q^n \cdot (q-1)} = S \qquad \text{Zusammen:}$$

Ergebnis II.4.5:

Gegeben: Ratenschuld S, n und q . Sei $1 \le k \le n$.   Gesucht:

Tilgung: $T_1 = \ldots\ldots = T_n = T = \dfrac{S}{n}$; Zinsen: $Z_k = [S - (k-1) \cdot T] \cdot (q-1)$;

Restschuld: $R_k = S - (k-1) \cdot T$

Fortsetzung:

<table>
<tr><td colspan="5" align="center">TILGUNGSPLAN:</td></tr>
<tr><td>k</td><td>Z_k</td><td>T_k</td><td>R_k</td><td>$Z_k + T_k$</td></tr>
<tr><td>ZE</td><td>Zinsen für
die k-te ZE</td><td>Tilgung für
die k-te ZE</td><td>Restschuld am
Anfang und wäh-
rend der k-ten
ZE</td><td>Fällig am Ende
der k-ten ZE
(Zinsen + Til-
gung)</td></tr>
<tr><td>1</td><td>$S \cdot (q-1)$</td><td>T</td><td>S</td><td>$Z_1 + T$</td></tr>
<tr><td>2</td><td>$(S-T) \cdot (q-1)$</td><td>T</td><td>$S-T$</td><td>$Z_2 + T$</td></tr>
<tr><td></td><td></td><td colspan="2" align="center">......................</td><td></td></tr>
<tr><td>n-1</td><td>Z_{n-1}</td><td>T</td><td>$S - (n-2) \cdot T$</td><td>$Z_{n-1} + T$</td></tr>
<tr><td>n</td><td>Z_n</td><td>T</td><td>$S - (n-1) \cdot T$</td><td>$Z_n + T$</td></tr>
</table>

Beispiel: S = 300000 €; n = 8; p = 8. Gesucht ist der Tilgungsplan dieser Ratenschuld.

k	Z_k	T_k	R_k	$Z_k + T_k$
1	24000,00	37500,00	300000,00	61500,00
2	21000,00	37500,00	262500,00	58500,00
3	18000,00	37500,00	225000,00	55500,00
4	15000,00	37500,00	187500,00	52500,00
5	12000,00	37500,00	150000,00	49500,00
6	9000,00	37500,00	112500,00	46500,00
7	6000,00	37500,00	75000,00	43500,00
8	3000,00	37500,00	37500,00	40500,00

Fragestellung II.4.6:

Tilgung einer RATENSCHULD MIT AUFGELD. Wir nehmen II.4.4 wieder auf. Um leichter einen Gläubiger finden zu können, bietet derjenige, der sich verschulden muß, zusätzlich an, zu den dort genannten Leistungen noch einen bestimmten Betrag pro ZE (Aufgeld) zu zahlen, der in Prozenten von T ausgedrückt wird: p_a Prozent von T.

Wir setzen $q_a = 1 + \dfrac{p_a}{100}$. Die Zahlungen des Schuldners bleiben eine arithmetisch fallende Rente mit

$$r = T + S \cdot (q-1) + T \cdot (q_a - 1) = T \cdot q_a + S \cdot (q-1) \quad \text{und} \quad a = - T \cdot (q-1).$$ Der Barwert dieser Rente, mit Hilfe von p berechnet, ist natürlich jetzt nicht mehr S.

Fragestellung II.4.7:

> **Tilgung einer RATENSCHULD MIT TILGUNGSFREIEN ZEITEIN-HEITEN. Wir gehen nochmals von II.4.4 aus. Die Laufzeit soll jetzt (N+n) ZEen betragen, die ersten N sind tilgungsfrei, nur die Zinsen für S sind zu zahlen. Erst danach setzt die Ratentilgung ein.**

Die Leistungen des Schuldners bilden für die ersten N ZEen eine gleichbleibende und nachschüssige Rente der Höhe $S \cdot (q-1)$, für die weiteren n ZEen eine arithmetisch fallende und nachschüssige Rente mit $r = T + S \cdot (q-1)$ und $a = - T \cdot (q-1)$. Der zur gesamten Rente äquivalente Betrag zum Zeitpunkt der Schuldaufnahme beträgt nach II.3.1.13 und I.3.3

$$\frac{1}{q^N} \cdot \left[\frac{S \cdot (q-1) + \frac{S}{n}}{q^n} \cdot \frac{q^n - 1}{q-1} - \frac{(q-1) \cdot \frac{S}{n}}{q^n} \cdot \left(\frac{q^n - 1}{(q-1)^2} - \frac{n}{q-1} \right) \right] + \frac{S \cdot (q-1)}{q^N} \cdot \frac{q^N - 1}{q-1}$$

Im Zusammenhang mit der Fragestellung II.4.4 haben wir bereits den Term, der in der großen eckigen Klammer steht, vereinfacht und S erhalten. Es folgt:

$$\frac{S}{q^N} + \frac{S \cdot (q-1)}{q^N} \cdot \frac{q^N - 1}{q-1} = \frac{S \cdot (q-1) + S \cdot (q-1) \cdot (q^N - 1)}{q^N \cdot (q-1)} = \frac{S \cdot (q-1) \cdot q^N}{q^N \cdot (q-1)} = S$$

Fragestellung II.4.8:

> **Vor. II.4.1. Jemand nimmt am Anfang der ersten ZE eine Schuld S auf und verpflichtet sich, n ZEen lang (mit der ZE der Schuldaufnahme beginnend) pro ZE einen Betrag A für Zinsen und Tilgung zusammen zu zahlen. Gesucht ist der Tilgungsplan. Man bezeichnet A als ANNUITÄT und S als ANNUITÄTENSCHULD.**

Berechnung der Annuität A:

Die Leistungen des Schuldners bestehen in der Zahlung einer gleichbleibenden und nachschüssigen Rente A. Die Annuität muss so festgelegt werden, dass S der Barwert dieser Rente wird. Nach II.3.1.13 :

$$S = \frac{A}{q^n} \cdot \frac{q^n - 1}{q - 1} \quad \text{oder} \quad A = \frac{S}{\dfrac{1}{q^n} \cdot \dfrac{q^n - 1}{q - 1}}$$

Im Gegensatz zu den bisher besprochenen Tilgungsverfahren muss hier die Aufteilung der nachschüssig pro ZE aufzubringenden Zahlung A in Zinsen und Tilgung erst erschlossen werden. Man weiß zunächst nur, dass $Z_1 + T_1 = Z_2 + T_2$ = ... = $Z_n + T_n$ = A . Da am Ende einer jeden ZE ein Teil der Schuld getilgt wird, vermindert sich die Restschuld von ZE zu ZE und damit auch die Zinsleistung: $Z_1 > Z_2 > ...... > Z_n$. Da der Schuldner am Ende einer jeden ZE den Betrag A entrichtet, gilt ebenfalls $T_1 < T_2 < ...... < T_n$.

Berechnung von Z_1 und T_1:

Da während der ersten ZE die gesamte Schuld S zu verzinsen ist, gilt Z_1 = $S \cdot (q - 1)$ und damit $T_1 = A - Z_1$

$$T_1 = \frac{S}{\dfrac{1}{q^n} \cdot \dfrac{q^n - 1}{q - 1}} - S \cdot (q - 1) = \frac{S \cdot q^n \cdot (q - 1) - S \cdot (q - 1) \cdot (q^n - 1)}{q^n - 1}$$

$$= \frac{S \cdot (q - 1)}{q^n - 1} = \frac{S}{\dfrac{q^n - 1}{q - 1}}$$

Vergleicht man dieses Ergebnis für die erste Tilgungsrate mit dem Term, nach dem man A berechnet, so sieht man unmittelbar: $A = T_1 \cdot q^n$

Berechnung von T_2, T_3, ... T_n:

Da am Ende der ersten ZE der Betrag T_1 getilgt wird, hat der Schuldner am Ende der zweiten ZE für diesen Betrag keine Zinsen mehr zu bezahlen. Weil sich aber an der Annuität nichts ändert, vermehrt sich am Ende der zweiten ZE der Tilgungsanteil um $T_1 \cdot (q - 1)$, also $T_2 = T_1 + T_1 \cdot (q - 1) = T_1 \cdot q$. Wiederholt man diesen Gedankengang für den Tilgungsanteil der dritten Zahlung A im

Verhältnis zur zweiten Zahlung A, so folgt entsprechend $T_3 = T_2 \cdot q = T_1 \cdot q^2$.
Allgemein ergibt sich $T_k = T_{k-1} \cdot q = T_1 \cdot q^{k-1}$ für $2 \le k \le n$.

Berechnung der Restschuld R_1, R_2 , ..., R_n :

Da $R_1 = S$, setzen wir $k \ge 2$ voraus: Bis zum Anfang der k-ten ZE ist bereits der
Betrag $\left(T_1 + T_2 + ... + T_{k-1}\right)$ getilgt. Es verbleibt die Schuld
$R_k = S - \left(T_1 + T_1 \cdot q + T_1 \cdot q^2 + ... + T_1 \cdot q^{k-2}\right)$. Wir stellen T_1 vor und fassen zu-
sammen:

$$R_k = S - T_1 \cdot \frac{q^{k-1} - 1}{q - 1} \quad \text{für } 2 \le k \le n$$

Berechnung von Z_2, Z_3, ..., Z_n :

Da $Z_k + T_k = A$ für $1 \le k \le n$, ist eine Möglichkeit der Zinsberechnung
$Z_k = A - T_k$. Eine andere Möglichkeit: Z_k sind die Zinsen für R_k, also
$Z_k = \left[S - T_1 \cdot \dfrac{q^{k-1} - 1}{q - 1}\right] \cdot (q - 1)$. Zusammenstellung der Formeln:

Ergebnis II.4.9:

Gegeben: Annuitätenschuld *S, n* und *p* .   Annuität: $A = \dfrac{S}{\dfrac{1}{q^n} \cdot \dfrac{q^n - 1}{q - 1}}$

Tilgung am Ende der ersten ZE: $T_1 = \dfrac{S}{\dfrac{q^n - 1}{q - 1}}$; $A = T_1 \cdot q^n$

Zinsen am Ende der ersten ZE: $Z_1 = S \cdot (q - 1)$; $T_1 = A - Z_1$

Tilgung am Ende der 2. bis n-ten ZE ($2 \le k \le n$) : $T_k = T_{k-1} \cdot q = T_1 \cdot q^{k-1}$

Restschuld am Anfang und während der 2. bis n-ten ZE: $R_k = S - T_1 \cdot \dfrac{q^{k-1} - 1}{q - 1}$

Fortsetzung:

Zinsen am Ende der 2. bis n-ten ZE: $Z_k = \left[S - T_1 \cdot \dfrac{q^{k-1}-1}{q-1} \right] \cdot (q-1)$; $Z_k = A - T_k$

TILGUNGSPLAN:

k	Z_k	T_k	R_k	$Z_k + T_k$
ZE	Zinsen für die k-te ZE	Tilgung für die k-te ZE	Restschuld am Anfang und während der k-ten ZE	Fällig am Ende der k-ten ZE (Zinsen + Tilgung)
1	$S \cdot (q-1)$	T_1	S	A
2	$R_2 \cdot (q-1)$	T_2	R_2	A
	....			
n	$R_n \cdot (q-1)$	T_n	R_n	A

Beispiel: S = 300000 €; n = 8; p = 8 . Gesucht ist der Tilgungsplan dieser Annuitätenschuld.

k	Z_k	T_k	R_k	$Z_k + T_k$
1	24000,00	28204,43	300000,00	52204,43
2	21743,65	30460,78	271795,57	52204,43
3	19306,79	32897,64	241334,79	52204,43
4	16674,97	35529,45	208437,15	52204,43
5	13832,62	38371,81	172907,70	52204,43
6	10762,88	41441,55	134535,89	52204,43
7	7447,55	44756,88	93094,34	52204,43
8	3867,00	48337,46	48337,46	52204,46

Die Zahlung am Ende der 8. ZE weicht um wenige Cent von der Annuität ab, weil Rundungsfehler ausgeglichen werden mussten.

Fragestellung II.4.10:

Wir verweisen zunächst auf II.4.8 . Zusätzlich ist jede ZE in m U-ZEen eingeteilt. Welchen Betrag

Fortsetzung:

(a) $^{v}A_m$ **(b) $^{n}A_m$**

müsste der Schuldner (beginnend mit der ersten U-ZE der ersten ZE)
    (a) vorschüssig pro U-ZE   **(b) nachschüssig pro U-ZE**
n ZEen lang bezahlen, um die Annuitätenschuld S begleichen zu können?

Nach II.4.9 : $A = \dfrac{S}{\dfrac{1}{q^n} \cdot \dfrac{q^n - 1}{q - 1}}$ (a) Aus II.2.5 folgt für t = m :

$$^{v}A_m \cdot \left(m + \frac{m+1}{2} \cdot (q-1) \right) = A \quad ; \qquad ^{v}A_m = \frac{A}{m + \dfrac{m+1}{2} \cdot (q-1)}$$

$$^{v}A_m = \frac{S}{\left(m + \dfrac{m+1}{2} \cdot (q-1) \right) \cdot \dfrac{1}{q^n} \cdot \dfrac{q^n - 1}{q - 1}}$$

(b) Aus II.2.6 folgt für t = m :

$$^{n}A_m \cdot \left(m + \frac{m-1}{2} \cdot (q-1) \right) = A \quad ; \qquad ^{n}A_m = \frac{A}{m + \dfrac{m-1}{2} \cdot (q-1)}$$

$$^{n}A_m = \frac{S}{\left(m + \dfrac{m-1}{2} \cdot (q-1) \right) \cdot \dfrac{1}{q^n} \cdot \dfrac{q^n - 1}{q - 1}}$$

Beispiel: S = 300000 € Annuitätenschuld; n = 8; p = 8; m = 12
Gesucht: (a) $^{v}A_m$ (b) $^{n}A_m$
Lösung: (a) 4196,50 €   (b) 4169,68 €

Fragestellung II.4.11:

Tilgung einer ANNUITÄTENSCHULD MIT AUFGELD: Vgl. II.4.6 . Der Schuldner zahlt in der k-ten ZE ($1 \le k \le n$) zusätzlich $T_k \cdot (q_a - 1)$. Diese zusätzliche Leistung steigt von ZE zu ZE.

Der Schuldner hat also zwei nachschüssige Renten parallel zueinander zu überweisen: Eine gleichbleibende der Höhe A und eine geometrisch steigende mit r = $T_1 \cdot (q_a - 1)$ und Q = q . Der Gesamt-Barwert beider Renten ist nicht mehr S.

Fragestellung II.4.12:

Tilgung einer ANNUITÄTENSCHULD MIT TILGUNGSFREIEN ZEen :
Wir gehen wieder von der Fragestellung II.4.8 aus. Die Laufzeit beträgt
jetzt (N+n) ZEen, davon sind die ersten N tilgungsfrei, nur die Zinsen für S
sind zu begleichen. Erst anschließend setzt die Annuitätentilgung ein.

Der Schuldner überweist also nacheinander zwei gleichbleibende nachschüssige Renten, zunächst eine der Höhe S·(q – 1) und dann eine der Höhe A. Der am Anfang der ersten ZE zu beiden Renten äquivalente Wert ist S, denn

$$\frac{1}{q^N} \cdot \left[\frac{A}{q^n} \cdot \frac{q^n - 1}{q - 1} \right] + \frac{S \cdot (q-1)}{q^N} \cdot \frac{q^n - 1}{q - 1} = \frac{S}{q^N} \cdot \frac{S \cdot (q-1)}{q^N} \cdot \frac{q^n - 1}{q - 1}$$

$$= \frac{S \cdot (q-1) + S \cdot (q-1) \cdot (q^N - 1)}{q^N \cdot (q-1)} = \frac{S \cdot (q-1) \cdot q^N}{q^N \cdot (q-1)} = S$$

II.4 AUFGABEN

Alle Aufgaben unterstellen die Jahreseinteilung, die letzte zusätzlich die
Monatseinteilung der Zeit.

1. Gegeben: Gesamtfällige Schuld S, Laufzeit n und Zinsfuß p   Gesucht:
Tilgungsplan (II.4.3)

	S (€)	n	p		S (€)	n	p
(a)	425000,00	6	5,5	(b)	210000,00	8	6,3
(c)	165000,00	14	4,5	(d)	435000,00	9	7,5
(e)	720000,00	9	4,0	(f)	100000,00	10	7,5

2. Gegeben: Ratenschuld S, Laufzeit n und Zinsfuß p . Gesucht: Tilgungsplan
II.4.5)

	S (€)	n	p		S (€)	n	p
(a)	210000,00	8	6,3	(b)	375000,00	6	5,2
(c)	550000,00	11	4,9	(d)	170000,00	8	7,0
(e)	350000,00	10	5,5	(f)	165000,00	14	4,5
(g)	435000,00	9	7,5	(h)	195600,00	7	6,7

3. Gegeben: Annuitätenschuld S, Laufzeit n und Zinsfuß p . Gesucht: Tilgungsplan (II.4.9)

	S (€)	n	p		S(€)	n	p
(a)	425000,00	6	5,5	(b)	95000,00	5	8,0
(c)	295000,00	7	5,8	(d)	210000,00	8	6,3
(e)	550000,00	11	4,9	(f)	170000,00	8	7,0
(g)	350000,00	10	5,5	(h)	165000,00	14	4,5
(i)	435000,00	9	7,5				

4. Eine Ratenschuld S = 200000 € wird mit einer Laufzeit von n = 8 Jahren getilgt. Welche Verzinsung liegt der Berechnung des Tilgungsplanes zugrunde,
wenn am Ende des 6. Jahres für Zinsen und Tilgung zusammen 29725 € fällig
werden?

5. Eine Annuitätenschuld von S = 100000 € wird mit einer Laufzeit von n = 10
Jahren getilgt. Welche Verzinsung liegt der Berechnung des Tilgungsplanes zugrunde, wenn als Annuität A = 14568,59 € angegeben ist?

6. Eine Ratenschuld von S = 80000 € ist zu tilgen. p = 5 . Wie groß ist die Laufzeit n, wenn am Ende des 4. Jahres für Zinsen und Tilgung 10800 € zu zahlen
sind?

7. Eine Annuitätenschuld von S = 750000 € ist zu tilgen. p = 6,5 . Wie groß ist
die Laufzeit n, wenn die Annuität A = 79764,59 € beträgt?

8. Jemand begleicht eine Schuld S innerhalb von n Jahren durch Annuitätentilgung. p = 9 . Wie groß ist die Laufzeit n, wenn die Tilgung am Ende des ersten Jahres 16,7 Prozent von S ausmacht?

9. Am Anfang des ersten Jahres besteht eine Annuitätenschuld von S = 250000
€. p = 7 .   (a) Wie groß ist die Annuität A, wenn die Tilgung am Ende des 5.
Jahres 31940,09 € beträgt?   (b) Wie hoch ist die Zinszahlung am Ende des 6.
Jahres?

10. S sei eine Annuitätenschuld. Wie groß ist der Jahreszinsfuß p, wenn die Tilgung am Ende des ersten Jahres 16 % und die am Ende des 6. Jahres 21 % von S ausmachen?

11. Gegeben: Annuitätenschuld S, Restschuld am Anfang und während des zweiten Jahres und der Tilgungsbetrag am Ende des vierten Jahres. Die Laufzeit ist länger als acht Jahre.   Gesucht: Jahreszinsfuß p.
Man löse diese Aufgabe zuerst mit Parametern und dann mit den Zahlen:
$S = 200000 \, €; \, n = 9; \, R_2 = 184318,29 \, €; \, T_4 = 20030,09 \, €$

12. Gegeben: Annuitätenschuld S, Tilgungsbetrag am Ende des zweiten und am Ende des vierten Jahres. Die Laufzeit ist länger als acht Jahre. Gesucht: Annuität A. Man löse diese Aufgabe zuerst mit Parametern, dann mit folgenden Zahlen: $S = 150000 \, €; \, n = 10; \, T_2 = 11398,11 \, €; \, T_4 = 13171,94 \, €$

13. Gegeben: Annuitätenschuld S, Laufzeit n = 8. Mit welchem Jahreszinsfuß p wurde gerechnet, wenn die Annuität A (1,5)-mal so groß ist wie der Tilgungsbetrag am Ende des ersten Jahres?

14. Gegeben: Ratenschuld S, Zinsfuß p. Wie groß ist die Laufzeit n, wenn die am Ende des vierten Jahres fälligen Zinsen (1,5)-mal so hoch sind wie die am Ende des achten Jahres?

15. Wir beziehen uns auf die Fragestellung II.4.10 und wählen als Zahlenbeispiele (a), (d) und (h) aus Aufgabe 3. Da wir eine Monatseinteilung der Jahre hinzufügen, ist m = 12. Durch welchen Monatsbetrag   (i) $^{v}A_m$ (ii) $^{n}A_m$ könnte die Annuitätenschuld beglichen werden?

II.4 LÖSUNGEN

L1. (a)

k	Z_k	T_k	R_k	$Z_k + T_k$
1	23375,00	------	425000,00	23375,00
....	....	....	....	....
5	23375,00	------	425000,00	23375,00
6	23375,00	425000,00	425000,00	448375,00

	k				
(b)	1	13230,00	------	210000,00	13230,00
			....		
	7	13230,00	------	210000,00	13230,00
	8	13230,00	210000,00	210000,00	223230,00
(c)	1	7425,00	------	165000,00	7425,00
			....		
	13	7425,00	------	165000,00	7425,00
	14	7425,00	165000,00	165000,00	172425,00
(d)	1	32625,00	------	435000,00	32625,00
			....		
	8	32625,00	------	435000,00	32625,00
	9	32625,00	435000,00	435000,00	467625,00
(e)	1	28800,00	------	720000,00	28800,00
			....		
	8	28800,00	------	720000,00	28800,00
	9	28800,00	720000,00	720000,00	748800,00
(f)	1	7500,00	------	100000,00	7500,00
			....		
	9	7500,00	------	100000,00	7500,00
	10	7500,00	100000,00	100000,00	107500,00

	k	Z_k	T_k	R_k	$Z_k + T_k$
L2. (a)	1	13230,00	26250,00	210000,00	39480,00
	2	11576,25	26250,00	183375,00	37826,25
	3	9922,50	26250,00	157500,00	36172,50
	4	8268,75	26250,00	131250,00	34518,75
	5	6615,00	26250,00	105000,00	32865,00
	6	4961,25	26250,00	78750,00	31211,25
	7	3307,50	26250,00	52500,00	29557,50
	8	1653,75	26250,00	26250,00	27903,75
(b)	1	19500,00	62500,00	375000,00	82000,00
	2	16250,00	62500,00	312500,00	78750,00
	3	13000,00	62500,00	250000,00	75500,00
	4	9750,00	62500,00	187500,00	72250,00
	5	6500,00	62500,00	125000,00	69000,00
	6	3250,00	62500,00	62500,00	65750,00

(c)	1	26950,00	50000,00	550000,00	76950,00
	2	24500,00	50000,00	500000,00	74500,00
	3	22050,00	50000,00	450000,00	72050,00
	4	19600,00	50000,00	400000,00	69600,00
	5	17150,00	50000,00	350000,00	67150,00
	6	14700,00	50000,00	300000,00	64700,00
	7	12250,00	50000,00	250000,00	62250,00
	8	9800,00	50000,00	200000,00	59800,00
	9	7350,00	50000,00	150000,00	57350,00
	10	4900,00	50000,00	100000,00	54900,00
	11	2450,00	50000,00	50000,00	52450,00
(d)	1	11900,00	21250,00	170000,00	33150,00
	2	10412,50	21250,00	148750,00	31662,50
	3	8925,00	21250,00	127500,00	30175,00
	4	7437,50	21250,00	106250,00	28687,50
	5	5950,00	21250,00	85000,00	27200,00
	6	4462,50	21250,00	63750,00	25712,50
	7	2975,00	21250,00	42500,00	24225,00
	8	1487,50	21250,00	21250,00	22737,50
(e)	1	19250,00	35000,00	350000,00	54250,00
	2	17325,00	35000,00	315000,00	52325,00
	3	15400,00	35000,00	280000,00	50400,00
	4	13475,00	35000,00	245000,00	48475,00
	5	11550,00	35000,00	210000,00	46550,00
	6	9625,00	35000,00	175000,00	44625,00
	7	7700,00	35000,00	140000,00	42700,00
	8	5775,00	35000,00	105000,00	40775,00
	9	3850,00	35000,00	70000,00	38850,00
	10	1925,00	35000,00	35000,00	36925,00
(f)	1	7425,00	11785,71	165000,00	19210,71
	2	6894,64	11785,71	153214,29	18680,35
	3	6364,29	11785,71	141428,58	18150,00
	4	5833,93	11785,71	129642,87	17619,64
	5	5303,57	11785,71	117857,16	17089,28
	6	4773,21	11785,71	106071,45	16558,92
	7	4242,86	11785,71	94285,74	16028,57
	8	3712,50	11785,71	82500,03	15498,21
	9	3182,14	11785,71	70714,32	14967,85

10	2651,79	11785,71	58928,61	14437,50
11	2121,43	11785,71	47142,90	13907,14
12	1591,07	11785,71	35357,19	13376,78
13	1060,71	11785,71	23571,48	12846,42
14	530,36	11785,77	11785,77	12316,13

Die letzte Tilgungsrate weicht geringfügig von den übrigen ab, weil Rundungsfehler auszugleichen sind.

(g)

1	32625,00	48333,33	435000,00	80958,33
2	29000,00	48333,33	386666,67	77333,33
3	25375,00	48333,33	338333,34	73708,33
4	21750,00	48333,33	290000,01	70083,33
5	18125,00	48333,33	241666,68	66458,33
6	14500,00	48333,33	193333,35	62833,33
7	10875,00	48333,33	145000,02	59208,33
8	7250,00	48333,33	96666,69	55583,33
9	3625,00	48333,36	48333,36	51958,36

Die letzte Tilgungsrate weicht geringfügig von den übrigen ab, weil Rundungsfehler auszugleichen sind.

(h)

1	13105,20	27942,86	195600,00	41048,06
2	11233,03	27942,86	167657,14	39175,89
3	9360,86	27942,86	139714,28	37303,72
4	7488,67	27942,86	111771,42	35431,54
5	5616,51	27942,86	83828,56	33559,37
6	3744,34	27942,86	55885,70	31687,20
7	1872,17	27942,84	27942,84	29815,01

Die letzte Tilgungsrate weicht geringfügig von den übrigen ab, weil Rundungsfehler auszugleichen sind.

L3. Gelegentlich weicht die letzte Jahreszahlung geringfügig von der Annuität ab, um Rundungsfehler auszugleichen.

(a)

k	Z_k	T_k	R_k	$Z_k + T_k$
1	23375,00	61701,05	425000,00	85076,05
2	19981,44	65094,61	363298,95	85076,05
3	16401,24	68674,81	298204,34	85076,05
4	12624,12	72451,93	229529,52	85076,05
5	8639,27	76436,79	157077,59	85076,05
6	4435,24	80640,81	80640,81	85076,05

(b)	1	7600,00	16193,36	95000,00	23793,36
	2	6304,53	17488,83	78806,64	23793,36
	3	4905,42	18887,94	61317,81	23793,36
	4	3394,39	20398,97	42429,86	23793,36
	5	1762,47	22030,89	22030,89	23793,36
(c)	1	17110,00	35359,78	295000,00	52469,78
	2	15059,13	37410,65	259640,22	52469,78
	3	12889,31	39580,47	222229,57	52469,78
	4	10593,64	41876,14	182649,10	52469,78
	5	8164,83	44304,95	140772,96	52469,78
	6	5595,14	46874,64	96468,01	52469,78
	7	2876,42	49593,37	49593,37	52469,79
(d)	1	13230,00	20990,18	210000,00	34220,18
	2	11907,62	22312,56	189009,82	34220,18
	3	10501,93	23718,25	166697,26	34220,18
	4	9007,68	25212,50	142979,01	34220,18
	5	7419,29	26800,89	117766,51	34220,18
	6	5730,83	28489,35	90965,62	34220,18
	7	3936,00	30284,18	62476,27	34220,18
	8	2028,10	32192,09	32192,09	34220,19
(e)	1	26950,00	38916,60	550000,00	65866,60
	2	25043,09	40823,51	511083,40	65866,60
	3	23042,74	42823,86	470259,89	65866,60
	4	20944,37	44922,23	427436,03	65866,60
	5	18743,18	47123,42	382513,80	65866,60
	6	16434,13	49432,47	335390,38	65866,60
	7	14011,94	51854,66	285957,91	65866,60
	8	11471,06	54395,54	234103,25	65866,60
	9	8805,68	57060,92	179707,71	65866,60
	10	6009,70	59856,90	122646,79	65866,60
	11	3076,70	62789,89	62789,89	65866,59
(f)	1	11900,00	16569,52	170000,00	28469,52
	2	10740,13	17729,39	153430,48	28469,52
	3	9499,08	18970,44	135701,09	28469,52
	4	8171,15	20298,37	116730,65	28469,52

	5	6750,26	21719,26	96432,28	28469,52
	6	5229,91	23239,61	74713,02	28469,52
	7	3603,14	24866,38	51473,41	28469,52
	8	1862,49	26607,03	26607,03	28469,52
(g)	1	19250,00	27183,72	350000,00	46433,72
	2	17754,90	28678,82	322816,28	46433,72
	3	16177,56	30256,16	294137,46	46433,72
	4	14513,47	31920,25	263881,30	46433,72
	5	12757,86	33675,86	231961,05	46433,72
	6	10905,69	35528,03	198285,19	46433,72
	7	8951,64	37482,08	162757,16	46433,72
	8	6890,13	39543,59	125275,08	46433,72
	9	4715,23	41718,49	85731,49	46433,72
	10	2420,72	44013,00	44013,00	46433,72
(h)	1	7425,00	8715,35	165000,00	16140,35
	2	7032,81	9107,54	156284,65	16140,35
	3	6622,97	9517,38	147177,11	16140,35
	4	6194,69	9945,66	137659,73	16140,35
	5	5747,13	10393,22	127714,07	16140,35
	6	5279,44	10860,91	117320,85	16140,35
	7	4790,69	11349,66	106459,94	16140,35
	8	4279,96	11860,39	95110,28	16140,35
	9	3746,24	12394,11	83249,89	16140,35
	10	3188,51	12951,84	70855,78	16140,35
	11	2605,67	13534,68	57903,94	16140,35
	12	1996,61	14143,74	44369,26	16140,35
	13	1360,15	14780,20	30225,52	16140,35
	14	695,04	15445,32	15445,32	16140,36
(i)	1	32625,00	35568,71	435000,00	68193,71
	2	29957,34	38236,37	399431,29	68193,71
	3	27089,61	41104,10	361194,92	68193,71
	4	24006,81	44186,90	320090,82	68193,71
	5	20692,79	47500,92	275903,92	68193,71
	6	17130,22	51063,49	228403,00	68193,71
	7	13300,46	54893,25	177339,51	68193,71
	8	9183,47	59010,24	122446,26	68193,71
	9	4757,70	63436,02	63436,02	68193,72

L4. Zahlung am Ende des k-ten Jahres (II.4.5):

$$T + Z_k = T + [S - (k-1) \cdot T] \cdot (q-1) = 29725 \; ; \; T = \frac{S}{n} = 25000; \; k = 6;$$

$$q = \frac{29725 - T}{S - (k-1) \cdot T} + 1 = 1,063; \; p = 6,3$$

L5. Nach II.4.9 ist $S = \frac{A}{q^n} \cdot \frac{q^n - 1}{q - 1}$. Will man diese Gleichung nach q auflösen,

muss man nur auf II.3.1.20 verweisen und S mit ^nB bzw. A mit r identifizieren. Es ergibt sich q = 1,075; p = 7,5 .

L6. Zahlung am Ende des k-ten Jahres (II.4.5):
$$T + Z_k = T + [S - (k-1) \cdot T] \cdot (q-1) = 10800 \text{ mit } S = 80000, k = 4; \; q = 1,05 \; .$$

$T = \frac{S}{n}$ in die Gleichung eingesetzt:

$$\frac{80000}{n} + \left(80000 - 3 \cdot \frac{80000}{n}\right) \cdot 0,05 = 10800; \; n = 10$$

L7. Nach II.4.9: $T_1 = A - S \cdot (q-1)$; $T_1 = 31014,59$.

Aus $A = T_1 \cdot q^n$ folgt $n = \frac{\ln A - \ln T_1}{\ln q}$; n = 15

L8. Nach II.4.9 : $A = T_1 + Z_1 = S \cdot 0,09 + S \cdot 0,167 = S \cdot 0,257$. Aus $A = T_1 \cdot q^n$

folgt $0,257 \cdot S = 0,167 \cdot S \cdot q^n$; $q^n = \frac{0,257}{0,167}$; $n = \frac{\ln 0,257 - \ln 0,167}{\ln 1,09} = 5$

L9. Nach II.4.9 : (a) $T_5 = T_1 \cdot q^4$; $T_1 = \frac{T_5}{q^4} = 24366,94$; $Z_1 = 17500$;

$A = T_1 + Z_1 = 41866,94$; (b) $T_6 = T_5 \cdot q = 34175,90$; $Z_6 = A - T_6 = 7691,04$

L10. Nach II.4.9 : $T_1 = S \cdot 0,16$; $T_6 = S \cdot 0,21$; aus $T_6 = T_1 \cdot q^5$ folgt

$q^5 = \frac{0,21}{0,16}$; $q = 1,0559$; $p = 5,59$

L11. Nach II.4.9 : $S - T_1 = R_2$; $T_1 = S - R_2 = 15681{,}71$; aus $T_4 = T_1 \cdot q^3$
ergibt sich $q^3 = \dfrac{T_4}{T_1}$; $q = 1{,}085$; $p = 8{,}5$

L12. Nach II.4.9 : Aus $T_4 = T_2 \cdot q^2$ ist q berechenbar : $q = 1{,}075$. A ergibt sich
dann aus der in II.4.9 angegebenen Formel: $A = 21852{,}89 \, €$

L13. Nach II.4.9 : $A = 1{,}5 \cdot T_1$; $A = T_1 \cdot q^8$; $1{,}5 \cdot T_1 = T_1 \cdot q^8$; $q^8 = 1{,}5$;
$q = 1{,}052$; $p = 5{,}2$

L14. Nach II.4.5 : $Z_4 = \left(S - 3 \cdot \dfrac{S}{n} \right) \cdot (q - 1) = \dfrac{S}{n} \cdot (n - 3) \cdot (q - 1)$

$Z_8 = \left(S - 7 \cdot \dfrac{S}{n} \right) \cdot (q - 1) = \dfrac{S}{n} \cdot (n - 7) \cdot (q - 1)$; $\dfrac{Z_4}{Z_8} = \dfrac{n - 3}{n - 7}$; $\dfrac{3}{2} = \dfrac{n - 3}{n - 7}$;

$n = 15$

L15. Wir entnehmen die Annuitäten aus den Lösungen der 3. Aufgabe und berechnen die gesuchten Werte nach II.4.10:

	A (€)	$^{V}A_m$ (€)	$^{n}A_m$ (€)
(a)	85076,05	6884,57	6915,35
(d)	34220,18	2757,58	2771,65
(h)	16140,35	1313,02	1317,85

III. BEISPIELE ZUR BERECHNUNG DES EFFEKTIVEN ZINSFUßES

Wir gehen von folgenden Voraussetzungen aus: Die Zeit ist in ZEen, möglicherweise auch noch zusätzlich jede ZE in m U-ZEen eingeteilt. Von einer ZE ab werden die ZEen durch natürliche Zahlen nummeriert. Es liegt eine Folge von Auszahlungen sowie eine Folge von Einzahlungen vor.

Unabhängig davon, wie es in der jeweiligen Aufgaben-Formulierung vorgegeben war, unterstellen wir jetzt, dass die Enden der ZEen die einzigen Zinstermine sind und fragen, bei welchem Zinsfuß p_e pro ZE die beiden gegebenen Zahlungsfolgen äquivalent sind. Diesen Zinsfuß bezeichnet man als den **EFFEKTIVEN ZINSFUß PRO ZE.** Handelt es sich bei den Auszahlungen um die Leistungen eines Gläubigers und bei den Einzahlungen um die sich daraus ergebenden Gegenleistungen eines Schuldners, so ist p_e aus der Sicht des Gläubigers das Maß für die effektive Verzinsung des von ihm investierten Geldes, aus der Sicht des Schuldners die effektive Belastung der von ihm aufgenommenen finanziellen Mittel.

---

1. ZINSANLEIHE (GESAMTFÄLLIGE SCHULD) BEI GEGEBENEM KURS

Wird eine langfristige Schuld an der Börse gehandelt, so richtet sich der Kaufpreis nach Angebot und Nachfrage. Der Kaufpreis C für einen Anteil von 100 € der Schuld zu einem bestimmten Zeitpunkt bezeichnet man als den **KURS DER SCHULD** zu diesem Zeitpunkt. Den Kaufpreis K für die gesamte Schuld S zu einem bestimmten Zeitpunkt nennt man den **KURSWERT DER SCHULD** zu diesem Zeitpunkt. Es gilt

$$K = \frac{C}{100} \cdot S$$

Beispiel: Wie hoch ist der Kurswert einer Schuld S = 26 000 000 € bei einem Kurs C = 92 ? Lösung: K = 23 920 000 €

Fragestellung III.1.1:

Vgl. II.4.2. S sei eine Zinsanleihe mit der Laufzeit n und dem NOMINELLEN (fest vorgegebenem) Zinsfuß p. Am Anfang der 1. ZE wird diese Zinsanleihe zum Kurs C, dem AUSGABE- ODER EMISSIONS-KURS, angeboten. Wie hoch ist der effektive Zinsfuß p_e pro ZE für einen Kauf-Interessenten?

Wir betrachten den Kurswert K als Auszahlung und die in II.4.2 genannten Zins- und Tilgungsleistungen als eine Folge von Einzahlungen. Wir setzen

$x = 1 + \dfrac{p_e}{100}$. Bezüglich p_e sollen die Einzahlungen zur Auszahlung äquivalent

sein. Wir zinsen alle Beträge zum Ende der n-ten ZE auf:

$$S \cdot (q-1) \cdot \frac{x^n - 1}{x - 1} + S = S \cdot \frac{C}{100} \cdot x^n$$

Die Gleichung kann durch S dividiert werden:

(*) $$(q-1) \cdot \frac{x^n - 1}{x - 1} + 1 = \frac{C}{100} \cdot x^n$$

Die Berechnung des effektiven Zinsfußes einer gesamtfälligen Schuld ist also von S unabhängig. Wir dividieren jetzt auch noch durch x^n :

(**) $$\frac{q-1}{x^n} \cdot \frac{x^n - 1}{x - 1} + \frac{1}{x^n} = \frac{C}{100}$$

Die linke Seite dieser Gleichung fällt mit wachsendem x, also:

(***)
$$\left.\begin{array}{l} x > q \\ x = q \\ x < q \end{array}\right\} \text{ genau dann wenn } \left\{\begin{array}{l} C < 100 \\ C = 100 \\ C > 100 \end{array}\right.$$

Für den Sonderfall $C = 100$ ist der nominelle auch der effektive Zinsfuß.
Wir tragen jetzt die Voraussetzungen zur Anwendung des Newton'schen Verfahrens zusammen:

(a) $F\{x\} = \dfrac{q-1}{x^n} \cdot \dfrac{x^n - 1}{x - 1} + \dfrac{1}{x^n} - \dfrac{C}{100}$ streng monoton fallend und strikt konvex.

Die erste Ableitung dieser Funktion erhält man nach der Quotientenregel:

$$F'\{x\} = \frac{-(q-1)}{x^{n+1}} \cdot \left[\frac{x^{n+1} - (n+1) \cdot x + n}{(x-1)^2} + \frac{n}{q-1} \right]$$

(b) Bestimmung eines Startwertes. Da für $C = 100$ der nominelle mit dem effektiven Zinsfuß übereinstimmt, setzen wir hier $C \neq 100$ voraus.

(i) $C > 100$: Umformung von Gleichung (*) :

$$\frac{C}{100} \cdot x^n = (q-1) \cdot \left[x^{n-1} + x^{n-2} + \ldots + x + 1\right] + 1$$

Wir setzen nur auf der rechten Gleichungsseite x = 1 ein:

$$\frac{C}{100} \cdot x^n > n \cdot (q-1) + 1 \rightarrow x^n > \frac{[n \cdot (q-1) + 1] \cdot 100}{C} \rightarrow x^n > \frac{n \cdot p + 100}{C} \rightarrow$$

$$x > \sqrt[n]{\frac{n \cdot p + 100}{C}}$$

Die rechte Seite dieser Ungleichung kann als Startwert x_1 verwendet werden.

(ii) $C < 100$: Nach (***) folgt daraus x > q. Wir nehmen $x_1 = q$ als Startwert.
Zusammen:

Ergebnis III.1.2:

Gegeben: S Zinsanleihe (gesamtfällige Schuld), Laufzeit n, nomineller Zinsfuß p und der Emissionskurs C. Gesucht: effektiver Zinsfuß p_e ; $x = 1 + \dfrac{p_e}{100}$.

(a) $C = 100$: $x = q$

(b) $C \neq 100$: $F\{x\} = \dfrac{q-1}{x^n} \cdot \dfrac{x^n - 1}{x - 1} + \dfrac{1}{x^n} - \dfrac{C}{100}$ streng monoton fallend und
strikt konvex.

$$F'\{x\} = \frac{-(q-1)}{x^{n+1}} \cdot \left[\frac{x^{n+1} - (n+1) \cdot x + n}{(x-1)^2} + \frac{n}{q-1}\right]$$

Startwert: (i) $x_1 = \sqrt[n]{\dfrac{n \cdot p + 100}{C}}$ für $C > 100$

                (ii) $x_1 = q$ für $C < 100$

Beispiele: Gegeben: n, q und C
Gesucht: p_e

	n	q	C		n	q	C
(a)	10	1,05	92,639	(b)	12	1,085	125,856

Lösung: (a) x = 1,060 ; $p_e = 6$ (b) x = 1,055 ; $p_e = 5,5$

Multipliziert man die Gleichung (**) mit 100, so kann man die entstehende Gleichung als Funktionsgleichung mit der unabhängigen Variablen x und der

abhängigen C ansehen: $$C\{x\} = \frac{100 \cdot (q-1)}{x^n} \cdot \frac{x^n - 1}{x - 1} + \frac{100}{x^n}$$

Deutung dieser Funktionsgleichung: Wird eine Zinsanleihe S (Laufzeit n und nomineller Zinsfuß p) zu einem Zeitpunkt angeboten, zu dem sich bei vergleichbaren Geldanlage-Möglichkeiten ein (von p abweichender) durchschnittlicher, effektiver Zinsfuß p_e herausgebildet hat, so bestimmt $C\{x\}$ den Kurs der Zinsanleihe zu eben diesem Zeitpunkt.

Beispiel: Zu einer 5-prozentigen Zinsanleihe bestimmen wir die Kurse für alternative p_e und alternative n :

n x =	1,040	1,045	1,050	1,055	1,060	1,065
3	102,775	101,374	100,000	98,651	97,326	96,027
4	103,629	101,793	100,000	98,247	96,534	94,861
5	104,451	102,194	100,000	97,864	95,787	93,766
6	105,242	102,578	100,000	97,502	95,082	92,738
7	106,002	102,946	100,000	97,158	94,417	91,773
8	106,732	103,297	100,000	96,832	93,790	90,866
9	107,435	103,634	100,000	96,523	93,198	90,015
10	108,110	103,956	100,000	96,231	92,639	89,216
11	108,760	104,264	100,000	95,953	92,113	88,466
12	109,385	104,559	100,000	95,690	91,616	87,761

Hat man solche Tabellen zur Verfügung, kann man bei gegebenem Kurs den effektiven Zinsfuß bzw. bei gegebenem effektiven Zinsfuß den Kurs ablesen. (Vgl. Beispiel (a) zu III.1.2) Findet sich der vorgegebene Kurs bzw. der vorgegebene effektive Zinsfuß nur näherungsweise in der Tabelle, so lassen sich wenigstens Startwerte für die Anwendung des Newton'schen Verfahrens aus ihr entnehmen.

III.1 AUFGABEN

1. Berechnung der Kurse

(a) einer 8-prozentigen Zinsanleihe alternativ für x = 1,07; 1,075 ; 1,08 ; 1,085 ; 1,09 ; 1,095 und n = 3 ; 4 ; 5 ; 6 ; 7 ; 8 ; 9 .

(b) einer 7-prozentigen Zinsanleihe alternativ für x = 1,055 ; 1,06 ; 1,065 ; 1,07 ; 1,075; 1,08 und n = 3 ; 4 ; 5 ; 6 .

2. Berechnung des effektiven Zinsfußes einer Zinsanleihe:

	n	q	C		n	q	C
(a)	9	1,06	98,5	(b)	9	1,06	104
(c)	6	1,07	97	(d)	6	1,07	103
(e)	6	1,07	93	(f)	6	1,07	106
(g)	7	1,08	96,5	(h)	7	1,08	105
(i)	8	1,075	98	(j)	5	1,085	98

III.1 LÖSUNGEN

L1. (a)

n	x = 1,07	1,075	1,08	1,085	1,09	1,095
3	102,624	101,300	100,000	98,723	97,469	96,237
4	103,387	101,675	100,000	98,362	96,760	95,193
5	104,100	102,023	100,000	98,030	96,110	94,240
6	104,767	102,347	100,000	97,723	95,514	93,370
7	105,389	102,648	100,000	97,441	94,967	92,576
8	105,971	102,929	100,000	97,180	94,465	91,850
9	106,515	103,189	100,000	96,940	94,005	91,187

(b)

n	x = 1,055	1,06	1,065	1,07	1,075	1,08
3	104,047	102,673	101,324	100,000	98,700	97,423
4	105,258	103,465	101,713	100,000	98,325	96,688
5	106,406	104,212	102,078	100,000	97,977	96,007
6	107,493	104,917	102,421	100,000	97,653	95,377

L2. Nach III.1.2 :

	(a)	(b)	(c)	(d)	(e)
x =	1,0622	1,0543	1,0764	1,0638	1,0854
[Anzahl der Iterationen]	[2]	[2]	[2]	[2]	[3]

	(f)	(g)	(h)	(i)	(j)
x =	1,0579	1,0869	1,0707	1,0785	1,0901
[Anzahl der Iterationen]	[2]	[2]	[2]	[2]	[2]

---

2. STETIGE VERZINSUNG

Fragestellung III.2.1:

Die Zeit ist in ZEen eingeteilt, jede ZE in m U-ZEen. Die ZEen sind von einer ZE an durch natürliche Zahlen nummeriert, der Zinsfuß pro ZE beträgt p. Jemand zahlt am Anfang der ersten ZE r € bei einer Bank ein. Die Bank berechnet die Zinsen für jede U-ZE unter Verwendung des (relativen) Zinsfußes $\left(\dfrac{p}{m}\right)$ und schreibt diese am Ende einer jeden U-ZE dem Konto gut. Die Enden der U-ZEen sind also die Zinstermine. Am Ende der n-ten ZE hebt der Kontoinhaber E € ab. Wie hoch ist der effektive Zinsfuß p_e pro ZE für den vom Sparer eingezahlten Betrag r ? ($x = 1 + \dfrac{p_e}{100}$)

Nach I.3.2 ergibt sich der Kontostand am Ende der n-ten ZE (dies entspricht dem Ende der (n · m)-ten U-ZE) bei einem Zinsfuß $\left(\dfrac{p}{m}\right)$ pro U-ZE:

$$E = r \cdot \left[1 + \frac{\frac{p}{m}}{100}\right]^{n \cdot m} = r \cdot \left[1 + \frac{p}{100 \cdot m}\right]^{n \cdot m}$$

Aus der Sicht des Kontoinhabers ist r eine Auszahlung, der die Einzahlung E gegenübersteht. Äquivalenz:

$$r \cdot x^n = E; r \cdot x^n = r \cdot \left[1 + \frac{p}{100 \cdot m}\right]^{n \cdot m}$$

Division durch r und anschließend Berechnung der n-ten Wurzel links und rechts.

$$x = \left[1 + \frac{p}{100 \cdot m}\right]^m = 1 + \frac{p_e}{100}$$

Der effektive Zinsfuß p_e ist also von r und n unabhängig. Ergebnis:

Ergebnis III.2.2:

$$p_e = \left[\left(1 + \frac{p}{100 \cdot m}\right)^m - 1\right] \cdot 100$$

Beispiel: Gegeben p = 8,5; m = 12
Gesucht: effektiver Zinsfuß nach III.2.2
Lösung : p_e = 8,84 .

Fragestellung III.2.3:

Wir nehmen die Fragestellung III.2.1 nochmals auf und interessieren uns für den effektiven Zinsfuß p_e pro ZE, wenn m gegen unendlich geht.

Wir setzen $y = \dfrac{100 \cdot m}{p}$. Mit m geht auch y nach unendlich. $m = \dfrac{y \cdot p}{100}$ ist die

Auflösung dieser Gleichung nach m. Wir setzen y in den Term aus III.2.2 ein und fragen dann nach dem Grenzwert des Terms für y gegen unendlich:

$$\left\{\left[1 + \frac{1}{y}\right]^{y \cdot \frac{p}{100}} - 1\right\} \cdot 100 = \left\{\left[\left(1 + \frac{1}{y}\right)^y\right]^{\frac{p}{100}} - 1\right\} \cdot 100$$

Die runde Klammer der rechten Seite geht für y gegen unendlich gegen die Euler'sche Zahl e = 2,718281828.... . Es ist $q - 1 = \dfrac{p}{100}$. Zusammen:

Ergebnis III.2.4:

$p_e = \left(e^{(q-1)} - 1\right) \cdot 100$. Die Verzinsung mit diesem Zinsfuß pro ZE bezeichnet man als **stetige Verzinsung**. Die einfache Zinseszinsformel (vgl. II.3.2) nimmt in diesem Fall die Form an: $E = r \cdot \left[e^{(q-1)}\right]^n$

Beispiel: Gegeben: $p = 8,5$
Gesucht: Zinsfuß der stetigen Verzinsung
Lösung: Nach III.2.4 : $p_e = 8,87$.

III.2 AUFGABEN

1. Man berechne zu (a) $p = 4,5$ (b) $p = 5,5$ (c) $p = 6,5$ die zugehörigen effektiven Zinsfüße, wenn alternativ $m = 2, 3, 4, 6$ und 12 angenommen wird.

2. Zu (a) $p = 4,5$ (b) $p = 5,5$ (c) $p = 6,5$ sind die zugehörigen Zinsfüße der stetigen Verzinsung zu berechnen.

III.2 LÖSUNGEN

L1. Lösung nach III.2.2:

m =	2	3	4	6	12
(a) p = 4,5:	4,551	4,568	4,577	4,585	4,594
(b) p = 5,5:	5,576	5,601	5,614	5,628	5,641
(c) p = 6,5:	6,606	6,642	6,660	6,679	6,697

L2. Nach III.2.4: (a) 4,603   (b) 5,654   (c) 6,716

IV. INVESTITIONSRECHNUNG

Investitionen auf dem Kapitalmarkt haben wir bereits besprochen, ohne diese ausdrücklich als solche zu bezeichnen. Wenn beispielsweise jemand am Anfang einer ZE eine Zinsanleihe zum Kurs C kauft, so zahlt er zu diesem Zeitpunkt den Betrag $K_O = S \cdot \dfrac{C}{100}$, er investiert ihn, und erhält dafür am Ende einer jeden ZE die nach dem Modell der Tilgung einer gesamtfälligen Schuld vereinbarten Einzahlungen zurück. Diese Investition ist somit durch eine Investitions-Auszahlung am Anfang der ersten ZE und n Einzahlungen gekennzeichnet, die vom Ende der ersten bis zum Ende der n-ten ZE anfallen.

Es wird sich nun zeigen, dass auch Investitionen in Sachanlagen in genau dieser Weise beschrieben werden können: Kauft ein Unternehmer beispielsweise am Anfang der ersten ZE eine Anlage zur Herstellung eines bestimmten Produktes für K_O €, so liegt auch hier eine Investitions-Auszahlung vor. Die wirtschaftliche Nutzungsdauer dieser Anlage möge n ZEen betragen. Abgesehen von der Investitions-Auszahlung fallen durch die Herstellung dieses Produktes weitere laufende Auszahlungen: etwa für Rohstoffe, Vorprodukte, Bedienungspersonal, Instandhaltung usw., an; ebenso laufende Einzahlungen aus dem Verkauf des hergestellten Produktes.

Wir gehen jetzt - in unserem Gedankenexperiment - davon aus, dass zwei Konten A und B ausschließlich für diese Investition zur Verfügung stehen. B wird am Anfang der ersten ZE mit der Investitions-Auszahlung K_0 belastet. Die weiteren laufenden Auszahlungen und Einzahlungen werden über A abgewickelt. Zu unserem Gedankenexperiment gehört weiter die Annahme, dass sich Soll- und Habenzinsen nicht unterscheiden. Am Ende einer jeden ZE innerhalb der wirtschaftlichen Nutzungsdauer wird der Kontostand auf dem Konto A (unabhängig davon, ob dort schwarze oder rote Zahlen stehen) vollständig auf B übertragen. Die übertragenen Kontostände bezeichnen wir als Einzahlungsüberschüsse $c_1, c_2, \ldots, c_n$. Aus der Sicht des Kontos B ist diese Investition in Sachanlagen dann in derselben Weise charakterisiert wie eine Investition auf dem Kapitalmarkt: Am Anfang der ersten ZE fällt eine Investitions-Auszahlung an, der dann n Einzahlungsüberschüsse gegenüberstehen. Man muss allerdings zulassen, dass die Einzahlungsüberschüsse auch negativ sein können und sich nicht nach einem Bildungsgesetz errechnen lassen, sie stellen eine völlig unregelmäßig verlaufende nachschüssige Rente dar.

Begriffsbildung IV.1:

Eine (problemorientierte) Einteilung der Zeit in ZEen liegt vor. Von einer ZE ab sind die ZEen durch natürliche Zahlen nummeriert und die Enden der ZEen sind die Zinstermine. Im Sinne der Investitionsrechnung ist dann eine **INVESTITION** ein (n+1)-dimensionaler Vektor $(c_0, c_1, c_2; \ldots, c_n)$ mit:

(i) $c_0 = -K_0$; wobei K_0 die **INVESTITIONS-AUSZAHLUNG** vom Anfang der ersten ZE angibt.

(ii) Die übrigen Koordinaten des Vektors stellen die von der ersten bis zur n-ten ZE nachschüssig anfallenden **EINZAHLUNGSÜBERSCHÜSSE** dar.

n (gemessen in ZEen) wird als **WIRTSCHAFTLICHE NUTZUNGSDAUER** bezeichnet.

Fragestellung IV.2:

Von besonderem Interesse ist nun die Frage nach der Effektivverzinsung des investierten Kapitals, also die Frage nach dem Zinsfuß p_e pro ZE, bezüglich dessen die Investitions-Auszahlung zur Folge der Einzahlungsüberschüsse äquivalent ist.

Schreibt man (wie bisher immer) $x = 1 + \dfrac{p_e}{100}$, so folgt aus dieser Äquivalenz

(*) $$K_0 \cdot x^n = c_1 \cdot x^{n-1} + c_2 \cdot x^{n-2} + \ldots + c_{n-1} \cdot x + c_n$$

Wir dividieren diese Gleichung durch x^n:

(**) $$K_0 = \frac{c_1}{x} + \frac{c_2}{x^2} + \ldots + \frac{c_n}{x^n}$$

Stellen $\dfrac{1}{x^n}$ rechts vor und bringen auch noch K_0 auf die rechte Seite:

(***) $$0 = -K_0 + \frac{1}{x^n} \cdot (c_1 \cdot x^{n-1} + c_2 \cdot x^{n-2} + \ldots + c_{n-1} \cdot x + c_n)$$

Definieren wir die Funktion

$$W\{q\} = -K_0 + \frac{1}{q^n} \cdot (c_1 \cdot q^{n-1} + c_2 \cdot q^{n-2} + \ldots + c_{n-1} \cdot q + c_n) \ ,$$

so ist die Lösung der Gleichungen (*), (**) oder (***) nach x gleichbedeutend mit der Berechnung der Nullstellen von $W\{q\}$.

$W\{1\} = -K_0 + c_1 + c_2 + \ldots + c_n$ und lim $W\{q\} = -K_O$ für q gegen unendlich.

Ist $W\{1\} > 0$, so hat $W\{q\}$ für q > 1 mindestens eine Nullstelle.

Ergebnis IV.3:

Sei eine Investition $(c_0, c_1, c_2; \ldots, c_n)$ mit $c_0 = -K_0$ gegeben. Gilt

(i) $W\{1\} > 0$ und ist

(ii) $W\{q\} = -K_0 + \dfrac{1}{q^n} \cdot (c_1 \cdot q^{n-1} + c_2 \cdot q^{n-2} + \ldots + c_{n-1} \cdot q + c_n)$ für q > 1 eine

streng monoton fallende und strikt konvexe Funktion, so bezeichnet man $W\{q\}$ als die **KAPITALBARWERT-FUNKTION** der Investition und den aus ihrer einzigen Nullstelle x ($W\{q\}$ = 0) errechenbaren Zinsfuß p_e pro ZE als den **INTERNEN ZINSFUß** der Investition. Da aus wirtschaftlichen Gründen nur eine Investition mit einem positiven internen Zinsfuß diskutabel ist, folgt aus (ii) die Eigenschaft (i). Wir sehen daher für alle weiteren Überlegungen die Eigenschaft (i) als gegeben an, ohne dies jedesmal zu erwähnen.

Weshalb wir $W\{1\} > 0$ und die Funktion $W\{q\}$ für q > 1 als streng monoton fallend vorausgesetzt haben, macht das folgende Beispiel deutlich:

Eine Investition sei durch die folgenden Zahlen (in Geldeinheiten GE) gegeben:
    K_0 = 300 GE; c_1 = 440 GE; c_2 = 79 GE; c_3 = -100 GE; c_4 = -132 GE

Die wirtschaftliche Nutzungsdauer ist mit n = 4 ZEen angesetzt. Wir bilden die Funktion $W\{q\}$ für dieses Beispiel:

$$W\{q\} = -300 + \frac{1}{q^4} \cdot \left(440 \cdot q^3 + 79 \cdot q^2 - 100 \cdot q - 132\right)$$

Der Verlauf der Funktion wird durch eine Wertetabelle deutlich:

q =	1,00	1,02	1,05	1,08	1,09	1,10
$W\{q\}$ =	-13,00	-8,87	-4,28	-1,27	-0,57	0

q =	1,11	1,15	1,18	1,19	1,20	1,21
$W\{q\}$ =	0,44	1,12	0,67	0,40	0	-0,43

q =	1,22	1,26
$W\{q\}$ =	-0,92	-3,39

Würde man die Definition der Kapitalbarwert-Funktion und die mit dieser zusammenhängenden Definition des internen Zinsfußes auch für das gerade angegebene Beispiel einer Investition aufrechterhalten, müsste man zugeben, dass sich die Investition von 300 GE am Anfang der ersten ZE wahlweise mit 10 Prozent oder auch mit 20 Prozent verzinst habe. Eine solche Folgerung widerspräche aber der wirtschaftlichen Vorstellung von 'Verzinsung'. Daher war es erforderlich, die mathematische Vielfalt um der sinnvollen wirtschaftlichen Deutung willen einzuschränken.

Die Ursache für die unangenehmen Eigenschaften des gerade besprochenen Beispiels ist darin zu suchen, dass einige Einzahlungsüberschüsse als negativ angenommen wurden. Deshalb wollen wir zunächst einmal davon ausgehen, dass alle Einzahlungsüberschüsse nicht-negativ, einige aber positiv sind. Die Funktion

$$W\{q\} = -K_0 + \frac{1}{q^n} \cdot (c_1 \cdot q^{n-1} + c_2 \cdot q^{n-2} + \ldots + c_{n-1} \cdot q + c_n)$$

ist in diesem Fall für alle q > 1 streng monoton fallend und strikt konvex. Zur näherungsweisen Berechnung ihrer Nullstelle benötigt man dann noch die erste Ableitung

$$W'\{q\} = \frac{-1}{q^{n+1}} \cdot \left(c_1 \cdot q^{n-1} + 2 \cdot c_2 \cdot q^{n-2} + \ldots + (n-1) \cdot c_{n-1} \cdot q + n \cdot c_n\right)$$

Ein Startwert für das Newton'sche Verfahren ergibt sich aus der Gleichung

(*) $$K_0 \cdot x^n = c_1 \cdot x^{n-1} + c_2 \cdot x^{n-2} + \ldots + c_{n-1} \cdot x + c_n$$

Setzt man die Summe der Koeffizienten der rechten Seite gleich V, so folgt

$$K_0 \cdot x^n > V \quad \rightarrow \quad x > \sqrt[n]{\frac{V}{K_0}}$$

Die rechte Seite der letzten Ungleichung liefert den Startwert. Zusammen:

Ergebnis IV.4:

Gegeben: Investition $(c_0, c_1, c_2, \ldots, c_n)$ mit nicht-negativen Einzahlungsüberschüssen, $c_0 = -K_0$, $V = c_1 + c_2 + \ldots + c_n$ und $V > K_0$

Gesucht: interner Zinsfuß p_e der Investition

$$W\{q\} = -K_0 + \frac{1}{q^n} \cdot (c_1 \cdot q^{n-1} + c_2 \cdot q^{n-2} + \ldots + c_{n-1} \cdot q + c_n)$$

$$W'\{q\} = \frac{-1}{q^{n+1}} \cdot \left(c_1 \cdot q^{n-1} + 2 \cdot c_2 \cdot q^{n-2} + \ldots + (n-1) \cdot c_{n-1} \cdot q + n \cdot c_n\right)$$

Fortsetzung:

$$\text{Startwert:} \quad q_1 = \sqrt[n]{\frac{V}{K_0}}$$

Beispiel: GE = Geldeinheiten. Gegeben: $K_0 = 76{,}61$ GE; $c_1 = 14$ GE; $c_2 = 19$ GE; $c_3 = 38$ GE; $c_4 = 21$ GE; $c_5 = 4$ GE; also n = 5
Gesucht: interner Zinsfuß p_e
Lösung: V = 96; V - K_0 > 0 ; nach drei Iterationen ergibt sich x = 1,0850 oder $p_e = 8{,}5$.

Wir wollen jetzt auch negative Einzahlungsüberschüsse zulassen und überlegen, wie die unter IV.3 genannten Eigenschaften der Funktion $W\{q\}$ gewährleistet werden können.
Der Grundgedanke: Da Investitionsrechnungen vor allem ein Hilfsmittel der Investitionsplanung darstellen, kann die Berechnung des internen Zinsfußes einer beabsichtigten Investition nur auf der Basis von geschätzten Einzahlungsüberschüssen durchgeführt werden. Schätzungen sind aber immer mit Unsicherheiten verbunden. Der hierin enthaltene Spielraum soll nun genutzt werden, um die Schätzungen zu reglementieren, aber doch nur soweit, dass kein unvertretbarer Verlust an Realitätsnähe entsteht: Die Schätzung der Folge der Einzahlungsüberschüsse ist so durchzuführen, dass diese Folge abschnittsweise eine gleichbleibende, eine arithmetische oder eine geometrische Rente darstellt und zwar unter Einhaltung der schon hergeleiteten Bedingungen für das strenge monotone Fallen ihrer Barwert-Funktionen. Die Längen der Abschnitte sollen mindestens zwei ZEen betragen; darüber hinaus sind sie frei bestimmbar. Die arithmetischen Renten lassen auch die Schätzung von negativen Einzahlungsüberschüssen zu.
Die folgenden Beispiele werden erkennen lassen, dass unsere Reglementierung der Schätzungen doch so viele Variationsmöglichkeiten umfasst, um jede in der Realität vorkommende Schätzung mit ausreichender Näherung formulieren zu können:

Beispiele: Gegeben: n = 10 . Alle Beträge sind in GE (=Geldeinheiten) ausgedrückt.

(1) Die Folge der Einzahlungsüberschüsse ist eine gleichbleibende Rente mit
r = 51:

c_1	c_2	c_3	c_4	c_5	c_6	c_7	c_8	c_9	c_{10}
51	51	51	51	51	51	51	51	51	51

(2) In der Folge der Einzahlungsüberschüsse sind die ersten vier Zahlen eine
geometrisch steigende Rente mit r = 25 und Q = 1,1 ; die folgenden drei Schätzungen eine gleichbleibende Rente mit r = 35 ; die letzten drei stellen eine geometrisch fallende Rente mit r = 30 und Q = 0,7 dar:

c_1	c_2	c_3	c_4	c_5	c_6	c_7	c_8	c_9	c_{10}
25	27,5	30,25	33,28	35	35	35	30	21	14,7

(3) Die ersten drei Einzahlungsüberschüsse ergeben eine arithmetisch steigende
Rente mit r = 20 und a = 5; es folgen vier Zahlen als arithmetisch fallende Rente
mit r = 28 und a = -10 ; die letzten drei Zahlen haben die Form einer geometrisch steigenden Rente mit r = 3 und Q = 1,05 .

c_1	c_2	c_3	c_4	c_5	c_6	c_7	c_8	c_9	c_{10}
20	25	30	28	18	8	-2	3	3,15	3,31

Da in unserem Vorschlag, die Schätzungen zu reglementieren, die Barwert-
Funktionen von nachschüssig-gleichbleibenden, nachschüssig-arithmetischen
und nachschüssig-geometrischen Renten eine erhebliche Rolle spielen, stellen
wir zunächst aus unseren bisherigen Untersuchungen die Voraussetzungen zusammen, unter denen diese Barwert-Funktionen für q > 1 streng monoton fallend und strikt konvex sind:

Ergebnis IV.5:

(a) Gleichbleibende Renten mit $r > 0$; $n > 1$:

$B\{q\} = \dfrac{r}{q^n} \cdot \dfrac{q^n - 1}{q - 1}$ ist streng monoton fallend und strikt konvex für alle q > 1.

Die Barwerte liegen im Intervall $0 < B\{q\} < n \cdot r$. (Vgl. II.3.1.20)

(b) Arithmetische Renten mit $r > 0$; $n > 1$:

$B\{q\} = \dfrac{r}{q^n} \cdot \dfrac{q^n - 1}{q - 1} + \dfrac{a}{q^n} \cdot \left[\dfrac{q^n - 1}{(q-1)^2} - \dfrac{n}{q - 1} \right]$ ist streng monoton fallend und strikt

Fortsetzung:

---

konvex für q > 1 unter der Bedingung $a > \dfrac{-4r}{3 \cdot (n-1)}$. Die Barwerte liegen dann

im Intervall $0 < B\{q\} < n \cdot r + \dfrac{n \cdot (n-1)}{2} \cdot a$ (Vgl. II.3.2.13)

(c) Geometrische Renten mit $n > 1$:

$0 < Q < 1:$ $B\{q\} = \dfrac{r}{q^n} \cdot \dfrac{q^n - Q^n}{q - Q}$

$Q > 1:$ $B\{q\} = \dfrac{r}{q^n} \cdot \dfrac{q^n - Q^n}{q - Q}$ für q ≠ Q   ; $B\{q\} = \dfrac{n \cdot r}{Q}$ für $q = Q$

In beiden Fällen ist die Barwertfunktion für $q > 1$ streng monoton fallend und strikt konvex.

Die Barwerte liegen im Intervall $0 < B\{q\} < r \cdot \dfrac{Q^n - 1}{Q - 1}$ (Vgl. II.3.3.13)

Da wir nur die Barwerte nachschüssiger Renten benötigen, haben wir stets $B\{q\}$ statt $^{n}B\{q\}$ geschrieben. Die strenge Monotonie geht auch nicht verloren, wenn man diese Funktionen noch durch q^k mit $k = 1, 2, 3, \ldots\ldots$ dividiert (vgl. Abschnitt II im Anhang).

Ergebnis IV.6: Schätzung der Einzahlungsüberschüsse

(a) Sei n die Anzahl der ZEen des Planungszeitraums. Wir zerlegen n in k ganzzahlige Summanden $n_1, n_2, \ldots, n_k$; jeder Summand hat größer 1 zu sein; $k = 1, 2, 3, \ldots$ Der Planungszeitraum wird also in k Teilintervalle zerlegt. $k = 1$ bedeutet, dass keine Zerlegung vorgenommen werden soll.

(b) In jedem der k Teilintervalle erfolgt die Schätzung der Einzahlungsüberschüsse als nachschüssig-gleichbleibende oder als nachschüssig-arithmetische oder als nachschüssig-geometrische Rente und zwar unter den Bedingungen, die unter IV.5 genannt sind.

Fortsetzung:

Sind $B_1\{q\}$, $B_2\{q\}$, ..., $B_k\{q\}$ die Barwert-Funktionen der Renten in den k Teilintervallen, so ergibt sich als Barwert-Funktion aller Einzahlungsüberschüsse

$$B\{q\} = B_1\{q\} + \frac{B_2\{q\}}{q^{n_1}} + \frac{B_3\{q\}}{q^{n_1+n_2}} + \frac{B_4\{q\}}{q^{n_1+n_2+n_3}} + \ldots + \frac{B_k\{q\}}{q^{n_1+n_2+\ldots+n_{k-1}}}$$

Im Rahmen der unter IV.5 genannten Bedingungen ist auch $B\{q\}$ streng monoton fallend, strikt konvex und positiv; und mit $B\{q\}$ wird schließlich auch die Kapitalbarwert-Funktion $W\{q\} = -K_0 + B\{q\}$ streng monoton fallen, strikt konvex verlaufen und $W\{1\} > 0$ sein. Wir haben somit eine Funktion gefunden, welche die Bedingungen von IV.3 erfüllt.

Zur näherungsweisen Berechnung der Nullstelle x von $W\{q\}$ greifen wir zunächst auf IV.4 zurück, wo $W\{q\}$ und $W'\{q\}$ stehen. Einen Startwert erhalten wir aus der Gleichung

(*) $K_0 \cdot x^n = c_1 \cdot x^{n-1} + c_2 \cdot x^{n-2} + \ldots + c_{n-1} \cdot x + c_n$

K_0 ist positiv. Wir bringen alle negativen Summanden der rechten Seite nach links, so dass sich auf beiden Gleichungsseiten ausschließlich positive Summanden befinden. U sei die Summe der nach links gebrachten Koeffizienten, V die Summe der Koeffizienten, die auf der rechten Seite verblieben sind. Es folgt:

$$(K_0 + U) \cdot x^n > V \quad \rightarrow \quad x > \sqrt[n]{\frac{V}{K_0 + U}}$$

Aus $W\{1\} > 0$ ergibt sich

$$K_0 < c_1 + c_2 + \ldots + c_n \quad \rightarrow \quad K_0 < V - U \quad \rightarrow \quad K_0 + U < V \quad \rightarrow \quad 1 < \frac{V}{K_0 + U}$$

Setzt man die n-te Wurzel dieses Quotienten als Startwert an, so beginnt man - wie es ja auch sein soll - mit einer Zahl größer als 1.

Zusammen:

Ergebnis IV.7:

Gegeben: Investition $(c_0, c_1, c_2, \ldots, c_n)$. Die Einzahlungsüberschüsse sind gemäß IV.6 geschätzt. Gesucht: interner Zinsfuß p_e

$$W\{q\} = -K_0 + \frac{1}{q^n} \cdot (c_1 \cdot q^{n-1} + c_2 \cdot q^{n-2} + \ldots + c_{n-1} \cdot q + c_n)$$

$$W'\{q\} = \frac{-1}{q^{n+1}} \cdot \left(c_1 \cdot q^{n-1} + 2 \cdot c_2 \cdot q^{n-2} + \ldots + (n-1) \cdot c_{n-1} \cdot q + n \cdot c_n \right)$$

Startwert: $q_1 = \sqrt[n]{\dfrac{V}{K_0 + U}}$. Dabei ist **V** die Summe der **positiven** und **U** die

negative Summe der negativen Einzahlungsüberschüsse. Sind alle Einzahlungsüberschüsse nicht-negativ, stimmen IV.7 und IV.4 überein.

Beispiel: GE = Geldeinheiten
Gegeben: Eine Investition mit n = 10 ; K_0 = 308 GE. Schätzungen der Einzahlungsüberschüsse: Die ersten fünf Zahlen bilden eine arithmetische Rente mit r = 170 GE und a = -50 GE; dann schließt sich eine geometrische Rente mit r = 10 GE und Q = 1,15 an.

c_1	c_2	c_3	c_4	c_5	c_6	c_7	c_8	c_9	c_{10}
170	120	70	20	-30	10	11,5	13,23	15,21	17,49

Gesucht:
(i) Wertetabelle von $W\{q\}$, aus der auch der interne Zinsfuß näherungsweise ersichtlich wird und
(ii) der interne Zinsfuß mit besserer Genauigkeit.

Lösung: (i) Wertetabelle:

q =	1,00	1,02	1,04	1,06	1,08	1,10
$W\{q\}$ =	109,43	88,53	69,89	53,14	38,01	24,26

q =	1,12	1,14	1,16	1,18	1,20	1,22
$W\{q\}$ =	11,69	0,15	-10,49	-20,34	-29,49	-38,03

(ii) Nach 4 Iterationen erhält man p_e = 14,03 .

Der interne Zinsfuß allein ist noch kein Maßstab dafür, ob eine Unternehmung eine Investition als für sich vorteilhaft ansehen und dann durchführen sollte. Die Unternehmensleitung benötigt zum Vergleich den **KALKULATIONSZINS-**

FUß p_k $\left(q_k = 1 + \dfrac{p_k}{100}\right)$, der ihre Vorstellung über die Mindestverzinsung des von ihr investierten Kapitals wiedergibt. Der Kalkulationszinsfuß hängt vom bisherigen Geschäftsverlauf ab, aber auch von der Risikobereitschaft der verantwortlichen Personen. Liegt der Kalkulationszinsfuß fest, können Investitionen nach folgendem Kriterium beurteilt werden:

IV.8: Methode des internen Zinsfußes:

Eine Investition ist **VORTEILHAFT**, wenn der interne Zinsfuß dieser Investition größer ist als der von der Unternehmensleitung festgelegte Kalkulationszinsfuß.

Wegen des streng monotonen Fallens der Kapitalbarwert-Funktion $W\{q\}$ ist IV.8 gleichbedeutend mit

IV.9: Diskontierungsmethode:

Eine Investition ist **VORTEILHAFT**, wenn $W\{q_k\}$ positiv ist.

Beispiel: Wir kommen nochmals auf das zu IV.7 geschilderte Beispiel zurück: Ist die Investition bei einem Kalkulationszinsfuß $p_k = 12$ vorteilhaft?
Lösung: Da der interne Zinsfuß $p_e = 14{,}03$ beträgt, ist die Investition nach der Methode des internen Zinsfußes vorteilhaft. Die Diskontierungsmethode bestätigt diese Antwort, weil $W\{q_k\} = 11{,}69$, also positiv ist.

IV. AUFGABEN

Alle Aus- und Einzahlungen sind in Geldeinheiten (GE) gemessen, ohne dass dieses immer wieder hingeschrieben wird.

1. Gegeben ist eine Investition $(c_0, c_1, c_2, \ldots, c_n)$ mit

(a) $n = 6$; $K_0 = 423$;

c_1	c_2	c_3	c_4	c_5	c_6	
100	100	100	100	100	100	

(b) $n = 7$; $K_0 = 85$;

c_1	c_2	c_3	c_4	c_5	c_6	c_7
10	18	24	32	11	9	5

(c) $n = 6$; $K_0 = 79$;

c_1	c_2	c_3	c_4	c_5	c_6
11	17	23	30	12	8

Gesucht:
(i) Wertetabelle der Kapitalbarwert-Funktion $W\{q\}$. Man beginne mit $q = 1,00$; gehe in Schritten von 0,02 voran und ende bei $q = 1,18$
(ii) Interner Zinsfuß p_e
(iii) Entscheidung nach der Methode des internen Zinsfußes, aber auch nach der Diskontierungsmethode, ob diese Investition bei einem Kalkulationszinsfuß von $p_k = 8,2$ vorteilhaft ist.

2. Gegeben ist eine Investition $(c_0, c_1, c_2, \ldots, c_n)$ mit nicht-negativen Einzahlungs-überschüssen, die zudem eine unregelmäßig verlaufende Rente darstellen.
Gesucht: Interner Zinsfuß p_e :

(a) $n = 7$; $K_0 = 206$;

c_1	c_2	c_3	c_4	c_5	c_6	c_7		
41	53	58	39	32	45	30		

(b) $n = 6$; $K_0 = 111$;

c_1	c_2	c_3	c_4	c_5	c_6			
3	19	35	40	41	20			

(c) $n = 9$; $K_0 = 171$;

c_1	c_2	c_3	c_4	c_5	c_6	c_7	c_8	c_9
40	31	25	35	31	24	29	19	5

(d) $n = 5$; $K_0 = 274$;

c_1	c_2	c_3	c_4	c_5				
80	85	73	72	65				

(e) $n = 8$; $K_0 = 263$;

c_1	c_2	c_3	c_4	c_5	c_6	c_7	c_8	
70	63	54	45	48	51	53	59	

(f) $n = 6$; $K_0 = 131$;

c_1	c_2	c_3	c_4	c_5	c_6			
14	25	37	38	35	24			

(g) $n = 5$; $K_0 = 82$;

c_1	c_2	c_3	c_4	c_5
24	19	15	23	28

(h) $n = 6$; $K_0 = 166$;

c_1	c_2	c_3	c_4	c_5	c_6
50	52	46	35	21	9

(i) $n = 7$; $K_0 = 120$;

c_1	c_2	c_3	c_4	c_5	c_6	c_7
30	31	32	29	26	28	31

(j) $n = 8$; $K_0 = 148$;

c_1	c_2	c_3	c_4	c_5	c_6	c_7	c_8
40	25	39	28	34	33	31	30

3. Gegeben ist eine Investition $(c_0, c_1, c_2, ..., c_n)$ mit nicht-negativen Einzahlungs-überschüssen. Die Schätzung erfolgte nach den unter IV.6 genannten Bedingungen. Gesucht: interner Zinsfuß p_e :

(a) $n = 8$; $K_0 = 300$; von c_1 bis c_8 gleichbleibende Rente mit $r = 51$

(b) $n = 10$; $K_0 = 170$; von c_1 bis c_4 geometrische Rente mit $r = 25$ und $Q = 1,1$ (25; 27,5; 30,25; 33,28); von c_5 bis c_7 gleichbleibende Rente mit $r = 35$; von c_8 bis c_{10} geometrische Rente mit $r = 30$ und $Q = 0,7$ (30; 21; 14,7)

(c) $n = 5$; $K_0 = 408$; von c_1 bis c_5 arithmetische Rente mit $r = 110$ und $a = 5$ (110; 115; 120; 125; 130)

(d) $n = 6$; $K_0 = 1487$; von c_1 bis c_6 geometrische Rente mit $r = 600$ und $Q = 0,8$ (600; 480; 384; 307,2; 245,76; 196,61)

(e) $n = 7$; $K_0 = 1923$; von c_1 bis c_3 geometrische Rente mit $r = 400$ und $Q = 1,15$ (400; 460; 529); von c_4 bis c_7 geometrische Rente mit $r = 500$ und $Q = 0,8$ (500; 400; 320; 256)

(f) $n = 9$; $K_0 = 1016$; von c_1 bis c_4 geometrische Rente mit $r = 250$ und $Q = 0,9$ (250; 225; 202,5; 182,25); von c_5 bis c_9 arithmetische Rente mit $r = 100$ und $a = 35$ (100; 135; 170; 205; 240)

(g) $n = 10$; $K_0 = 1417$; von c_1 bis c_5 arithmetische Rente mit $r = 100$ und $a = 70$ (100; 170; 240; 310; 380); von c_6 bis c_8 geometrische Rente mit $r = 400$ und $Q = 0,7$ (400; 280; 196); c_9 und c_{10} gleichbleibende Rente mit $r = 160$

(h) $n = 9$; $K_0 = 415$; von c_1 bis c_3 gleichbleibende Rente mit $r = 95$; von c_4 bis c_6 geometrische Rente mit $r = 100$ und $Q = 0,6$ (100; 60; 36); von c_7 bis c_9 arithmetische Rente mit $r = 40$ und $a = -15$ (40; 25; 10)

4. Gegeben ist eine Investition $(c_0, c_1, c_2, ..., c_n)$ mit positivem c_1; im übrigen können negative Einzahlungsüberschüsse vorkommen. Die Schätzung erfolgt nach den Bedingungen unter IV.6:

(a) $n = 8$; $K_0 = 859$; von c_1 bis c_5 arithmetische Rente mit $r = 620$ und $a = -210$ (620; 410; 200; -10; -220); von c_6 bis c_8 geometrische Rente mit $r = 110$ und $Q = 1,03$ (10; 10,3; 10,6)

(b) $n = 10$; $K_0 = 108$; von c_1 bis c_3 geometrische Rente mit $r = 40$ und $Q = 0,65$ (40; 26; 16,9); von c_4 bis c_{10} arithmetische Rente mit $r = 25$ und $a = -5$ (25; 20; 15; 10; 5; 0; -5)

(c) $n = 10$; $K_0 = 90$; von c_1 bis c_3 arithmetische Rente mit $r = 20$ und $a = 5$ (20; 25; 30); von c_4 bis c_7 arithmetische Rente mit $r = 28$ und $a = -10$ (28; 18; 8; -2); von c_8 bis c_{10} geometrische Rente mit $r = 3$ und $Q = 1,05$ (3; 3,15; 3,31)

(d) $n = 8$; $K_0 = 918$; von c_1 bis c_4 gleichbleibende Rente mit $r = 270$; von c_5 bis c_8 arithmetische Rente mit $r = 150$ und $a = -60$ (150; 90; 30; -30)

(e) $n = 10$; $K_0 = 205$; von c_1 bis c_4 arithmetische Rente mit $r = 50$ und $a = -20$ (50; 30; 10; -10); von c_5 bis c_8 arithmetische Rente mit $r = 10$ und $a = 40$ (10; 50; 90; 130); für c_9 und c_{10} arithmetische Rente mit $r = 100$ und $a = -40$ (100; 60)

IV. LÖSUNGEN

L1. (i) Wertetabelle:

(a)

$q =$	1,00	1,02	1,04	1,06	1,08
$W\{q\} =$	177,00	137,14	101,21	68,73	39,29
$q =$	1,10	1,12	1,14	1,16	1,18
$W\{q\} =$	12,53	-11,86	-34,13	-54,53	-73,24

(b)

$q =$	1,00	1,02	1,04	1,06	1,08
$W\{q\} =$	24,00	16,59	9,90	3,84	-1,66
$q =$	1,10	1,12	1,14	1,16	1,18
$W\{q\} =$	-6,67	-11,24	-15,42	-19,25	-22,77

(c)

$q =$	1,00	1,02	1,04	1,06	1,08
$W\{q\} =$	22,00	15,49	9,57	4,19	0,72
$q =$	1,10	1,12	1,14	1,16	1,18
$W\{q\} =$	-5,21	-9,33	-13,11	-16,58	-19,79

(ii) Interner Zinsfuß:
(a) $p_e = 11$ (3 Iter.)   (b) $p_e = 7,38$ (3 Iter.)   (c) $p_e = 7,69$ (3 Iter.)

(iii) Beurteilung:
(a) $W\{q_k\} = 36,5$ (b) $W\{q_k\} = -2,18$ (c) $W\{q_k\} = -1,19$
Sowohl nach der Methode des internen Zinsfußes als auch nach der Diskontierungsmethode zeigt sich, dass die Investition (a) vorteilhaft ist, die beiden anderen dagegen nach den Kriterien abgewiesen werden müssen.

L2. Nach IV.4 . Die Anzahl der Iterationen steht in eckigen Klammern:

	(a)	(b)	(c)	(d)	(e)
$p_e =$	10,93	9,43	8,67	11,97	14,00
	[3]	[3]	[3]	[3]	[3]
	(f)	(g)	(h)	(i)	(j)
$p_e =$	7,92	9,95	9,75	16,07	14,99
	[3]	[3]	[3]	[3]	[3]

L3. Nach IV.4 . Die Anzahl der Iterationen steht in eckigen Klammern.

	(a)	(b)	(c)	(d)
$p_e =$	7,39	11,23	13,95	16,01
	[3]	[3]	[3]	[3]
	(e)	(f)	(g)	(h)
$p_e =$	12,00	12,49	10,51	8,67
	[3]	[3]	[3]	[3]

L4. Nach IV.7 Die Anzahl der Iterationen steht in eckigen Klammern.

	(a)	(b)	(c)	(d)	(e)	(f)	(g)
$p_e =$	17,00	12,09	9,34	13,47	13,50	11,16	15,79
	[3]	[3]	[3]	[4]	[3]	[3]	[4]

ANHANG

I. STRENG MONOTONE FUNKTIONEN

(A) $y = F\{q\}$ ist für q > 1 **DIFFERENZIERBAR**, wenn der Grenzwert $\lim\limits_{h \to 0} \dfrac{F\{q+h\} - F\{q\}}{h}$ existiert. Man sagt dann auch, dass die Funktion diesen Grenzwert als erste Ableitung $y = F'\{q\}$ hat.

(B) Wir bezeichnen eine Funktion $y = F\{q\}$ für q > 1 als **STRENG MONOTON STEIGEND**, wenn $F'\{q\} > 0$, als **STRENG MONOTON FALLEND**, wenn $F'\{q\} < 0$.

(C) Sind zwei streng monotone Funktionen $F_1\{q\}$ und $F_2\{q\}$ mit positiven Funktionswerten gegeben, so ist auch deren Summe und deren Produkt wieder streng monoton.

Beweis:

(a) $y = F_1\{q\} + F_2\{q\} \;\rightarrow\; y' = F_1'\{q\} + F_2'\{q\}$

Wenn beide Funktionen positive (negative) erste Ableitungen haben, ist auch die Summe positiv (negativ).

(b) $y = F_1\{q\} \cdot F_2\{q\} \;\rightarrow\; y' = F_1'\{q\} \cdot F_2\{q\} + F_1\{q\} \cdot F_2'\{q\}$

Wenn beide Funktionen positive (negative) erste Ableitungen haben, dann hat auch deren Produkt eine positive (negative) erste Ableitung.

II. NEWTONSCHES VERFAHREN ZUR NULLSTELLENBESTIMMUNG

Eine Funktion $y = F\{q\}$ ist für q > 1 **STRIKT KONVEX**, wenn $y'' > 0$ für q > 1.

Hat $y = F\{q\}$ für q > 1 positive Funktionswerte und ist sie außerdem für q > 1 streng monoton fallend und strikt konvex, so gelten diese Eigenschaften auch für

$$Y = \frac{F\{q\}}{q^k} \quad \text{mit } k = 1, 2, 3, \dots$$

Beweis:

(A) $Y' = \dfrac{q \cdot F'\{q\} - k \cdot F\{q\}}{q^{k+1}}$. Da $F\{q\} > 0$ und $F'\{q\} < 0$, gilt $Y' < 0$

(B) $Y'' = \dfrac{q^2 \cdot F''\{q\} - 2kq \cdot F'\{q\} + n(n+1) \cdot F\{q\}}{q^{k+2}}$. Da auch noch $F''\{q\} > 0$, er-

hält man $Y'' > 0$

y = $F\{q\}$ sei jetzt für q > 1 streng monoton steigend bzw. streng monoton fallend, strikt konvex und habe eine Nullstelle. Diese Nullstelle soll näherungsweise berechnet werden:
Bei steigenden (fallenden) Funktionen sei q_1 ein Wert, der größer (kleiner) als
die gesuchte Nullstelle ist. Wir bezeichnen q_1 als Startwert. Berechnet man
dann schrittweise neue q-Werte nach der Formel

$$q_{k+1} = q_k - \frac{F\{q_k\}}{F'\{q_k\}} \quad \text{für } k = 1, 2, 3, \dots$$

so erhält man eine Zahlenfolge, die gegen die gesuchte Nullstelle konvergiert.

Begründung der Formel: Man bestimmt die Gleichung der Tangente an
y = $F\{q\}$ im Punkt (q_1 | $F\{q_1\}$) nach der Punkt-Steigungs-Form der Geraden:

$$\frac{y - F\{q_1\}}{q - q_1} = F'\{q_1\}$$

Die Nullstelle q_2 dieser Tangente erhält man durch die Bedingung y = 0:

$$\frac{-F\{q_1\}}{q_2 - q_1} = F'\{q_1\} \quad \rightarrow \quad q_2 = q_1 - \frac{F\{q_1\}}{F'\{q_1\}}$$

Mit q_2 erhält man einen weiteren Punkte (q_2 | $F\{q_2\}$) der gegebenen Funktion.
Legt man jetzt erneut die Tangente an y = $F\{q\}$ in diesem Punkt an und schnei-
det diese mit der q-Achse, so ergibt sich ein q_3 usw. Die Folge q_1 , q_2 , q_3 .....
nähert sich der gesuchten Nullstelle.

Das Newtonsche Näherungsverfahren benötigen wir für die folgende Fragestellung: Ist für q > 1 eine konvexe, differenzierbare und streng monoton steigende
(streng monoton fallende) Funktion $f\{q\}$ gegeben und sucht man die einzige
Lösung der Gleichung $f\{q\} = b$ (Konstante), so könnte man auch nach der
Nullstelle der Funktion $F\{q\} = f\{q\} - b$ fragen.

Genauigkeitsmaß der näherungsweisen Berechnung der Nullstelle: Es werden jeweils so viele Iterationen durchgeführt, bis die Differenz von zwei aufeinander folgenden Näherungswerten für q unter 10^{-6} sinkt. Damit ist ein Genauigkeitsmaß angegeben, das mit Sicherheit allen praktischen Anforderungen genügt.

III. BEWEISVERFAHREN DER VOLLSTÄNDIGEN INDUKTION

A(n) sei eine Aussage, welche von n abhängt; wobei für die Variable n die Null oder natürliche Zahlen zugelassen sind. Ist nun $A(n_0)$ wahr (INDUKTIONSBEGINN) und lässt sich zeigen, dass mit A(n-1) auch A(n) wahr ist (INDUKTIONSSCHLUSS), so ist A(n) wahr für alle $n \geq n_0$. Beispiele:

(A) $1 + 2 + 3 + \ldots + n = \dfrac{n \cdot (n+1)}{2}$, denn:

Induktionsbeginn: Für n = 1 ist die Aussage offensichtlich richtig.

Induktionsschluss: Wenn $1 + 2 + 3 + \ldots + (n\text{-}1) = \dfrac{n \cdot (n-1)}{2}$ richtig, so gilt

$$1 + 2 + 3 + \ldots + (n\text{-}1) + n = \frac{n \cdot (n-1)}{2} + n = \frac{n \cdot (n+1)}{2}$$

(B) $q^{n-1} + q^{n-2} + q^{n-3} + \ldots + q + 1 = \dfrac{q^n - 1}{q - 1}$, denn:

Induktionsbeginn: Für n = 1 ergibt sich offenbar eine richtige Aussage.

Induktionsschluß: Wenn $q^{n-2} + q^{n-3} + \ldots + q + 1 = \dfrac{q^{n-1} - 1}{q - 1}$, folgt

$$q^{n-1} + q^{n-2} + q^{n-3} + \ldots + q + 1 = q^{n-1} + \frac{q^{n-1} - 1}{q - 1} = \frac{q^n - 1}{q - 1}$$

(C) $1^2 + 2^2 + 3^2 + \ldots + n^2 = \dfrac{(n+1) \cdot n \cdot (2 \cdot n + 1)}{6}$, denn:

Induktionsbeginn: n = 1 führt zu einer wahren Aussage.

Induktionsschluss: Wenn

$$1^2 + 2^2 + 3^2 + \ldots + (n-1)^2 = \frac{(n-1) \cdot n \cdot (2 \cdot n - 1)}{6}$$

richtig, so folgt $1^2 + 2^2 + 3^2 + \ldots + (n-1)^2 + n^2 = \dfrac{(n-1) \cdot n \cdot (2 \cdot n - 1)}{6} + n^2$

$$= \frac{(n+1) \cdot n \cdot (2 \cdot n + 1)}{6}$$

(D) $1^3 + 2^3 + 3^3 + \ldots + n^3 = \dfrac{n^2 \cdot (n+1)^2}{4}$, denn

Induktionsbeginn: Die Behauptung ist für n = 1 offensichtlich richtig.

Induktionsschluss: Aus $1^3 + 2^3 + 3^3 + \ldots + (n-1)^3 = \dfrac{n^2 \cdot (n-1)^2}{4}$ folgt

$$1^3 + 2^3 + 3^3 + \ldots + (n-1)^3 + n^3 = n^2 \cdot \left(\frac{(n-1)^2}{4} + n \right) = \frac{n^2 \cdot (n+1)^2}{4}$$

IV. BINOMIALLEHRSATZ

Definition der Binomialkoeffizienten: n und k seien nicht-negative ganze Zahlen.

$$\binom{n}{k} = \begin{cases} 1 & \text{für } n \geq 0 \text{ und } k = 0 \\ \dfrac{n \cdot (n-1) \cdot (n-2) \cdot \ldots \cdot (n-k+1)}{k!} & \text{für } n \geq 1 \text{ und } 1 \leq k \leq n \\ 0 & \text{für } k > n \end{cases}$$

Der Binomiallehrsatz lautet dann: $(a+b)^n = \displaystyle\sum_{k=0}^{n} \binom{n}{k} \cdot a^{n-k} \cdot b^k$

Setzt man a = 1 und b = q - 1, so ergibt sich

$$q^n = \left[1 + (q-1) \right]^n = \sum_{k=0}^{n} \binom{n}{k} \cdot (q-1)^k$$

V. ZWEI ABSCHÄTZUNGS-VERFAHREN

(A) Die ganz-rationale Gleichung

$a_0 \cdot q^n + a_1 \cdot q^{n-1} + \ldots\ldots + a_{n-1} \cdot q = b$ mit $a_0 > 0$ habe für $q > 1$ genau eine Lösung.

Befinden sich in dieser Gleichung auf der linken Seite negative Summanden, so bringe man diese auf die rechte, und falls $b < 0$, diesen Term auf die linke Gleichungsseite. Anschließend bestimme man die Summe der Koeffizienten der linken Seite als U und die der Koeffizienten der rechten Seite als V. Da $a_0 > 0$ (der erste Summand bleibt also links) ist auch U positiv und n der höchste Exponent der linken Seite. k sei der kleinste Exponent der rechten Seite $(0 \le k < n)$. Für $q > 1$ gilt zudem $\qquad q^n > q^{n-1} > q^{n-2} > \ldots\ldots > q > 1$.

Aus der gegebenen ganz-rationalen Gleichung folgt daher die Ungleichung

$$U \cdot q^n > V \cdot q^k \quad \rightarrow \quad q^{n-k} > \frac{V}{U} \quad \rightarrow \quad q > \sqrt[n-k]{\frac{V}{U}}$$

Die gesuchte Lösung der Ausgangsgleichung ist somit größer als die durch den Term der rechten Seite der letzten Ungleichung bestimmte Zahl.

(B) Die ganz-rationale Gleichung

$$b \cdot q^n = a_1 \cdot q^{n-1} + a_2 \cdot q^{n-2} + \ldots\ldots + a_{n-1} \cdot q + a_n$$

habe links und rechts nur positive Koeffizienten und für $q > 1$ genau eine Lösung. Wir dividieren die Gleichung durch n :

$$\frac{b}{n} \cdot q^n = \frac{a_1 \cdot q^{n-1} + \ldots\ldots + a_{n-1} \cdot q + a_n}{n}$$

Auf der rechten Gleichungsseite steht jetzt ein **ARITHMETISCHES MITTEL** aus positiven Summanden. Es gilt, dass dieses größer ist als das zugehörige **GEOMETRISCHE MITTEL**:

(*) $$\qquad \frac{b}{n} \cdot q^n > \sqrt[n]{a_1 \cdot a_2 \cdot \ldots \cdot a_n \cdot q^{n-1} \cdot q^{n-2} \cdot \ldots \cdot q^1}$$

Das Produkt der Potenzen mit der Basis q ergibt $q^{\frac{n \cdot (n-1)}{2}}$ und die n-te Wurzel aus diesem Produkt $q^{\frac{(n-1)}{2}}$. Aus (*) folgt somit

(**) $$\qquad \frac{b}{n} \cdot q^n > Y \cdot q^{\frac{n-1}{2}} \quad \text{mit } Y = \sqrt[n]{a_1 \cdot a_2 \cdot \ldots \cdot a_n}$$

Wir dividieren die Ungleichung (**) durch $q^{\frac{(n-1)}{2}}$:

$$\frac{b}{n}\cdot q^{\frac{n+1}{2}} > Y \;\to\; q^{\frac{n+1}{2}} > \frac{n\cdot Y}{b} \;\to\; q > \sqrt[n+1]{\frac{n\cdot Y}{b}}^{2}$$

Die gesuchte Lösung der Ausgangsgleichung ist größer als die durch den Term der rechten Seite der letzten Ungleichung gegebene Zahl.

VI. EINE FOLGERUNG AUS DER TAYLORSCHEN REIHENENTWICKLUNG EINER FUNKTION

Sei $f\{q\} = -\sum_{k=0}^{m-1} a_k \cdot q^k + \sum_{k=m}^{n} a_k \cdot q^k$ mit $a_k \geq 0$ für $k = 1, 2, \ldots, n$,

$-\sum_{k=0}^{m-1} a_k + \sum_{k=m}^{n} a_k \geq 0$. Dann sind sämtliche Ableitungen von $f\{q\}$ an der Stelle q

$= 1$ positiv.

Beweis:

(A) Aus $\sum_{k=m}^{n} a_k \geq \sum_{k=0}^{m-1} a_k$ folgt $\sum_{k=m}^{n}(m-1)\cdot a_k \geq \sum_{k=0}^{m-1}(m-1)\cdot a_k$ und daraus

$\sum_{k=m}^{n} k\cdot a_k \geq \sum_{k=0}^{m-1} k\cdot a_k$ womit $f'\{1\} \geq 0$

(B) Da die Koeffizienten von $f'\{q\}$ ebenfalls die Voraussetzungen der obigen Behauptung erfüllen, folgt zunächst $f''\{1\} \geq 0$ usw.

Es sei $y = f\{q\}$ eine Funktion, die für $q > 0$ beliebig oft differenzierbar ist und deren Taylorsche Reihenentwicklung an der Stelle 1 lautet:

$$f\{q\} = \sum_{k=0}^{\infty} \frac{f^{(k)}\{1\}}{k!}\cdot(q-1)^k$$

$f\{q\}$ ist dann für $q > 1$ positiv, wenn alle $f^{(k)}\{1\}$ nicht-negativ, aber mindestens eine Ableitung wirklich positiv ausfällt. Diese Behauptung ist der Taylorschen Reihenentwicklung unmittelbar anzusehen.

ZUSAMMENSTELLUNG
WICHTIGER FORMELN UND BEGRIFFE

Vorbemerkungen

Die Zeit ist in gleich lange Intervalle, in **Zeiteinheiten** (ZEen), eingeteilt. Von einer ZE an sind die ZEen nummeriert ($n = (0), 1, 2, \ldots$). Jede ZE kann in m Unterzeiteinheiten (U-ZEen) mit $m = 1, 2, 3, \ldots$ zerlegt sein. Die Anzahl von U-ZEen wird durch den Parameter t (gelegentlich auch durch s) angegeben. Es gelte $0 \leq t, s \leq m$. Als **Zeitpunkte** bezeichnen wir die Anfänge und die Enden der ZEen bzw. U-ZEen, mit r (> 0) einen bei einem Geldinstitut eingezahlten oder abgehobenen **Betrag**, mit L (> 0) die Laufzeit und mit p den Zinsfuß pro ZE. Wenn nicht anders gesagt, sind die Enden der ZE die **Zinstermine**, die Zinsen und Zinseszinsen werden dem Konto gutgeschrieben.

Abkürzung: $q = 1 + \dfrac{p}{100}$

Zwei Summenformeln

$$1 + 2 + 3 + \ldots + n = \frac{n \cdot (n+1)}{2} \; ; \quad 1 + q + q^2 + \ldots + q^{n-1} = \frac{q^n - 1}{q - 1}$$

Verzinsung eines Einzelbetrages

Gegeben: n ZEen, jede ZE ist in m U-ZEen eingeteilt.

(a) r wird am Anfang einer U-ZE eingezahlt und steht t U-ZEen auf dem Konto ohne dass ein Zinstermin überschritten wird. Wie viele Zinsen Z stehen dem Kunden am Ende dieser t U-ZEen zu?

Einfache Zinsformel: $\quad Z = \dfrac{r \cdot t}{m} \cdot (q - 1)$

Ist das Ende der t U-ZEen das Ende der ZE, also ein Zinstermin, werden die Zinsen gutgeschrieben. Kontostand am Ende der ZE:

$$E = r \cdot \left(1 + \frac{t}{m} \cdot (q - 1)\right)$$

(b) r wird am Anfang der ersten ZE eingezahlt. Wie hoch ist der Kontostand am Ende der n-ten ZE?

Einfache Zinseszinsformel: $\quad E = r \cdot q^n$

(c) r wird am Anfang einer U-ZE der ersten ZE eingezahlt (t U-ZEen der ersten ZE gehören zu L). Wie hoch ist der Kontostand am Ende der $(n+1)$-ten ZE?

Verallgemeinerte Zinseszinsformel: $E = r \cdot \left(1 + \dfrac{t}{m} \cdot (q-1)\right) \cdot q^n$

Konformer Zinsfuß

Die Enden der U-ZEen sind die Zinstermine. Gesucht ist der zu p konforme Zinsfuß pro U-ZE: $p_m = (\sqrt[m]{q} - 1) \cdot 100$

Gleichbleibende U-ZE-Renten, deren Laufzeit in einer ZE liegt

Eine gleichbleibende U-ZE-Rente r wird t-mal gezahlt; der Anfang von L ist t' U-ZEen vom Ende der ZE entfernt.

(a) r **vorschüssig** in den U-ZEen:

Aufzinsung zum Ende der ZE: $^v E' = r \cdot \left[t + \dfrac{t \cdot (2t' - t + 1)}{2m} \cdot (q-1) \right]$

Endwert dieser Rente: $^v E = \dfrac{^v E'}{1 + \dfrac{t' - t}{m} \cdot (q-1)}$

Barwert dieser Rente: $^v B = \dfrac{^v E'}{1 + \dfrac{t'}{m} \cdot (q-1)}$

Sonderfälle von $^v E'$:

$t' = t$: $^v E' = \,^v E = r \cdot \left[t + \dfrac{t \cdot (t+1)}{2m} \cdot (q-1) \right]$

$t' = m$: $^v E' = r \cdot \left[t + \dfrac{t \cdot (2m - t + 1)}{2m} \cdot (q-1) \right]$

$t' = t = m$: $^v E' = \,^v E = r \cdot \left(m + \dfrac{m+1}{2} \cdot (q-1) \right)$

$t' = t = m = 12$: $^v E' = \,^v E = r \cdot \left(12 + \dfrac{13}{2} \cdot (q-1) \right)$

(b) r **nachschüssig** in den U-ZEen:

Aufzinsung zum Ende der ZE: $^n E' = r \cdot \left[t + \dfrac{t \cdot (2t' - t - 1)}{2m} \cdot (q-1) \right]$

Endwert dieser Rente: $^nE = \dfrac{^nE'}{1 + \dfrac{t'-t}{m} \cdot (q-1)}$

Barwert dieser Rente: $^nB = \dfrac{^nE'}{1 + \dfrac{t'}{m} \cdot (q-1)}$

Sonderfälle von $^nE'$:

$t' = t$: $^nE' = {}^nE = r \cdot \left[t + \dfrac{t \cdot (t-1)}{2m} \cdot (q-1) \right]$

$t' = m$: $^nE' = r \cdot \left[t + \dfrac{t \cdot (2m - t - 1)}{2m} \cdot (q-1) \right]$

$t' = t = m$: $^nE' = {}^nE = r \cdot \left(m + \dfrac{m-1}{2} \cdot (q-1) \right)$

$t' = t = m = 12$: $^nE' = {}^nE = r \cdot \left(12 + \dfrac{11}{2} \cdot (q-1) \right)$

Gleichbleibende Renten mit einer Laufzeit von n ZEen

(a) r vorschüssig:

ZE-Rente vorschüssig in den ZEen:

Endwert: $^vE = r \cdot q \cdot \dfrac{q^n - 1}{q-1}$; Barwert: $^vB = \dfrac{r}{q^{n-1}} \cdot \dfrac{q^n - 1}{q-1}$; $^vB \cdot q^n = {}^vE$

U-ZE-Rente vorschüssig in den U-ZEen:

Endwert: $^vE = r \cdot \left(m + \dfrac{m+1}{2} \cdot (q-1) \right) \cdot \dfrac{q^n - 1}{q-1}$; Barwert: $^vB = \dfrac{^vE}{q^n}$

(b) r nachschüssig:

ZE-Rente nachschüssig in den ZEen:

Endwert: $^nE = r \cdot \dfrac{q^n - 1}{q-1}$; Barwert: $^nB = \dfrac{r}{q^n} \cdot \dfrac{q^n - 1}{q-1}$; $^nB \cdot q^n = {}^nE$

U-ZE-Rente nachschüssig in den U-ZEen:

Endwert: $^nE = r \cdot \left(m + \dfrac{m-1}{2} \cdot (q-1) \right) \cdot \dfrac{q^n - 1}{q-1}$; Barwert: $^nB = \dfrac{^nE}{q^n}$

Arithmetische ZE-Renten mit einer Laufzeit von *n* ZEen

Arithmetische Rente: $r; r + a; r + 2a; r + 3a; \ldots; r + (n - 1)a$

(a) Rente **vorschüssig**:

Endwert: $^{v}E = r \cdot q \cdot \dfrac{q^n - 1}{q - 1} + a \cdot q \cdot \left[\dfrac{q^n - 1}{(q - 1)^2} - \dfrac{n}{q - 1} \right]$; Barwert: $^{v}B = \dfrac{^{v}E}{q^n}$

(b) Rente **nachschüssig**:

Endwert: $^{n}E = r \cdot \dfrac{q^n - 1}{q - 1} + a \cdot \left[\dfrac{q^n - 1}{(q - 1)^2} - \dfrac{n}{q - 1} \right]$; Barwert: $^{n}B = \dfrac{^{n}E}{q^n}$

Geometrische ZE-Renten mit einer Laufzeit von *n* ZEen

Geometrische Rente: $r; r \cdot Q; r \cdot Q^2; r \cdot Q^3; \ldots; r \cdot Q^{n-1}$

(a) Rente **vorschüssig**:

Endwert: $^{v}E = r \cdot q \cdot \dfrac{Q^n - q^n}{Q - q}$; Barwert: $^{v}B = \dfrac{^{v}E}{q^n}$

(b) Rente **nachschüssig**:

Endwert: $^{n}E = r \cdot \dfrac{Q^n - q^n}{Q - q}$; Barwert: $^{n}B = \dfrac{^{n}E}{q^n}$

Newtonsches Näherungsverfahren zur Nullstellenberechnung

$y = F(q)$ sei für $q > 1$ eine strikt konvexe Funktion mit genau einer Nullstelle. Außerdem gelte: $y = F(q)$ ist
(a) streng monoton steigend (also $F(1) < 0$), $q_1 >$ Nullstelle
oder
(b) streng monoton fallend (also $F(1) > 0$), $q_1 <$ Nullstelle

Dann entsteht iterativ mit Hilfe der Formel

$$q_{k+1} = q_k - \frac{F(q_k)}{F'(q_k)} \qquad k = 1, 2, 3, \ldots$$

eine Zahlenfolge, die gegen die gesuchte Nullstelle konvergiert.

Beispiele für die Anwendung des Newtonschen Näherungsverfahrens

(1) Auflösung der verallgemeinerten Zinseszinsformel nach q

$$F(q) = \frac{r \cdot t}{m} \cdot q^{n+1} + r \cdot \left(1 - \frac{t}{m}\right) \cdot q^n - E$$

$$F'(q) = \frac{r \cdot t \cdot (n+1)}{m} \cdot q^n + r \cdot \left(1 - \frac{t}{m}\right) \cdot n \cdot q^{n-1} \; ; \quad q_1 = \sqrt[n]{\frac{E}{r}}$$

(2) Auflösung der Endwertformel einer gleichbleibenden, vorschüssigen Rente nach q

$$F(q) = r \cdot q \cdot \frac{q^n - 1}{q - 1} - {}^vE \; ; \quad F'(q) = r \cdot \frac{n \cdot q^{n+1} - (n+1) \cdot q^n + 1}{(q-1)^2} \; ; \quad q_1 = \sqrt[n+1]{\frac{{}^vE}{n \cdot r}}^{\,2}$$

(3) Auflösung der Endwertformel einer gleichbleibenden, nachschüssigen Rente nach q

$$F(q) = r \cdot \frac{q^n - 1}{q - 1} - {}^nE \; ; \quad F'(q) = r \cdot \frac{(n-1) \cdot q^n - n \cdot q^{n-1} + 1}{(q-1)^2} \; ; \quad q_1 = \sqrt[n]{\frac{{}^nE - r}{(n-1) \cdot r}}^{\,2}$$

(4) Auflösung der Barwertformel einer gleichbleibenden, vorschüssigen Rente nach q

$$F(q) = \frac{r}{q^{n-1}} \cdot \frac{q^n - 1}{q - 1} - {}^vB \; ; \quad F'(q) = \frac{-r}{q^n} \cdot \frac{q^n - n \cdot q + n - 1}{(q-1)^2} \; ; \quad q_1 = \sqrt[n]{\frac{(n-1) \cdot r}{{}^vB - r}}^{\,2}$$

(5) Auflösung der Barwertformel einer gleichbleibenden, nachschüssigen Rente nach q

$$F(q) = \frac{r}{q^n} \cdot \frac{q^n - 1}{q - 1} - {}^nB \; ; \quad F'(q) = \frac{-r}{q^{n+1}} \cdot \frac{q^{n+1} - (n+1) \cdot q + n}{(q-1)^2} \; ; \quad q_1 = \sqrt[n+1]{\frac{n \cdot r}{{}^nB}}^{\,2}$$

(6) Berechnung der Effektivverzinsung einer p-prozentigen gesamtfälligen Schuld mit einer Laufzeit von n ZEen bei einem Kurs C

Der effektive Zinsfuß sei p_e und $x = 1 + \dfrac{p_e}{100}$

(i) $C = 100 \;\rightarrow\; x = q \;\rightarrow\; p_e = p$

(ii) $C < 100$: $F(x) = \dfrac{q-1}{x^n} \cdot \dfrac{x^n - 1}{x - 1} + \dfrac{1}{x^n} - \dfrac{C}{100}$

$$F'(x) = \frac{1-q}{x^{n+1}} \cdot \left[\frac{x^{n+1} - (n+1) \cdot x + n}{(x-1)^2} + \frac{n}{q-1}\right] \; ; \quad x_1 = q$$

(iii) $C > 100$: $F(x)$ und $F'(x)$ wie unter (ii); $x_1 = \sqrt[n]{\dfrac{n \cdot p + 100}{C}}$

(7) Berechnung des internen Zinsfußes einer Investition
Gegeben ist eine Investition $(-K_0, c_1, c_2, .., c_n)$ mit K_0 als Investitionsauszahlung am Anfang der ersten ZE und den nachschüssig in den ZEen zu erwartenden Einzahlungsüberschüssen $c_1, c_2, \ldots, c_n$.

Kapitalbarwert-Funktion dieser Investition:

$$F(q) = -K_0 + \frac{1}{q^n} \cdot \left[c_1 \cdot q^{n-1} + c_2 \cdot q^{n-2} + \ldots + c_n \right]$$

$$F'(q) = \frac{-1}{q^{n+1}} \cdot \left[c_1 \cdot q^{n-1} + 2c_2 \cdot q^{n-2} + 3c_3 \cdot q^{n-3} + \ldots + (n-1) \cdot c_{n-1} \cdot q + n \cdot c_n \right]$$

$$q_1 = \sqrt[n]{\frac{V}{K_0}} \quad \text{mit } V = c_1 + c_2 + \ldots + c_n$$

Formeln zur Tilgungsrechnung

Die Schuld S wurde am Anfang der ersten ZE aufgenommen. Diese ist zu tilgen, indem in der ersten bis n-ten ZE jeweils Tilgungsraten T_k und Zinszahlungen Z_k fällig werden. Mit R_k wird die Restschuld am Anfang und während der k-ten ZE bezeichnet. $k = 1, 2, 3, \ldots$

(a) Tilgung einer Ratenschuld

$$T_k = T = \frac{S}{n} \; ; \; R_k = S - (k-1) \cdot T \; ; \; Z_k = R_k \cdot (q-1)$$

(b) Tilgung einer Annuitätenschuld
Bedingung: $T_k + Z_k = A$ für alle k; A Annuität

$$A = \frac{S}{\dfrac{1}{q^n} \cdot \dfrac{q^n - 1}{q-1}} \; ; \; T_1 = \frac{S}{\dfrac{q^n - 1}{q-1}} \; ; \; A = T_1 \cdot q^n$$

$$R_k = S - T_1 \cdot \frac{q^{k-1} - 1}{q-1} \; ; \; T_k = T_1 \cdot q^{k-1}$$

$$Z_1 = S \cdot (q-1) \; ; \; T_1 = A - Z_1 \; ; \; T_k = A - Z_k$$

ÜBUNGSKLAUSUREN

Jede der zehn folgenden Übungsklausuren besteht aus fünf Aufgaben. Die ersten vier Aufgaben haben jeweils ein identisches Themengebiet (zugehörige Kapitel in Klammern):

Aufgabe 1: Aufstellen eines Tilgungsplanes (Kapitel II.4)

Aufgabe 2: Anwenden des Newtonschen Näherungsverfahrens (Kapitel I.3, II.3.1, III.1 und IV)

Aufgaben 3 und 4: Verwenden von Renten-Endwert und Renten-Barwert (Kapitel II.2 und II.3.1)

Die fünfte Aufgabe stammt aus verschiedenen Themengebieten (alle Kapitel).

Alle Übungsklausuren können alleine mit der „Zusammenstellung wichtiger Formeln und Begriffe" und einem nicht programmierbaren Taschenrechner gelöst werden. Als Zeitvorgabe empfehlen wir ein bis zwei Stunden.

| Übungsklausur 1 |

Voraussetzungen für alle Aufgaben:
Jahresenden sind Zinstermine, Jahreszinsfuß beträgt p

1. Eine Annuitätenschuld S = 295000 € ist innerhalb von sieben Jahren zu tilgen. p = 5,8. Stellen Sie den Tilgungsplan auf.

2. Eine 7-prozentige Zinsanleihe wird zu einem Kurs von C = 106 gekauft. Die Laufzeit beträgt sechs Jahre. Berechnen Sie den effektiven Zinsfuß p_e.

3. Wie groß ist n zu wählen, damit bei p = 7 für eine vorschüssige Jahresrente r der Endwert $^vE = 33 \cdot r$ beträgt?

4. Ab Anfang Juli des ersten Jahres wird eine vorschüssige Monatsrente r = 1255 € auf ein Konto eingezahlt. p = 7,5. In welchem Jahr und am Anfang welchen Monats in diesem Jahr erfolgt die letzte Rentenzahlung, wenn der Endwert dieser Rente ^vE = 92782,68 € beträgt?

5. Eine Annuitätenschuld von S = 750000 € ist zu tilgen. p = 6,5. Wie groß ist die Laufzeit n, wenn die Annuität A = 79764,59 € beträgt?

Lösungen: 1.: L3 (c) aus Kapitel II.4; **2.**: L2 (f) aus Kapitel III.1; **3.**: L15 aus Kapitel II.3.1; **4.**: L55 aus Kapitel II.3.1; **5.**: L7 aus Kapitel II.4

Übungsklausur 2

Voraussetzungen für alle Aufgaben:
Jahresenden sind Zinstermine, Jahreszinsfuß beträgt p

1. Eine gesamtfällige Schuld $S = 425000$ € ist innerhalb von sechs Jahren zu tilgen. $p = 5,5$. Stellen Sie den Tilgungsplan auf.

2. Eine gleichbleibende Rente von 4500 € wird neun Jahre lang vorschüssig gezahlt. Ihr Endwert beträgt 58000 €. Gesucht ist p.

3. Ein Kontoinhaber erwartet von 1992 bis 1996 (einschließlich) und dann nochmals von 1998 bis 2003 (einschließlich) eine vorschüssige Jahresrente r. Durch welchen Betrag B könnte er sich Anfang 1990 abfinden lassen? Zahlen: $r = 5000$ €; $p = 7$.

4. Jemand erhält von Ende März des ersten Jahres bis Ende Oktober des 4. Jahres eine nachschüssige Monatsrente $r = 1811$ € auf sein Konto. (a) Wie hoch ist der Endwert ^nE dieser Rente? (b) Wie hoch ist der Kontostand E Ende Oktober des 4. Jahres? $p = 8,8$.

5. Eine Ratenschuld $S = 200000$ € wird mit einer Laufzeit von $n = 8$ Jahren getilgt. Welche Verzinsung liegt der Berechnung des Tilgungsplanes zugrunde, wenn am Ende des 6. Jahres für Zinsen und Tilgung zusammen 29725 € fällig werden?

Lösungen: 1.: L1 (a) aus Kapitel II.4; **2.:** L7 (a) aus Kapitel II.3.1; **3.:** L12 aus Kapitel II.3.1; **4.:** L53 aus Kapitel II.3.1; **5.:** L4 aus Kapitel II.4

Übungsklausur 3

Voraussetzungen für alle Aufgaben:
Jahresenden sind Zinstermine, Jahreszinsfuß beträgt p

1. Eine Ratenschuld S = 375000 € ist innerhalb von sechs Jahren zu tilgen. p = 5,2. Stellen Sie den Tilgungsplan auf.

2. Ein Betrag von 2500 € wird am 18.10. des ersten Jahres auf ein Konto eingezahlt. Am Ende des fünften Jahres beträgt der Kontostand 3388,75 €. Gesucht ist p.

3. Jemand erhält n Jahre lang (n > 7) nachschüssig eine Jahresrente r auf sein Konto. Welche Sonderzahlung S müsste er am Ende des 3., des 4. und des 7. Jahres leisten, um am Ende des n-ten Jahres über E € verfügen zu können? Zahlen: r = 1000 €; p = 8; n = 10; E = 30000.

4. Jemand ist verpflichtet, vom Ende des 3. Jahres bis zum Ende des 8. Jahres (einschließlich) jährlich (nachschüssig) r = 2000 € und am Ende des 10. Jahres einmalig a = 10000 € zu zahlen. Durch welchen Betrag B könnte er am Anfang des 1. Jahres die gesamte Schuld begleichen? Zahlen: p = 8.

5. Eine Investition hat eine Auszahlung von 423 Geldeinheiten und bei einer 6-jährigen wirtschaftlichen Nutzungsdauer Einzahlungsüberschüsse von jeweils 100 Geldeinheiten. Gesucht sind: (i) Wertetabelle der Kapitalbarwert-Funktion $F\{q\}$. Man beginne mit q = 1,00; gehe in Schritten von 0,02 voran und ende bei q = 1,18; (ii) Interner Zinsfuß p_e (Genauigkeit aus (i) genügt); (iii) Entscheidung nach der Methode des internen Zinsfußes, aber auch nach der Diskontierungsmethode, ob diese Investition bei einem Kalkulationszinsfuß von p_k = 8,2 vorteilhaft ist.

Lösungen: 1.: L2 (b) aus Kapitel II.4; **2.**: L17 (a) aus Kapitel I.3; **3.**: L18 aus Kapitel II.3.1; **4.**: L23 aus Kapitel II.3.1; **5.**: L1 (a) aus Kapitel IV

Übungsklausur 4

Voraussetzungen für alle Aufgaben:
Jahresenden sind Zinstermine, Jahreszinsfuß beträgt p

1. Eine gesamtfällige Schuld $S = 435000$ € ist innerhalb von neun Jahren zu tilgen. $p = 7,5$. Stellen Sie den Tilgungsplan auf.

2. Ein Betrag von 12450 € wird am 19.3. des ersten Jahres auf ein Konto eingezahlt. Am Ende des vierten Jahres beträgt der Kontostand 14000 €. Gesucht ist p.

3. Jemand zahlt am Ende eines jeden zweiten Jahres r € auf ein Konto ein (das erste Mal am Ende des 2. Jahres). Man berechne den Kontostand E am Ende des $(2 \cdot n)$-ten Jahres. Zahlen: $r = 1000$ €; $p = 8$; $n = 3$.

4. Am Anfang des ersten Jahres befindet sich ein Guthaben G auf einem Konto. Welchen Betrag r darf man pro Jahr (ab dem 1. Jahr) nachschüssig abheben, damit am Ende des n-ten Jahres noch E € auf dem Konto stehen? Zahlen: $G = 24000$ €; $p = 6$; $E = 1500$ €; $n = 30$.

5. Eine Investition hat eine Auszahlung von 79 Geldeinheiten und bei einer 6-jährigen wirtschaftlichen Nutzungsdauer Einzahlungsüberschüsse von 11; 17; 23; 30; 12 und 8 Geldeinheiten. Gesucht sind: (i) Wertetabelle der Kapitalbarwert-Funktion $F\{q\}$. Man beginne mit $q = 1,00$; gehe in Schritten von 0,02 voran und ende bei $q = 1,18$; (ii) Interner Zinsfuß p_e (Genauigkeit aus (i) genügt); (iii) Entscheidung nach der Methode des internen Zinsfußes, aber auch nach der Diskontierungsmethode, ob diese Investition bei einem Kalkulationszinsfuß von $p_k = 8,2$ vorteilhaft ist.

Lösungen: 1.: L1 (d) aus Kapitel II.4; **2.:** L17 (c) aus Kapitel I.3; **3.:** L20 aus Kapitel II.3.1; **4.:** L25 aus Kapitel II.3.1; **5.:** L1 (c) aus Kapitel IV

Übungsklausur 5

Voraussetzungen für alle Aufgaben:
Jahresenden sind Zinstermine, Jahreszinsfuß beträgt p

1. Eine Ratenschuld $S = 210000$ € ist innerhalb von acht Jahren zu tilgen. $p = 6{,}3$. Stellen Sie den Tilgungsplan auf.

2. Eine gleichbleibende Rente von 23000 € wird sieben Jahre lang nachschüssig gezahlt. Ihr Endwert beträgt 200000 €. Gesucht ist p.

3. Am Anfang des ersten Jahres befindet sich ein Betrag G auf einem Konto. Der Kontoinhaber hebt jährlich nachschüssig r € ab. Wie lautet der Kontostand E am Ende des n-ten Jahres? Zahlen: $G = 85000$ €; $p = 7$; $n = 6$; $r = 15000$ €.

4. Jemand erhält von Anfang Januar bis (einschließlich) Anfang Dezember eines Jahres eine vorschüssige Monatsrente auf ein Konto. Ende März, erneut Ende Juni und nochmals Ende September wird ihm eine Rentenerhöhung von 8,5 % im Vergleich zum Vormonat zugestanden. Die Rentenzahlung Anfang Januar beträgt r. Der Kontostand E am Jahresende ist gesucht.

5. Eine Ratenschuld von $S = 80000$ € ist zu tilgen. $p = 5$. Wie groß ist die Laufzeit n, wenn am Ende des 4. Jahres für Zinsen und Tilgung 10800 € zu zahlen sind?

Lösungen: 1.: L2 (a) aus Kapitel II.4; **2.:** L9 (b) aus Kapitel II.3.1; **3.:** L14 aus Kapitel II.3.1; **4.:** L10 aus Kapitel II.2; **5.:** L6 aus Kapitel II.4

Übungsklausur 6

Voraussetzungen für alle Aufgaben:
Jahresenden sind Zinstermine, Jahreszinsfuß beträgt p

1. Eine Annuitätenschuld $S = 425000$ € ist innerhalb von sechs Jahren zu tilgen. $p = 5,5$. Stellen Sie den Tilgungsplan auf.

2. Eine Investition hat eine Auszahlung von 263 Geldeinheiten und bei einer 8-jährigen wirtschaftlichen Nutzungsdauer Einzahlungsüberschüsse von 70; 63; 54; 45; 48; 51; 53 und 59 Geldeinheiten. Gesucht ist der interne Zinsfuß p_e.

3. Jemand erhält eine nachschüssige Jahresrente r_1 n Jahre lang auf ein Konto. Vom Anfang des 2. Jahres ab hebt er in jedem Jahr vorschüssig r_2 € ab. Welcher Betrag E befindet sich am Ende des n-ten Jahres auf dem Konto? Zahlen: $r_1 = 1000$ €; $r_2 = 500$ €; $n = 15$; $p = 8$.

4. Jemand erhält von Ende Januar bis (einschließlich) Ende Dezember eines Jahres eine nachschüssige Rente auf ein Konto. Von Januar bis (einschließlich) Juni beträgt die monatliche Zahlung r, ab Juli $(r + c)$. Man berechne den Kontostand E am Jahresende.

5. Der Betrag r wird im 1. Jahr (t_1 gegeben) und der Betrag r^* im 2. Jahr (t_2 gegeben) eingezahlt. Also $L = 1 + \dfrac{t_1}{360}$ und $L^* = \dfrac{t_2}{360}$. Für welchen Zinsfuß p sind r und r^* äquivalent?

Lösungen: 1.: L3 (a) aus Kapitel II.4; **2.:** L2 (e) aus Kapitel IV; **3.:** L11 aus Kapitel II.3.1; **4.:** L8 aus Kapitel II.2; **5.:** L4 aus Kapitel I.4

Übungsklausur 7

Voraussetzungen für alle Aufgaben:
Jahresenden sind Zinstermine, Jahreszinsfuß beträgt *p*

1. Eine Annuitätenschuld $S = 170000$ € ist innerhalb von acht Jahren zu tilgen. $p = 7,0$. Stellen Sie den Tilgungsplan auf.

2. Eine gleichbleibende Rente von 1115 € wird zwölf Jahre lang nachschüssig gezahlt. Ihr Barwert beträgt 10990 €. Gesucht ist *p*.

3. Jemand erhält *n* Jahre lang eine nachschüssige Jahresrente *r* auf ein Konto und zugleich *n* Jahre lang eine vorschüssige Jahresrente *a* auf dasselbe Konto. Wie groß ist *n*, wenn der Kontostand am Ende des *n*-ten Jahres *E* beträgt? Zahlen: $E = 18538,46$ €; $r = 1000$ €; $a = 2000$ €; $p = 8$.

4. Jemand hat über *n* Jahre eine Rente *r* zu erwarten, die auf ein Konto eingezahlt werden soll. Zuerst erfolgt die Rentenzahlung *M* Jahre vorschüssig, dann die letzten *K* Jahre nachschüssig. $M + K = n$. Gesucht ist (a) der Endwert *E* (b) der Barwert *B* der gesamten Rente. Zahlen: $M = 4$; $K = 6$; $p = 6$; $r = 8000$ €.

5. Eine Investition hat eine Auszahlung von 85 Geldeinheiten und bei einer 7-jährigen wirtschaftlichen Nutzungsdauer Einzahlungsüberschüsse von 10; 18; 24; 32; 11; 9 und 5 Geldeinheiten. Gesucht sind: (i) Wertetabelle der Kapitalbarwert-Funktion $F\{q\}$. Man beginne mit $q = 1,00$; gehe in Schritten von 0,02 voran und ende bei $q = 1,18$; (ii) Interner Zinsfuß p_e (Genauigkeit aus (i) genügt); (iii) Entscheidung nach der Methode des internen Zinsfußes, aber auch nach der Diskontierungsmethode, ob diese Investition bei einem Kalkulationszinsfuß von $p_k = 8,2$ vorteilhaft ist.

Lösungen: 1.: L3 (f) aus Kapitel II.4; **2.:** L10 (e) aus Kapitel II.3.1; **3.:** L19 aus Kapitel II.3.1; **4.:** L24 aus Kapitel II.3.1; **5.:** L1 (b) aus Kapitel IV

| **Übungsklausur 8** |

Voraussetzung für Aufgabe 1 bis 4: Jahresenden sind Zinstermine, für alle Aufgaben: Jahreszinsfuß beträgt *p*

1. Eine gesamtfällige Schuld $S = 210000$ € ist innerhalb von acht Jahren zu tilgen. $p = 6,3$. Stellen Sie den Tilgungsplan auf.

2. Ein Betrag von 3750 € wird am 14.5. des ersten Jahres auf ein Konto eingezahlt. Am Ende des achten Jahres beträgt der Kontostand 6797,54 €. Gesucht ist *p*.

3. Am Anfang des ersten Jahres befindet sich ein Guthaben *G* auf einem Konto. Vom Ende des ersten Jahres an geht außerdem eine nachschüssige Jahresrente *r* auf dasselbe Konto. Wie oft erfolgte die Rentenzahlung, wenn sich unmittelbar nach dem Zeitpunkt der letzten Zahlung der Betrag von $3 \cdot G$ auf dem Konto befindet? Zahlen: $G = 12475,08$ €; $r = 1000$ €; $p = 8$.

4. Welchen Betrag *r* muss man *K*-mal jährlich vorschüssig anlegen, um vom $(K+1)$-ten Jahre ab jährlich nachschüssig *M*-mal eine Jahresrente *a* beziehen zu können? Zahlen: $K = 10$; $M = 14$; $a = 5000$ €; $p = 6$.

5. Das Jahr sei in *m* gleich lange Einheiten unterteilt, deren Enden die Zinstermine sind. Man berechne zum Zinsfuß $p = 5,5$ die zugehörigen effektiven Zinsfüße, wenn alternativ $m = 2, 3, 4, 6$ und 12 angenommen wird.

Lösungen: 1.: L1 (b) aus Kapitel II.4; **2.:** L17 (b) aus Kapitel I.3; **3.:** L16 aus Kapitel II.3.1; **4.:** L21 aus Kapitel II.3.1; **5.:** L1 (b) aus Kapitel III.2

Übungsklausur 9

Voraussetzungen für alle Aufgaben:
Jahresenden sind Zinstermine, Jahreszinsfuß beträgt p

1. Eine Annuitätenschuld $S = 95000$ € ist innerhalb von fünf Jahren zu tilgen. $p = 8{,}0$. Stellen Sie den Tilgungsplan auf.

2. Eine gleichbleibende Rente von 4535 € wird neun Jahre lang vorschüssig gezahlt. Ihr Barwert beträgt 31980 €. Gesucht ist p.

3. Jemand erhält n_1 Jahre lang eine Jahresrente r vorschüssig auf ein Konto. Nach einer Unterbrechung von n_2 Jahren wird diese Rente dann noch n_3 Jahre fortgesetzt. Welchen Wert B hat diese unterbrochene Rente am Anfang des ersten Jahres, wenn während der ersten $(n_1 + n_2)$ Jahre eine Verzinsung von p_1 %, während der letzten n_3 Jahre eine Verzinsung von p_2 % vereinbart wird? Zahlen: $r = 1000$ €; $n_1 = 5$; $n_2 = 3$; $n_3 = 5$; $p_1 = 7$; $p_2 = 8$.

4. Eine vorschüssige Monatsrente r wird von Anfang November des ersten Jahres bis Anfang November des 12. Jahres (einschließlich) auf ein Konto eingezahlt. Die Jahresverzinsung beträgt 4,5%. Wie hoch ist r, wenn sich als Endwert dieser Rente $^vE = 108895{,}10$ € errechnet?

5. Eine Annuitätenschuld von $S = 100000$ € wird mit einer Laufzeit von $n = 10$ Jahren getilgt. Welche Verzinsung liegt der Berechnung des Tilgungsplanes zugrunde, wenn als Annuität $A = 14568{,}59$ € angegeben ist?

Lösungen: 1.: L3 (b) aus Kapitel II.4; **2.:** L8 (d) aus Kapitel II.3.1; **3.:** L13 aus Kapitel II.3.1; **4.:** L54 aus Kapitel II.3.1; **5.:** L5 aus Kapitel II.4

Übungsklausur 10

**Voraussetzung für Aufgabe 1 bis 4: Jahresenden sind Zinstermine,
für alle Aufgaben: Jahreszinsfuß beträgt *p***

1. Eine Annuitätenschuld $S = 210000$ € ist innerhalb von acht Jahren zu tilgen. $p = 6,3$. Stellen Sie den Tilgungsplan auf.

2. Eine Investition hat eine Auszahlung von 111 Geldeinheiten und bei einer 6-jährigen wirtschaftlichen Nutzungsdauer Einzahlungsüberschüsse von 3; 19; 35; 40; 41 und 20 Geldeinheiten. Gesucht ist der interne Zinsfuß p_e.

3. Welchen Betrag G muss jemand am Anfang des ersten Jahres auf ein Konto einzahlen, um nach K Jahren eine M-mal gezahlte nachschüssige Jahresrente r und anschließend eine N-mal gezahlte nachschüssige Jahresrente $(2 \cdot r)$ beziehen zu können? Zahlen: $p = 6$; $K = 3$; $M = 6$; $N = 7$; $r = 10000$ €.

4. Jemand hatte Anfang 1970 G € auf dem Konto. In den Jahren 1974 bis 1987 (einschließlich) zahlte er jeweils am Jahresende r € auf dasselbe Konto ein. Wie oft kann er sich vom Beginn 1990 an eine vorschüssige Jahresrente a von seinen Ersparnissen leisten? Zahlen: $G = 15000$ €; $r = 10000$ €; $a = 20000$ €; $p = 6$.

5. Zu $p = 6,5$ ist der zugehörige Zinsfuß der stetigen Verzinsung zu berechnen.

Lösungen: 1.: L3 (d) aus Kapitel II.4; **2.**: L2 (b) aus Kapitel IV; **3.**: L17 aus Kapitel II.3.1; **4.**: L22 aus Kapitel II.3.1; **5.**: L2 (c) aus Kapitel III.2

LITERATURHINWEISE

KLASSISCHE DARSTELLUNGEN DER FINANZMATHEMATIK

Ayres, Frank: Finanzmathematik. Theorie und Anwendung. Düsseldorf, New York u. a. 1979

Bosch, Karl: Finanzmathematik. München, Wien 1987

Caprano, Eugen; Gierl, Anton: Finanzmathematik. München 1986, 3. Auflage

Isaac, Alfred: Praktische Anwendungen der Finanzmathematik. Essen 1954

Kahle, Egbert; Lohse, Dieter: Grundkurs Finanzmathematik. München, Wien 1989, 2. Auflage

Köhler, Harald: Finanzmathematik. Wiesbaden 1981

Kosiol, Erich: Finanzmathematik. Wiesbaden 1966, 10. Auflage

Kruschwitz, Lutz: Finanzmathematik. München 1989

Nicolas, Marcel: Finanzmathematik. Berlin 1959

Rahmann, John: Praktikum der Finanzmathematik. Wiesbaden 1976, 5. Auflage

Timpe, A.: Einführung in die Finanz- und Wirtschaftsmathematik. Berlin 1934

Ziethen, Rüdiger: Finanzmathematik. München, Wien 1986

MATHEMATISCHE GRUNDLAGEN

Kerner, Hans: Einführung in die Analysis. Darmstadt 1. Bd.: 1979 ; 2. Bd.: 1980

Mangoldt, H. von ; Knopp, Konrad: Einführung in die Höhere Mathematik. 2. Bd. Stuttgart 1958, 11. Auflage

Obreschkoff, Nikola: Verteilung und Berechnung der Nullstellen reeller Polynome. Berlin 1963

Zurmühl, Rudolf: Praktische Mathematik für Ingenieure und Physiker. Berlin, Heidelberg, New York 1963, 4. Auflage

SACHWORTVERZEICHNIS

Hier sind nur solche Hinweise aufgelistet, die dem Inhaltsverzeichnis nicht entnommen werden können.

www.ingramcontent.com/pod-product-compliance
Lightning Source LLC
Chambersburg PA
CBHW061813210326

41599CB00034B/6990